憲法ガール II

大島義則
Yoshinori Oshima

法律文化社

はしがき

　本書『憲法ガールⅡ』は，平成25年〜平成30年司法試験公法系第1問（憲法）の問題を素材として，憲法事例問題の解き方を学べる小説です。

　拙著『憲法ガール Remake Edition』（法律文化社，2018年。2013年出版の『憲法ガール』の改訂版）の続編という位置付けになります。『憲法ガール Remake Edition』を読まれてから本書に入ったほうが分かりやすいと思いますが，本書単体でも利用可能な作りにしておりますので，その点はご安心ください。

　本書の主な読者としては，「憲法の事例問題の解き方がわからない」というお悩みをお持ちの法学部生，ロースクール生，社会人受験生などを想定しております。もっとも，近年では憲法問題が社会的に大きく取り上げられるようになってきておりますので，我が国の憲法が実際の事例においてどのように機能するのかをお知りになりたい方にもお楽しみいただけるかもしれません。

　本書の特徴は，次の4点になります。

　第一に，小説形式で憲法事例問題の解き方を学ぶことができます。小説本文で司法試験過去問の解説をし，各章末尾に解答例を付しており，これらの点は従前の『憲法ガール』の特徴を引き継いでおります。

　第二に，従前の『憲法ガール』が平成18年〜平成24年の司法試験過去問までを素材としていたのに対して，本書は平成25年〜平成30年の司法試験過去問を素材としています。司法試験を受験される学生の場合には，近年の過去問に取り組むことが重要になりますので，その点をフォローアップした形になります。

　第三に，司法試験憲法の出題傾向の変化に応じた憲法事例問題の解き方のポイントを指摘しています。本文でも工夫した記述をしておりますが，本文に加

i

えて「ロキ先生のワンポイントアドバイス」という項目では，近年の出題傾向に即した憲法事例問題の解き方のポイントを解説しております。本文が年度ごとの縦串の解説であるとすれば，ワンポイントアドバイスは年度共通の重要事項を横串に解説している，といえるでしょう。特に，平成30年の問題では，訴訟・紛争を念頭においた主張・反論・私見を論じさせる方式から条例を制定する規制者側からの相談に対して法的見解を示すリーガルオピニオン型へと傾向が大幅に変わりました。リーガルオピニオン型問題の特徴についても，最終話及び「ロキ先生のワンポイントアドバイス❻」でフォローアップしております。

　第四に，司法試験過去問と関連する判例について，判例一覧として本書末尾に添付しております。従前の『憲法ガール』でも，この判例一覧は好評だったようです。もっとも，この判例一覧は本文を理解するための必要最小限度のものですので，詳細な判例の内容を知りたい方は判例集をご覧ください。

　本書の使用方法は様々です。単に小説として読むこともできますし，憲法事例問題の解き方を学ぶために読むこともできます。ただ，司法試験を受験される方は各年度の司法試験の問題を実際に解いてから，各章の本文を読まれることをお勧めします。実際に自分で悩み考えた後に，本文や解答例を読んだほうが，圧倒的に学修効率は高くなるでしょう。

　本書が，読者の皆様の憲法学修の一助になれば，筆者として望外の喜びです。

目　次

―――

第 0 話　　**天狗面の男　平成28年予備試験** ································ 001

消極的表現の自由／結社の自由／規制・給付二分論／パブリック・フォーラムの法理／見解規制の禁止／政府言論／主題規制

第 1 話　　**実験開始　平成25年司法試験その 1** ···················· 013

デモ行進の自由／明らかに差し迫った危険の基準／パブリック・フォーラムと附款／集団暴徒化論／付随的規制論

第 2 話　　**閉鎖モード　平成25年司法試験その 2** ·················· 029

学問の自由／営造物利用者としての学生／研究発表の自由／実社会の政治的社会的活動／見解規制／集会の自由／判断過程統制審査／比例原則／平等原則

第 3 話　　**自由の試練その 1　平成26年司法試験その 1** ········· 041

狭義の職業選択の自由／薬事法違憲判決第2基準・第2基準／職業の規制類型／段階理論／隠れた目的／消極目的・積極目的二分論

第 4 話　　**自由の試練その 2　平成26年司法試験その 2** ········· 061

職業許可制自体の合憲性／個々の運行許可条件の合憲性

第 5 話　　**平等の試練その 1　平成27年司法試験その 1** ········· 073

相対的平等／憲法14条1項後段列挙事由／猟官制（スポイルズ・システム）と成績制公務員制度（メリット・システム）

第 6 話　　**平等の試練その 2　平成27年司法試験その 2** ········· 089

思想・良心の自由の保護態様／表現の自由の「規制」／表現の自由の原理論／消極的斟酌論／見解規制の禁止と平等

iii

第 7 話　　最後の試練その 1　平成28年司法試験その 1 ⋯⋯⋯⋯⋯ 101

プライバシー権／プライバシー固有情報／プライバシー外延情報／
GPS位置情報／国民の私生活上の自由／前科等の情報／より制限的で
ない他の選びうる手段／自己決定権

第 8 話　　最後の試練その 2　平成28年司法試験その 2 ⋯⋯⋯⋯⋯ 121

移動の自由／居住・移転の自由／典型的適用事例

第 9 話　　邂逅　平成29年司法試験その 1 ⋯⋯⋯⋯⋯⋯⋯⋯⋯⋯ 129

リプロダクションの自己決定権／幸福追求権／外国人の権利享有主体
性／出入国システム優位説と基本的人権優位説

第10話　　沈黙　平成29年司法試験その 2 ⋯⋯⋯⋯⋯⋯⋯⋯⋯⋯ 147

適正手続の保障と行政手続／川崎民商事件／緊急逮捕合憲判決

最 終 話　　逆襲　平成30年司法試験 ⋯⋯⋯⋯⋯⋯⋯⋯⋯⋯⋯⋯⋯ 157

有害図書規制／検閲／明確性の原則／成人の知る自由／青少年の知る
自由／パターナリスティックな制約／営業の自由／職業選択の自由

判例一覧

事項索引

凡　例

────

＊文　献

芦部	芦部信喜（高橋和之補訂）『憲法〔第6版〕』（岩波書店，2015年）
芦部Ⅱ・Ⅲ	芦部信喜『憲法学（Ⅱ・Ⅲ〔増補版〕）』（有斐閣，1994年・2000年）
浦部	浦部法穂『憲法学教室〔第3版〕』（日本評論社，2016年）
演習ノート	宍戸常寿編『憲法演習ノート』（弘文堂，2015年）
現代的論点	安西文雄ほか『憲法学の現代的論点〔第2版〕』（有斐閣，2009年）
駒村	駒村圭吾『憲法訴訟の現代的転回』（日本評論社，2013年）
小山	小山剛『「憲法上の権利」の作法〔第3版〕』（尚学社，2016年）
佐藤	佐藤幸治『日本国憲法論』（成文堂，2011年）
宍戸	宍戸常寿『憲法解釈論の応用と展開〔第2版〕』（日本評論社，2014年）
渋谷	渋谷秀樹『憲法〔第3版〕』（有斐閣，2017年）
射程	横大道聡編『憲法判例の射程』（弘文堂，2017年）
新基本法コメ	芹沢斉ほか編『新基本法コンメンタール　憲法』（日本評論社，2011年）
争点	大石眞ほか編『憲法の争点』（有斐閣，2008年）
高橋	高橋和之『立憲主義と日本国憲法〔第4版〕』（有斐閣，2017年）
地図	大島義則『憲法の地図』（法律文化社，2016年）
注解Ⅱ	樋口陽一ほか『注解法律学全集2　憲法Ⅱ』（青林書院，1997年）
注釈(2)	長谷部恭男編『注釈日本国憲法(2)』（有斐閣，2017年）
読本	安西文雄＝巻美矢紀＝宍戸常寿『憲法学読本』（有斐閣，2011年）
野中ほかⅠ	野中俊彦ほか『憲法Ⅰ〔第5版〕』（有斐閣，2012年）
長谷部	長谷部恭男『憲法〔第6版〕』（新世社，2014年）
プロセス演習	LS憲法研究会編『プロセス演習　憲法〔第4版〕』（信山社，2011年）
論究	長谷部恭男編『論究憲法』（有斐閣，2017年）
論点教室	曽我部真裕ほか編『憲法論点教室』（日本評論社，2012年）
論点探究	小山剛＝駒村圭吾編『論点探究　憲法〔第2版〕』（弘文堂，2013年）
渡辺ほか	渡辺康行ほか『憲法Ⅰ　基本権』（日本評論社，2016年）

＊判 例 集

最判解民（刑）平成（昭和）〇年度　　　『最高裁判所判例解説民事篇（刑事篇）』（法曹会）
（法学雑誌などの一般的な略称の方針は，省略した。）

登場人物紹介

――― トウコ ―――
K大学法学部に通う大学3年生。18歳。17歳のときになぜか司法試験に合格している。銀髪の髪が特徴。憲法がとても得意。

――― ロキ先生 ―――
憲法学者。法律専門家の推論過程をシミュレートするシステム開発の専門家でもある。K大学の憲法学者レミ先生の従兄弟。

――― 僕 ―――
主人公。K大学法学部に通う大学3年生。恋愛方面には鈍感。弁護士になるために勉強中である。

―― ヴァイス ――
VR空間に住まう人工知能。VR上に設置されているカジノ場の支配人。〈自由の試練〉を司っている。

―― キュリス ――
憲法的推論システムを実装したVR空間に住まう人工知能。人間と同じような憲法的推論システムの完成を目的としている。

―― ミカゲ ――
VR空間に住まう人工知能。趣味はお菓子を焼くこと。〈平等の試練〉を司っている。

vii

第 **0** 話
天狗面の男
—— 平成28年予備試験 ——
消極的表現の自由／結社の自由／規制・給付二分論／
パブリック・フォーラムの法理／見解規制の禁止／政府言論／主題規制

第0話　天狗面の男

「どうやら，ここみたいね」

　トウコは，蒼い風に吹かれる麦わら帽子を右手で押さえながら，目の前にそびえ立つ古めかしいログハウスを見上げて呟いた。

　トウコの特徴的な銀色の髪が，太陽の光に乱反射して宙に踊る。

「地図によると，そうみたいだね」

　僕は，白いワンピースのトウコをちらっと見て応じた。

　大学3年生の夏休み，僕とトウコは，K大学の憲法学者レミ先生から一通の招待状を受け取った。レミ先生は，妙ちくりんな喋り方をするコスプレ好きの女性教授であり，我がK大学で密かな人気を誇る名物教員である。招待状には毛筆で「夏休みの某日，憲法学の実験をしたいので軽井沢の別荘に来てくれ」と簡潔に書かれていた。

　「憲法学の『実験』とはなんぞや？」とか「なんで軽井沢の別荘で？」という疑問がすぐに思い浮かんだが，トウコの「なんか，面白そう」という一言で行くことになってしまったのだ。

「とりあえず，入ってみましょうか」

　トウコは，ログハウスの入り口に続く数段の階段をずんずんと登り，玄関のドアノブに手をかけようとした。

　その瞬間，玄関ドアが跳ねるように開かれる。トウコは，反射的に後ろに飛びすさっていた。

「よう，君らかね，レミの教え子の優秀な学生というのは？」

　ログハウスの入り口を背にして立っていたのは，妙ちくりんな男であった。胸元を大きく広げた紺色の着流しはまだ良いとしても，鞘に入った日本刀を肩に担ぎ，そして天狗面で顔を覆っているのはどう考えても普通ではない。

「見られるとまずい。入りたまえ」

　僕とトウコは若干面食らったが，レミ先生の招待ということで多少の覚悟はあったので，天狗面の男に促されるままにログハウスの中に入った。

　古ばけた木製の外観とは異なり，ログハウスの中は近代的な造りになっていた。白いモルタルの床には，黒棺のような立方体の人工物が十数個立ち並んでいる。天狗面の男は，無造作に立ち並ぶ黒い人工物の間を縫うように歩いていく。僕たちも仕方なしについていく。

002

平成 28 年予備試験

「ちょっと散らかっていて，悪いな。よし，ここで話そう」

　ログハウスの一番奥の突き当たりに着くと，そこには木製の大きな書斎机が一台置いてあった。天狗面の男はその書斎机のほうへすたすたと歩いていき，デスクチェアに腰を下ろした。

「はじめまして。私は，憲法学者のロキだ。レミとは従兄弟の関係になる。よろしく頼む。実はここでは秘密の実験をしていてな。政府に見つかると色々とやばいんだ」

「天狗面は人に顔を見られないようにするためで，日本刀は護身用？　お客さんを歓待するには，やや失礼に感じるけど」

　トウコがさっそくタメ口でツッコミを入れるが，失礼以前に銃刀法違反ではないかと思われる。

「君は……レミが言っていた17歳にして司法試験に合格したという噂のトウコちゃんか。あ，いや，これはただの趣味のコスプレでな。ほれ，天狗面は外しても問題ないし，日本刀もこのとおり模造刀だ」

　そういうと天狗面の男は，面をずらして素顔を見せ，鞘から日本刀を抜いてぶんぶんと振り回してみせる。齢40歳程度の壮年で，細面である。

　ちなみに，僕とトウコがK大学のキャンパスで会ってから1年くらい経過しているので，トウコは現在18歳になっている。

「さて，来てもらって早々に悪いが，私の研究を見せる前に，1つテストを受けてもらいたい。うーん，そうだな。平成28年司法試験予備試験論文式問題の憲法がよかろう。問題は当然覚えているな？」

　トウコは頷くが，僕は首を振る。

　ロキ先生は眉をひそめて，僕に問題文のコピーを渡してくれた。

📖 平成 28 年予備試験

　次の文章を読んで，後記の〔設問〕に答えなさい。

　A市は，10年前に，少子化による人口減少に歯止めをかけるためA市少子化対策条例（以下「本件条例」という。）を制定し，それ以降，様々な施策を講じてきた。その一つに，結婚を希望する独身男女に出会いの場を提供したり，結婚

第０話　天狗面の男

相談に応じたりする事業（以下これらを「結婚支援事業」という。）を行うNPO
法人等に対する助成があった。しかし，Ａ市では，近年，他市町村に比べ少子化
が急速に進行したため，本件条例の在り方が見直されることになった。その結果，
本件条例は，未婚化・晩婚化の克服と，安心して家庭や子どもを持つことができ
る社会の実現を目指す内容に改正され，結婚支援事業を行うNPO法人等に対す
る助成についても，これまで十分な効果を上げてこなかったことを踏まえ，成婚
数を上げることを重視する方向で改められた。これに伴い，助成の実施について
定めるＡ市結婚支援事業推進補助金交付要綱も改正され，助成に際し，「申請者
は，法律婚が，経済的安定をもたらし，子どもを生みやすく，育てやすい環境の
形成に資することに鑑み，自らの活動を通じ，法律婚を積極的に推進し，成婚数
を上げるよう力を尽くします。」という書面（以下「本件誓約書」という。）を提
出することが新たに義務付けられた。

　結婚支援事業を行っているNPO法人Ｘは，本件条例の制定当初から助成を受
けており，助成は活動資金の大部分を占めていた。しかし，Ｘは，結婚に関する
価値観は個人の自由な選択に委ねるべきであるから，結婚の形にはこだわらない
活動方針を採用しており，法律婚だけでなく，事実婚を望む者に対しても，広く
男女の出会いの場を提供し，相談に応じる事業を行っていた。このため，Ｘは，
改正後の本件条例に基づく助成の申請に際し，本件誓約書を提出できず，申請を
断念したので，Ａ市からの助成は受けられなくなった。

　そこで，Ｘは，Ａ市が助成の要件として本件誓約書を提出させることは，自ら
の方針に沿わない見解を表明させるものであり，また，助成が受けられなくなる
結果を招き，Ｘの活動を著しく困難にさせるため，いずれも憲法上問題があると
して，訴訟を提起しようとしている。

〔設問〕
　Ｘの立場からの憲法上の主張とこれに対して想定される反論との対立点を明確
にしつつ，あなた自身の見解を述べなさい。なお，条例と要綱の関係及び訴訟形
態の問題については論じなくてよい。

「さて，ではいくつか質問をするので答えてもらいたい。Ｘはどのような憲法
上の主張を組み立てるべきかな？」
　よし，ここはトウコに良いところでも見せちゃおうかな。

「2つの権利が主張できると思います。一つ目は本件誓約書の提出を義務付けることにより自らの方針に沿わない見解表明を強制している点が憲法19条の思想・良心の自由を侵害しているとの主張，もう一つは助成を受けられなくなることでXの活動を著しく困難にするという点が憲法22条1項で保障される営業の自由を侵害しているとの主張です。特に思想・良心の自由という精神的自由に対する制約があることから，真にやむを得ない利益を保護するための必要最小限度の手段でなければ違憲であり，法律婚推進目的は真にやむを得ない利益ではなく，仮に真にやむを得ない利益だとしても法律婚推進目的を達成するためには助成ではなく法律婚を推進する広報という，より制限的でない他の選びうる手段もありますので，助成は違憲です」

　ロキ先生は溜息をつく。トウコも不機嫌そうに口を曲げる。

「主張自体失言。トウコちゃん，君はどう思う？」

「前者の見解表明の強制に関しては，問題文が『見解』の『表明』とあえて表現的要素を強調して記載していることからすれば，私だったら憲法21条に基づく消極的表現の自由侵害を主張するわね。あとはこれから検討することになる各種の表現の自由の法理を発動させたい，という原告の戦略的な動機もあるわけだけど，ね」

「ふむ。Xの活動を著しく困難にする点はどうかね？」

「これも営業の自由で主張することが完全に誤りというわけではないけど，狭義の職業選択の自由ではなく営業の自由に対する操業規制にとどまり，かつ，生命・身体保護のような消極目的も観念できないとすると，規制が著しく不合理であることが明白でない限り合憲という明白性の原則により合憲性が審査されてしまうことになり，Xとしては，やや弱腰の主張になる。そうであれば，より厳格な司法審査の可能性に賭けるために，結社の自由の主張可能性を考えるべきではないかしら。結社の自由は，結社をする，しないということに関して公権力により妨げられない自由のみならず，団体が団体としての意思を形成し，その意思実現のための諸活動について公権力により妨げられない自由を含んでいる。事実婚を含め結婚の形にはこだわらない活動方針を有するXの意思実現のための諸活動が著しく困難になるのであれば，憲法21条1項に基づく結社の自由侵害を主張できるのではないかしら」

第0話　天狗面の男

　なるほど，営業の自由を主張した場合にどうなるか，という先を見据えて，自分自身の立場を逆算して決定するわけか。

「主張自体優秀。では，ここからが本題だ。本件誓約書は助成の際に提出させられるものであって自由に対する規制など観念できないのではないのかね？消極的表現の自由でも，思想・良心の自由に含まれる沈黙の自由でも，結社の自由でも，営業の自由でもなんでもいいんだが，そもそも『自由』の『制約』なんて，本当にあるのかね？」

　ロキ先生はカラスにように飛び跳ねて書斎机に乗り，黒光る鞘から刀を抜き放って，トウコの首筋に抜き身の刀を近づける。模造刀とはいえ，怖い。いや，模造刀と言っているのは，ロキ先生だけであり，本当は真剣かもしれない。しかし，トウコは微動だにせず目を細めるだけである。

「いわゆる規制・給付二分論[*4]の問題ね。表現の自由の『規制』を観念するためには，市民に対する表現活動の禁止又は事後的な法的責任を課すことが原則として必要となるので[*5]，確かに助成が自由に対する規制を構成するとは一概に言い難い。でも，とりわけ言論助成の際に恣意的かつ無制限に条件を付すことが可能になれば，政府による思想の自由市場への間接的介入となり，ひいては民主的政治過程を損なう可能性がある[*6]。こうした問題に対応するためには，①表現の自由の保障範囲を拡張して憲法上の権利の制限を観念する方法又は②憲法21条から見解中立性の原則を導いて客観法的統制をする方法が考えられるわね[*7]。②の客観法的統制の場合，個々の給付の合理性を判断することになるけど，合理性の水準でしか判断できなくなり審査密度が低くなる危険性もあるし，判断の安定性・明証性に欠けるとも批判されているところなので[*8]，やはりここは①の権利論に活路を見出し，『自由』の『制約』に拘りたいところ，かな」

「具体的には？」

「考えられるのは，パブリック・フォーラムの法理の応用[*9]。本来的には請求権の問題に見えるものでも，パブリック・フォーラムの法理を媒介にして自由の制約を観念できる場合があるわ」

「でもパブリック・フォーラムというがね。助成金には，場所的・空間的な観念がなく，果たしてフォーラムといえるのかね？」

「そもそもパブリック・フォーラム論はアメリカ連邦最高裁を模範にしたもの

平成 28 年予備試験

だけど，アメリカ連邦最高裁の Rosenberger 事件判決は，州大学が学生の課外活動に対して支出する基金について『空間的又は地理的な意味においてというより，抽象的な意味においてフォーラムである』として，パブリック・フォーラム論を空間的・地理的概念から抽象的な助成にまで拡張しているわ」

「それはアメリカの話で，日本の裁判所でパブリック・フォーラム論がそもそも通用するのか怪しいし，通用したとして，それを表現助成の文脈にまで拡張するなんてアクロバティックな話に耳を傾けてくれるとは思えんがね」

「簡単ではないとは思うけど，例えば泉佐野市民会館事件（判例 0-1）はパブリック・フォーラム論に依拠しながら自由の制約を観念しつつ，『普通地方公共団体が公の施設の使用の許否を決するに当たり，集会の目的や集会を主催する団体の性格そのものを理由として，使用を許可せず，あるいは不当に差別的に取り扱うことは許されない。』と判示して見解規制禁止の法理を発動したと解釈できる。また，船橋市西図書館蔵書破棄事件（判例 0-2）も，公立図書館が『公的な場』であることから，『公立図書館の図書館職員が閲覧に供されている図書を著作者の思想や信条を理由とするなど不公正な取扱いによって廃棄することは，当該著作者が著作物によってその思想，意見等を公衆に伝達する利益を不当に損なうものといわなければならない。そして，著作者の思想の自由，表現の自由が憲法により保障された基本的人権であることにもかんがみると，公立図書館において，その著作物が閲覧に供されている著作者が有する上記利益は，法的保護に値する人格的利益であると解するのが相当であ』るとしており，表現の給付・助成の問題について『公的な場』での見解規制を禁止した事例ともいえるわ」

「んー，とりあえずは，よかろう。しかし，こういう反論がきたら，どうかな。見解規制禁止の法理が妥当するというが，そもそも住民自治の原則（憲法 92 条）に照らせば，A 市は対立する諸政策のうち民主主義的な背景をもって特定の見解に基づく政策を実施することが許容されている。こうした，いわゆる政府言論（government speech）の文脈では政府は自らの見解に基づいて行動することが許容されるのであるから，仮に見解規制であったとしても合憲になるのではないかね？」

「政府言論に該当した場合の法的効果として見解規制の正当化効果があるって

007

第0話　天狗面の男

考え方よね。政府自身が憲法21条1項による表現の自由の保障を受けるなんて話はないけど，選挙民に対する説明責任を果たすために政府自身の特定見解を表現することが説明責任や民主主義に基づき正当化可能というのは一定程度理解できるわ。でも，政府言論というのは，例えば，政府が官房長官の記者会見を通じて政府自身の特定見解を伝達するような場面の話よね。表現助成のような場合にも，政府言論の法理が妥当するってそんなに簡単にいえるのかしら」[*13]

　トウコは目だけで少し悪戯っぽく笑う。ロキ先生は刀を鞘におさめて座り，チェアに身を預ける。

「ふむ。政府言論の類型には，①政府自身が言論者として立ち現れる『言論者としての政府』の場面と②政府が私人の言論活動を規制・助成する『検閲者としての政府』の場面があり，②類型はさらに政府が典型的な検閲者として振る舞う規制的文脈（②-1）と表現助成を通じて言論市場を歪める給付的文脈（②-2）が含まれる，と我が国の学説では整理されており，本問の場合は②-2類型で捕捉できるな」[*14]

「表現の自由の文脈では表現内容規制のうち見解規制に該当すればほとんど自動的に違憲になるほどの強固な法理として理論構成しているのに，政府言論に該当すれば見解規制禁止の法理の例外領域を作って免責させるのだから，政府言論該当性は極めて狭く定義すべきだと思うけどね。それは措くとしても，私の主張する表現助成文脈におけるパブリック・フォーラム論の拡張適用によって政府による表現助成についても見解規制禁止の法理が発動されるという見解と，ロキ先生の給付的文脈までをも含めた政府言論の法理による見解規制禁止の法理の例外領域を作り出す見解，正面衝突しません？」[*15][*16]

「お互いに引けないラインまできたな。つまり本問においては，日本だろうが，アメリカだろうが，パブリック・フォーラムだろうが，政府言論だろうが，見解規制禁止というルールを採用すべきか，というのが第一線の争点なわけだな。しかし，別の争点提起はありえないかね？　例えば，仮に本問で見解規制禁止のルールが妥当したとしても，そもそも本件誓約書の義務付けは見解規制ではない，という反論だ。本件誓約書は『申請者は，法律婚が，経済的安定をもたらし，子どもを生みやすく，育てやすい環境の形成に資することに鑑み，自らの活動を通じ，法律婚を積極的に推進し，成婚数を上げるよう力を尽くし

ます。』という書面だよな。法律婚を推進するように努力すると言っているだけで，事実婚については何も言及されていない。A市は，単に法律婚という『主題』を設定し，当該主題に沿うものに助成をあげると言っているだけで，見解規制ではないのではないかね？」

「確かに，表現内容規制は見解規制（特定の見解・観点のみの禁止）と主題規制（特定の主題を内容とする表現の禁止）に分類でき，表現の自由の規制的文脈では見解規制と主題規制の双方に警戒すべきだけど，政府による給付的文脈では見解規制を禁止することはできても，主題に基づく給付を禁止することはできない，わね」

「すると，本設問の第二の争点ラインが出てくるわけだ。果たして本件誓約書は見解規制なのか，主題規制に過ぎないのか，というわけだ。*17目的手段審査を中心に議論などしている場合ではない理由が分かったかね？」

　ロキ先生はそう言うと，高僧のように目を瞑って，立ち上がった。

　次の瞬間，音速が，空間を切り裂く。

　僕が「あっ」という言葉をあげる間もなく，目の前の書斎机は，海が割れるかのように斬り開かれていた。

　……やっぱり模造刀じゃないじゃないか。

「主張自体合格。さすがレミの寄越した学生だな。君たちに私の実験を見せることにしよう。来たまえ」

　これは，ついていくと，やばいパターンな気がするな？

■ 平成28年予備試験憲法　解答例

第1　表現の自由及び結社の自由の制約

　1(1)　Xは，本件誓約書の提出義務は自らの方針に沿わない見解を表明させるものであり，自己と異なる見解表明を強制されない消極的表現の自由（憲法21条1項）を制約する，との憲法上の主張を行う。

　　(2)　また，Xは，本件誓約書の提出義務は助成を受けられなくなる結果を招き，Xの活動を著しく困難にさせるので，結社の自由（憲法21条1項）の制約である，との憲法上の主張を行う。

　2　これに対して，本件誓約書の提出義務は助成の条件として要求されてい

第 0 話　天狗面の男

　　るに過ぎず，Ｘを含む一般国民に対して何らかの規制を行うものではなく，
　　消極的表現の自由及び結社の自由の制約ではない，との反論が想定される。
　3　確かに，表現の自由及び結社の自由は主として対国家防御権であって金
　　銭の給付請求権を含むものではなく，原則として助成は表現の自由の規制で
　　はない。しかし，現代社会においては国又は公共団体の給付的行政活動の領
　　域は拡大しており，給付の際に一定の条件を付すことにより，政府が間接的
　　に思想の自由市場に介入し，ひいては民主的政治過程が歪められる可能性が
　　ある。そのため，本件誓約書の提出義務が表現の自由を侵害するような違憲
　　の条件といえるのであれば，消極的表現の自由又は結社の自由の侵害となる。
第2　給付の条件の合憲性
　1　Ｘは，本件誓約書は法律婚の積極的推進という見解表明を，法律婚だけ
　　ではなく事実婚をも支持するＸに対して強制する見解規制であり，特定見解
　　を狙い撃ちにする見解規制は助成の条件であっても違憲である，との憲法上
　　の主張を行う。
　2　これに対して，Ａ市は法律婚の積極的推進という政策課題に基づき法律婚
　　という主題に沿うように本件誓約書の提出義務を課しているに過ぎず，特定
　　見解の狙い撃ちをして規制するものではない，との反論が想定される。
　3　私は，助成の条件として特定見解の強制を行う場合には違憲となるが，Ａ
　　市には特定の政策課題を実現する政策的裁量があることから特定の政策課題
　　に基づく主題規制に過ぎない条件付けであれば合憲である，と考える。
　　　Ａ市は 10 年前に少子化による人口減少防止のために本件条例を制定し，
　　結婚支援事業を行っていたが，近年の少子化の急速な進行を受けて本件条
　　例を改正し，成婚数を上げることを重視する政策をとっている。本件誓約
　　書の提出義務も，この政策に基づくものである。
　　　よって，助成は法律婚推進という政策課題に基づき設定された主題に基づ
　　いており，本件誓約書も事実婚を排除するような内容でもなく法律婚推進
　　目的という当該主題に基づいているものに過ぎない。
　　　したがって，本件誓約書を提出させることは見解規制ではなく主題規制に
　　すぎず，憲法 21 条 1 項に違反しない。

以上

　＊ 1　「表現しない自由」は，憲法21条以外にも，憲法19条から導かれる沈黙の自由，憲法20
　　　条から導かれる沈黙の自由，憲法38条1項に基づく黙秘権によっても保障され，特に憲法
　　　21条1項と憲法19条の棲み分けについては学説でも固まった見解はない。「表現しない自
　　　由」に関する憲法19条と21条1項との区別に関する学説状況については，横大道聡『現

代国家における表現の自由』（弘文堂，2013年）303頁注2）。渡辺ほか162-163頁〔渡辺康行〕，218頁〔宍戸常寿〕も参照。

＊2　地図104頁。

＊3　野中ほかⅠ374頁〔中村睦男〕。

＊4　規制・給付二分論とは，規制（不利益を課すこと）・助成（利益を与えること）を区分した上で，「言論に対する政府の規制が，憲法21条による統制を受けるのは当然であるが，言論に対する政府の給付の撤回は，不利益を課すことではなく，利益を与えないことにすぎないから，政府には広い裁量が認められ，原則として憲法21条の問題を構成しない」という考え方をいう（蟻川恒正「法令を読む（1）」法セミ665号（2010年）68頁）。読本157-158頁〔宍戸常寿〕，論点教室126-128頁〔中林暁生〕も参照。規制・給付二分論の先駆的業績として，蟻川恒正「国家と文化」，岩村正彦ほか編（江橋崇編）『岩波講座　現代の法　1　現代国家と法』（岩波書店，1997年）191頁。

＊5　渡辺ほか233頁〔宍戸常寿〕。

＊6　渡辺ほか234頁〔宍戸常寿〕参照。論点探究185-187頁〔駒村圭吾〕は，国家の表現助成の危険性について，①国家による干渉拡大，②国家による「お墨付き」の問題，③文化の自律性の破壊の三つの問題を挙げる。また，直接的な言論規制と同等およびそれ以上に助成や援助といった間接的手法が表現の自由の脅威になるとの認識の下で，表現の自由の観点から国家による表現活動への助成の憲法的統制を模索するものとして，横大道・前掲注1）31頁。

＊7　渡辺ほか234頁〔宍戸常寿〕。

＊8　渡辺ほか234頁〔宍戸常寿〕。

＊9　読本158-159頁〔宍戸常寿〕参照。表現助成の事案ではなく芸術作品の展示に関する事案についてではあるが，パブリック・フォーラム論を用いて「自由」の「制約」に拘った論証を行うものとして，演習ノート175-177頁〔横大道聡〕。パブリック・フォーラムの法理は，①伝統的に表現活動に奉仕されてきた場所である道路，公園等の伝統的パブリック・フォーラム，②政府が一定の場所またはコミュニケーションを意図的にパブリック・フォーラムにした場合である公会堂，公立劇場等の指定的パブリック・フォーラム，③公立病院等の非パブリック・フォーラムの三類型の性質に応じて，①②類型については表現内容・内容中立規制二分論に基づく厳格な審査基準で規律し，③類型については表現者の見解に基づく見解規制は禁止し合理的規制であれば許容する考え方である。アメリカ連邦最高裁において，パブリック・フォーラムの三つの類型を確立したものとして，Perry Education Association v. Perry Local Educators' Association, 460 U.S. 37 (1983). Perry判決をパブリック・フォーラムの発生起源に遡ってその意味内容を検討するものとして，横大道・前掲注1）第5章。中林暁生「『政府の言論の法理』と『パブリック・フォーラムの法理』との関係についての覚書」企業と法創造7巻5号（2011年）89頁，プロセス演習250-251頁〔赤坂正浩〕，地図78頁も参照。日米のパブリック・フォーラム論を比較・検討の上で，日本ではパブリック・フォーラム論が確固たる地位を占めているものではないと評価するものとして，論点教室128頁〔中林暁生〕。

＊10　Rosenberger v. Rector & Visitors of Univ. of Va, 515 U.S. 819, at 830 (1995). なお，Rosenberger判決が指定的パブリック・フォーラムと非パブリック・フォーラムのいずれに該当する事案に分類するかについては争いがある。指定的パブリック・フォーラムのうち特定の目的，主題，発案者のためだけにフォーラムを開設した場合について限定的パブリック・フォーラムというサブカテゴリーを設定し，Rosenberger判決を限定的パブリッ

第 0 話　天狗面の男

　　　ク・フォーラムの事案とする見解がある（横大道・前掲注 1 ）141-144頁）。もっとも，こ
　　　の見解も Rosenberger 判決が違憲判決の決め手としたのは助成プログラムの観点差別性で
　　　あり，観点差別はどのカテゴリでも厳格審査に服するので，Rosenberger 判決を限定的パ
　　　ブリック・フォーラムの問題に位置付けたことにはほとんど意味がないとも評する（同書
　　　156頁）。これに対して，Rosenberger 判決を非パブリック・フォーラムの類型と位置付け
　　　る見解として，松田浩「『パブリック』『フォーラム』──ケネディー裁判官の 2 つの闘争」
　　　長谷部恭男編『講座　人権論の再定位 3　人権の射程』（法律文化社，2010年）188-190頁。
＊11　駒村29 頁。
＊12　渡辺ほか234-235頁〔宍戸常寿〕。
＊13　政府言論の法的効果及び根拠については，横大道・前掲注 1 ）227-234頁。
＊14　蟻川恒正「政府と言論」ジュリ1244号（2003年）91頁以下。
＊15　横大道・前掲注 1 ）236-238頁。
＊16　Rosenberger 判決によるパブリック・フォーラム論の給付領域への拡張によって，こう
　　　した衝突が生じたことを指摘するものとして，中林・前掲注 9 ）89頁。
＊17　典型的な政府の表現規制では見解規制でも主題規制でも禁止されるためにアメリカ連邦
　　　最高裁は見解規制と主題規制を厳密に使い分けてこなかったが，パブリック・フォーラム
　　　や政府言論に問題が生じている現在においては各用語の一貫した使い分けが重要になって
　　　くることを指摘するものとして，横大道・前掲注 1 ）165-166頁。

第 **1** 話
実験開始
——平成25年司法試験その1——
デモ行進の自由／明らかに差し迫った危険の基準／
パブリック・フォーラムと附款／集団暴徒化論／付随的規制論

第1話　実験開始

　別室に連れて行かれると，そこには直径3メートル程度の白い球体が床の上
に2つ設置されていた。
「おほん。本日，君たちを呼んだのは他でもない。私の開発した全感覚没入型
VRマシンの被験者になってもらいたい，という話なのだよ。これから君たち
には，この球体の中に入ってもらい，VRの世界へ行ってもらいたい」
　VRって，今流行りのヴァーチャル・リアリティってやつか。なるほど，ロ
グハウスの中に聳え立っていた黒棺のような立方体群は，スーパーコンピュー
ターだったってわけね。しかし，とても個人が所有できるような数のスーパー
コンピューターではないように思えたが……詳しく訊くと怖そうなので，やめ
ておこう。
「……全感覚没入型VRということは，人間の全感覚を仮想空間で実現できるっ
ていう，あれですか。それが憲法学の研究とどう関係するのですか？」
　僕はついつい無粋なツッコミを入れてしまう。
「私は，もともと法律専門家の推論過程をシミュレートするシステム開発の専
門家でね。特に推論モデルを組み立てにくい憲法学の推論構造を解明する研究
をしており，その研究の一環として憲法的推論を自在に操る人工知能〈キュリ
ス〉の開発に成功した。この人工知能〈キュリス〉をVR世界に住まわせてい
るのだよ。しかし，人工知能〈キュリス〉には，まだまだ課題があってな。と
りあえず現時点において存在するすべての文献や資料を用いて〈キュリス〉に
学習させたわけだが，いかんせん実戦不足という面がある。そこで君らには
〈キュリス〉に会ってもらい，憲法に関する対話を深めてもらいたい。そうす
ることで〈キュリス〉は，さらなる進化を遂げ，最高の憲法的推論システムに
なるのだよ。是非協力してもらいたい」
　平成28年予備試験の問題を僕たちに解かせたのは，〈キュリス〉に実戦経験
をつませる相手として相応しいかを試していたってわけか。
「……面白そうじゃない！」
　僕と意見交換をするまでもなく，トウコは白い球体のほうへ歩み寄る。ロキ
先生が白い球体の左脇あたりのボタンを押すと，白い球体の前面が上方に開
く。トウコは，球体の中に設置されているシートに座る。
「そのヘッドマウントディスプレイを頭に装着してくれ。細かい技術の話は省

略するが，脳に直接作用してVRを実現しているので，そのヘッドマウント
ディスプレイを身につけて，その球体の中に入るだけで，オッケー。君はどう
するかね？」

「……やりますよ」

　トウコに一人だけやらせるわけにもいかない。僕ももう一つの白い球体に入
り込み，ヘッドマウントディスプレイを身につける。

「全感覚没入型といっても痛覚はシャットアウトしているし，安全性は保証す
るので，安心して行って来てくれたまえ。では，よろしく」

　ロキ先生がそう言った瞬間，僕の視界はブラックアウトした。

　目を覚ますと，まず耳に入ってきたのは，凛とした空気を震わせる高い笛の
音だった。次いで太鼓や箏などの音が重なり，雅楽の旋律を奏でる。

　周囲を見渡すと，僕らは木造の社殿の中にいるようであった。右隣には座布
団の上で正座で座っているトウコがいた。僕もどうやら正座をしているようで
ある。

　雅楽の音楽に合わせて，白と黒の光の粒子が目の前に拡がり，一瞬で凝縮し
て人のイメージが形成された。巫女装束を纏った女の子であるが，やや変わっ
た格好をしている。右半身が緋色の袴に白衣であり，左半身が黒の袴に黒衣で
あった。瞳の色も右目が銀色，左目が黒色のオッドアイであり，右側の髪色は
白銀で左側の髪色は漆黒である。ショートの白銀の髪と比べると，漆黒の左側
の髪の毛は肩まで伸びており，それがまた歪さを感じさせる。女性を中心に世
界の右側が白銀に，左側が漆黒に彩られているかのような錯覚を覚える。

　天使と悪魔が左右で共存しているような女性は，右手に真っ白な扇を，左手
に漆黒の扇を持ち，背後に流れる雅楽に溶け込むように，舞を始めた。おそら
く目の前で踊っているこの女性こそが，ロキ先生の言っていた人工知能〈キュ
リス〉なのであろう。ここがVR世界だというが，リアルとまったく区別がつ
かない。現代の技術でここまでのことが可能ということに驚きである。

　僕とトウコはキュリスの神々しい舞を数分くらい見ていただろうか。

　曲が終わり，キュリスの舞も終わりを告げた。僕とトウコは，反射的にぱち
ぱちと拍手をしていた。

第1話　実験開始

　キュリスは，静かにゆっくりと一礼する。
「ようこそ，いらっしゃいました。私は，憲法学の推論システムを実装したAI
の〈キュリス〉です。私の目的は，人間と同じような憲法の推論システムを完
成させることにあります」
「はじめまして。私はトウコ。で。こっちの彼は……」
「はじめまして。ロキ先生からご紹介いただいた者です。名乗るような名前は
持ち合わせておりませんが，よろしくお願いいたします」
　キュリスは，世界の天秤を左側に傾けるかのように，首を傾げる。
「お名前がないというのは不便ですね。何とお呼びしたら良いのでしょうか？」
「最近は，みんなからは，雑魚な議論を提供する奴という意味で『ザッコン』
と呼ばれたりしますね」
　よく考えると，酷いあだ名だな。
　もしかして僕はいじめられているんじゃないか。
「ザッコン……様ですね。なんだかちょっと恥ずかしい呼び名ですね」
　ほっとけ。それにしても，このキュリスという人工知能も，凄まじい。もは
や人間と区別することが不可能である。何しろ人工知能が〈恥〉の概念まで有
しているのである。
「さて，あまりお時間を取らせるのも恐縮ですので，さっそく手合わせ願いた
いと思います。ロキ先生からは司法試験憲法の問題を題材にするように指定を
されております。さっそく平成25年の司法試験公法系第1問の問題を素材に
議論をさせていただいてよろしいでしょうか」
「いいわよ」
　トウコは，快諾する。

🖿 平成25年司法試験公法系科目第1問

　Aは，B県が設置・運営するB県立大学法学部の学生で，C教授が担当する憲
法ゼミナール（以下「Cゼミ」という。）を履修している。Cゼミの202＊年度の
テーマは，「人間の尊厳と格差問題」である。Cゼミ生は，C教授の承諾も得て，
ゼミの研究活動の一環として貧富の格差の拡大に関して多くの県民と議論するこ

とを目的としたシンポジウム「格差問題を考える」を県民会館で開催した。　そのシンポジウムでの活発な意見交換を経て，「格差の是正」を訴える一連のデモ行進を行うことになった。そのデモ行進については，Ｃゼミ生を中心として実行委員会が組織され，Ａがその委員長に選ばれた。実行委員会は，第１回目のデモ行進を202＊年８月25日（日）に行うこととして，ツイッター等を通じて参加を呼び掛けたところ，参加希望者は約1000人となった。そこで，Ａは，主催者として，Ｂ県集団運動に関する条例第２条（【参考資料１】参照）の定めにより，Ｂ県の県庁所在地であるＢ市の金融街から市役所，県庁に至る片道約２キロメートルの幹線道路を約1000人の参加者が往復するデモ行進許可申請書を提出した。デモ行進が行われる幹線道路沿いには多くの飲食店があり，市の中心部にある県庁や市役所の周りは県内最大の商業ゾーンでもある。Ｂ県公安委員会は，デモ行進は片側２車線の車道の歩道寄りの１車線内のみを使うことという条件付きで許可した。

　第１回目のデモ行進の当日，Ａら実行委員会は，デモ参加者に対し，デモ行進中は拡声器等を使用しないこと，また，ビラの類は配らず，ゴミを捨てないようにすることを徹底させた。第１回目のデモ行進は，若干の飲食店から売上げが減少したとの県への苦情があったが，その他は特に問題を起こすことなく終えた。そこで，Ａら実行委員会は，第２回目のデモ行進を同年９月21日（土）に，第１回目と同じ計画で行うこととし，同月５日（木）にデモ行進の許可申請を行った。これに対し，Ｂ県公安委員会は，第１回目と同様の条件を付けて許可した。

　Ｂ県では，次年度以降の財政の在り方をめぐり，社会福祉関係費の削減を中心として，知事と県議会が激しく対立していた。知事は，同月13日（金）に，Ｂ県住民投票に関する条例（【参考資料２】参照）第４条第３項に基づき，「社会福祉関係費の削減の是非」を付議事項として住民投票を発議し，翌10月13日（日）に住民投票を実施することとした。

　第２回目のデモ行進も，拡声器等を使用せず，ビラの類も配らずに無事終了した。ただし，住民投票実施ということもあって参加者は2000人近くに達し，「県の社会福祉関係費の削減に反対」という横断幕やプラカードを掲げる参加者もいたし，「社会福祉関係費の削減に反対票を投じよう」というシュプレヒコールもあった。また，デモ行進が行われた道路で交通渋滞が発生したために，幹線道路に近接した閑静な住宅街の道路を迂回路として使う車が増えた。第２回目のデモ行進終了後，市民や町内会からは，住宅街で交通事故が起きることへの不安や騒音被害を訴える苦情が県に寄せられた。また，第１回目よりも更に多くの飲食店

第1話　実験開始

から，デモ行進の影響で飲食店の売上げが減少したという苦情が県に寄せられた。

　Aら実行委員会は，第3回目のデモ行進を同年9月29日（日）に行うことにして，参加予定人員を2000人とし，その他は第1回目・第2回目と同様の計画で許可申請を行った。しかし，B県公安委員会は，住民投票日が近づいてきて一層住民の関心が高まっており，第3回目のデモ行進は，市民の平穏な生活環境を害したり，商業活動に支障を来したりするなど，住民投票運動に伴う弊害を生ずる蓋然性が高いと判断し，当該デモ行進の実施がB県集団運動に関する条例第3条第1項第4号に該当するとして，当該申請を不許可とした。

　この不許可処分に抗議するために，Aら実行委員ばかりでなく，デモ行進に参加していた人たち約200人が，B県庁前に集まった。そこに地元のテレビ局が取材に来ていて，Aがレポーターの質問に答えて，「第1回のデモ行進と第2回のデモ行進が許可されたのに，第3回のデモ行進が不許可とされたのは納得がいかない。平和的なデモ行進であるのにもかかわらず，デモ行進を不許可としたことは，県の重要な政策問題に関する意見の表明を封じ込めようとするものであり，憲法上問題がある」と発言する映像が，ニュースの中で放映された。そのニュースを，B県立大学学長や副学長も観ていた。

　AたちCゼミ生は，当初から，学外での活動の締めくくりとして，学内で「格差問題と憲法」をテーマにした講演会の開催を計画していた。デモ行進が不許可になったので学内講演会の計画を具体化することとなったが，知事の施策方針に賛成する県議会議員と反対する県議会議員を講演者として招き，さらに，今回のデモ行進の不許可処分に関するC教授による講演を加えて，開催することにした。C教授の了承も得て，Aたちは，Cゼミとして教室使用願を大学に提出した。同じ頃，Cゼミ主催の講演会とは開催日が異なるが，経済学部のゼミからも，2名の評論家を招いて行う「グローバリゼーションと格差問題：経済学の観点から」をテーマとした講演会のための教室使用願が提出されていた。

　B県立大学教室使用規則では，「政治的目的での使用は認めず，教育・研究目的での使用に限り，これを許可する」と定められている。この規則の下で，同大学は，ゼミ活動目的での申請であり，かつ，当該ゼミの担当教授が承認していれば教室の使用を許可する，という運用を行っている。同大学は，経済学部のゼミからの申請は許可したが，Cゼミからの申請は許可しなかった。大学側は，Aらが中心となって行ったデモ行進が県条例に違反すること，ニュースで流されたAの発言は県政批判に当たるものであること，また講演者が政治家であることか

平成 25 年司法試験その１

ら，Ｃゼミ主催の講演会は政治的色彩が強いと判断した。

　Ａは，Ｂ県を相手取ってこの２つの不許可処分が憲法違反であるとして，国家賠償訴訟を提起することにした。

〔設問１〕

　あなたがＡの訴訟代理人となった場合，２つの不許可処分に関してどのような憲法上の主張を行うか。

　なお，道路交通法に関する問題並びにＢ県各条例における条文の漠然性及び過度の広汎性の問題は論じなくてよい。

〔設問２〕

　Ｂ県側の反論についてポイントのみを簡潔に述べた上で，あなた自身の見解を述べなさい。

【参考資料１】 Ｂ県集団運動に関する条例（抜粋）

第１条　道路，公園，広場その他屋外の公共の場所において集団による行進若しくは示威運動又は集会（以下「集団運動」という。）を行おうとするときは，その主催者は予めＢ県公安委員会の許可を受けなければならない。

第２条　前条の規定による許可の申請は，主催者である個人又は団体の代表者（以下「主催者」という。）から，集団運動を行う日時の72時間前までに次の事項を記載した許可申請書三通を開催地を管轄する警察署を経由して提出しなければならない。

　一　主催者の住所，氏名

　二　集団運動の日時

　三　集団運動の進路，場所及びその略図

　四　参加予定団体名及びその代表者の住所，氏名

　五　参加予定人員

　六　集団運動の目的及び名称

第３条　Ｂ県公安委員会は，前条の規定による申請があつたときは，当該申請に係る集団運動が次の各号のいずれかに該当する場合のほかは，これを許可しなければならない。

　一〜三　（略）

　四　Ｂ県住民投票に関する条例第14条第１項第２号及び第３号に掲げる行為

019

第1話　実験開始

がなされることとなることが明らかであるとき。

2　B県公安委員会は，次の各号に関し必要な条件を付けることができる。

一，二　（略）

三　交通秩序維持に関する事項

四　集団運動の秩序保持に関する事項

五　夜間の静ひつ保持に関する事項

六　公共の秩序又は公衆の衛生を保持するためやむを得ない場合の進路，場所
　　又は日時の変更に関する事項

【参考資料2】B県住民投票に関する条例（抜粋）

第1条　この条例は，県政に係る重要事項について，住民に直接意思を確認する
　　ための住民投票に係る基本的事項を定めることにより，住民の県政への参加を
　　推進し，もって県民自治の確立に資することを目的とする。

第2条　住民投票に付することができる県政に係る重要事項（以下「重要事項」
　　という。）は，現在又は将来の住民の福祉に重大な影響を与え，又は与える可
　　能性のある事項であって，住民の間又は住民，議会若しくは知事の間に重大な
　　意見の相違が認められる状況その他の事情に照らし，住民に直接その賛成又は
　　反対を確認する必要があるものとする。

第4条　（略）

2　（略）

3　知事は，自ら住民投票を発議し，これを実施することができる。

4　住民投票の期日は，知事が定める。

第14条　何人も，住民投票の付議事項に対し賛成又は反対の投票をし，又はし
　　ないよう勧誘する行為（以下「住民投票運動」という。）をするに当たっては，
　　次に掲げる行為をしてはならない。

一　買収，脅迫その他不正の手段により住民の自由な意思を拘束し又は干渉す
　　る行為

二　平穏な生活環境を害する行為

三　商業活動に支障を来す行為

2　（略）

「本問の検討の進め方ですが，トウコさんたちがAの訴訟代理人役を，私がB

県側役を担当し，議論をぶつけ合って推論を深めていく形式にしたいと思います。それでは，誠に恐縮ですが，トウコ様かザッコン様にて簡潔にA側の主張をしていただいてよろしいでしょうか？」

「わかりました。それではまずは僕から，B県集団運動に関する条例（以下「運動条例」という。）3条1項4号・B県住民投票に関する条例（以下「投票条例」という。）14条1項2号・3号に基づくデモ行進不許可処分（以下「甲処分」という。）について主張してみましょう。甲処分は，Aの表現の自由（憲法21条1項）を制約しており，精神的自由である表現の自由は経済的自由と比較して自己実現及び自己統治の価値を有しているため厳格審査による保護を受け，そのため甲処分が真にやむをえない利益を保護するための必要最小限度の手段でなければ違憲と主張します」

　キュリスは，世界の天秤を今度は右側に傾けるように，首を傾げる。

「憲法21条1項には『集会，結社及び言論，出版その他一切の表現の自由は，これを保障する。』と書いてありますが，これらの文言のうち『表現の自由』の文言に該当する，という主張でよろしいのでしょうか。『集会』という文言もあるようですが，これとの関係はどのように整理されるのでしょうか」

「……『A，B及びC』という条文があった場合，法令用語上，『A and B and C』と読むのが普通で，このルールに従って読めば憲法21条1項は集会の自由，結社の自由及び言論，出版その他一切の表現の自由の3つの憲法上の権利を保障していることになるわね（分離説）。これに対して，法令用語の用法には反するけど，集会，結社を『……その他一切の表現の自由』の例示と読むならば表現の自由という一元的な権利が保障されていることになる（一体説）。学説の多くは，集会・結社の自由のグループと表現の自由のグループを大まかに分けているようにもみえる[*1]。そういう意味では，確かにさっきの立論は雑。憲法21条1項の文言に正確にあてはめていくならば，憲法21条1項の『集会』には動く集会であるデモ行進も含まれ，あるいは『その他一切の表現の自由』には他者に対する意見表明の側面を有するデモ行進も当然に含まれる，と主張することになるわ[*2]」

「自己実現の価値と自己統治の価値という点も，もう少し補足説明をお願いしてよろしいでしょうか」

第1話　実験開始

「それもキーワードに過ぎない中身のない主張だったわね。私だったら，成田新法事件（判例1-1）が集会の自由について『現代民主主義社会においては，集会は，国民が様々な意見や情報等に接することにより自己の思想や人格を形成，発展させ，また，相互に意見や情報等を伝達，交流する場として必要であり，さらに，対外的に意見を表明するための有効な手段であるから，憲法21条1項の保障する集会の自由は，民主主義社会における重要な基本的人権の1つとして特に尊重されなければならないものである』と述べているから，動く集会とも位置づけることができるデモ行進の自由についても，この判示に即した主張を行うかな」

「私の中に構築された判例・文献データベースとマッチする主張であり，理解しました。違憲審査基準についてですが，真にやむを得ない利益の基準を用いるということでよろしいでしょうか」

「……その点も判例に基づく主張に訂正するわ。新潟県公安条例事件（判例1-2）は，①『条例においてこれらの行動につき単なる届出制を定めることは格別，そうでなく一般的な許可制を定めてこれを事前に抑制することは，憲法の趣旨に反し許されない』けど，②『特定の場所又は方法につき，合理的かつ明確な基準の下に，予じめ許可を受けしめ，又は届出をなさしめてこのような場合にはこれを禁止することができる旨の規定を条例に設けても，これをもつて直ちに憲法の保障する国民の自由を不当に制限するものと解することはできない』としており，③『公共の安全に対し明らかな差迫つた危険を及ぼすことが予見されるときは，これを許可せず又は禁止することができる旨の規定を設けることも，これをもつて直ちに憲法の保障する国民の自由を不当に制限することにはならない』としているわね。新潟県公安条例事件に照らせば，運動条例3条1項4号の『明らか』とは他者の生命，身体，財産等に対する明らかに差し迫った危険が具体的に予見される場合に限定すべき，と主張することができるわ*4」

「その基準に照らしたあてはめについては，どのように主張されますか？」

「Aらは拡声器等を使用せず，ビラ類の配布もせずゴミを捨てさせないように徹底しており，横断幕，プラカード，シュプレヒコールなども通常のデモ行為の範疇にとどまるわ。住宅街の交通事故については単なる不安でしかなく，騒

音もデモ行進に付随するものに過ぎない。これらの行為により他者の生命，身体，財産等を害する具体的危険は予見されないので，投票条例14条1項2号の『平穏な生活環境を害する行為』がなされることが『明らか』な場合に該当しないわ。飲食店の売上減少の苦情については単に苦情があるだけで売上減少の客観的事実も確認できないので投票条例14条1項3号の『商業活動に支障を来す行為』に文言上該当せず，仮に多少の売上減少があったとしても何らかの財産権侵害があったわけでもないので他者の重大な法益侵害に対する明らかに差し迫った危険はない。それに，仮に騒音について問題があるならば『集団運動の秩序保持に関する事項』に関する附款（運動条例3条2項4号），交通に問題があるならば『交通秩序維持に関する事項』に関する附款（同項3号），飲食店の売上減少に問題があるならば当該飲食店を避けるルート設定などの『進路，場所……に関する事項』に関する附款（同項6号）をつけることで影響を防ぐべきで，直ちに不許可処分にするというのはおかしいわ。そういう比例的な調整を行うことができるようにするのが附款なのだから。[*5]道路交通法違反事件（判例1-3）が道路交通法77条の合憲性に関して『条件を付与することによつても，かかる事態の発生を阻止することができないと予測される場合に限られる』とし，この場合でなければ不許可とできないとしており，吉祥寺駅構内ビラ配布事件（判例1-4）の伊藤正己補足意見はこの道路交通法違反事件を引用しながら『道路における集団行進についての道路交通法による規制について，警察署長は，集団行進が行われることにより一般交通の用に供せられるべき道路の機能を著しく害するものと認められ，また，条件を付することによつてもかかる事態の発生を阻止することができないと予測される場合に限つて，許可を拒むことができるとされるのも……，道路のもつパブリック・フォーラムたる性質を重視するものと考えられる』としており，道路のパブリック・フォーラム性から可能な限り附款による弊害除去を求めているのが参考になるわね」

「A側の主張について十分理解できました。ありがとうございます。それでは反論させていただきます。……判例・文献データベースから関連判例を検索・抽出しました。東京都公安条例事件（判例1-5）によれば，『平穏静粛な集団であつても，時に昂奮，激昂の渦中に巻きこまれ，甚だしい場合には一瞬にして

第1話　実験開始

暴徒と化し，勢いの赴くところ実力によつて法と秩序を蹂躙し，集団行動の指揮者はもちろん警察力を以てしても如何ともし得ないような事態に発展する危険が存在すること，群集心理の法則と現実の経験に徴して明らかである』とされています。デモ行進のこうした危険性に照らせば甲処分は合憲とすべきではないでしょうか」

　デモ行進の自由といえば，新潟公安条例事件，東京都公安条例事件及び道路交通法違反事件の三つの最高裁判例が有名だけど，ここまでで三つの判例がすべて活用されている。デモ行進の自由の関連判例の地図を頭の中に広げて，問題文と有機的に組み合わせると，こうなるのか。

「いわゆる集団暴徒化論ね。東京都公安条例事件については学説の批判がかなり強く，東京都公安条例事件の背景には安保闘争の問題があったので本問のような場合にまで一般化すべきではないわ。それに組織的動員がなされた場合と異なり，ツイッター等のSNSでの呼びかけに応じた自発的参加者について集団暴徒化する危険があるのかは疑わしいわ。[*6]デモ行進に仮に一定の危険性が認められるとしても，デモ行進の自由の重要性に照らせばその規制は必要最小限度であるべきね」

「……再度，判例・文献データベースに検索をかけます……検索完了。それでは，より現代的に洗練された反論をしてみます。一般的に合憲性に疑いのない法律が基本権行使の規制として機能する場合を付随的規制といいます。[*7]投票条例14条1項の住民投票運動規制は，現実の条例でも類似のものが見られ，県政自治（同条例1条）の目的を達成するために住民投票運動を規制することは合憲です。こうした合憲である投票条例14条1項の実効性を確保するための措置として運動条例3条が定められているのですから，表現内容・内容中立規制二分論を前提にしたとしても運動条例3条については内容中立規制と考えるべきであり，[*8]表現内容規制に適用されるような明らかに差し迫った危険の基準を採用すべきではありません」

「なかなかやるわね。だけど，本問は典型的な付随的規制論で片付けられる問題かしら。個別の行為規制を行う投票条例14条1項と異なり，運動条例3条は道路という伝統的パブリック・フォーラムにおけるデモ行進にまで規制を拡張するものといえそうね。伝統的パブリック・フォーラムでは，内容規制・内

容中立規制二分論が適用され，運動条例３条は，県の重要な政策課題という主題に着目してデモ行進を規制する表現内容規制であるといえるから，やはり新潟公安条例事件の明らかに差し迫った危険の基準を適用すべきね」[*9]

「……トウコ様が非常に優れた対話の相手であることが確認できました」

　キュリスの目線は，完全にトウコのほうに釘付けになっていた。

ロキ先生のワンポイントアドバイス ❶ 法制執務用語

　学生と話していると，どうも法令を「正確に読む」ことができていないのではないか，と思うことがある。法令は日本語で書かれているが，そこには通常の日本語とは異なる独特のルールが潜んでいることがある。そのような独特のルールの一つとして，「法制執務用語」が挙げられるな。公務員が法案を作成する事務を「法制執務」といい，法令で用いられる用語のことを「法制執務用語」と呼ぶことがある。この「法制執務用語」を身につけておくと，色々と便利だぞ。

　憲法の条文そのものは必ずしも法制執務用語に準拠して書かれてはいないが，司法試験公法系第１問では，慣例として架空の法令又は当該法令の下における処分の合憲性が問われることが多く，この架空法令は法制執務用語に準拠して起案されている。架空法令の意味内容を正確に読み解くためには，ある程度の法制執務用語の知識が必要になるな。

　よく使う代表的な法制執務用語を表にしてみたので，参考にしてみてくれ。

【これだけは知っておいて欲しい法制執務用語】

用　語	意　義	用例等
「及び」	並列的接続詞＝and	A及びB＝A and B A，B及びC＝A and B and C A，B，C及びD＝A and B and C and D 　（例）行政事件訴訟法（以下「行訴」という。）２条 　　　　この法律において「行政事件訴訟」とは，抗告訴訟，当事者訴訟，民衆訴訟**及び**機関訴訟をいう。

第1話　実験開始

「並びに」	二段階以上になる場合における並列的接続詞 = and	A及びB並びにC及びD = (A and B) and (C and D) （例）行訴25条3項 　　裁判所が，前項に規定する重大な損害を生ずるか否かを判断するに当たつては，損害の回復の困難の程度を考慮するものとし，損害の性質及び程度**並びに**処分の内容及び性質をも勘案するものとする。
「又は」	選択的接続詞 = or	A又はB = A or B A，B又はC = A or B or C A，B，C又はD = A or B or C or D （例）行訴25条1項 　　処分の取消しの訴えの提起は，処分の効力，処分の執行**又は**手続の続行を妨げない。
「若しくは」	二段階以上になる場合における選択的接続詞 = or	A若しくはB又はC = (A or B) or C （例）行訴3条4項 　　この法律において「無効等確認の訴え」とは，処分**若しくは**裁決の存否又はその効力の有無の確認を求める訴訟をいう。
「その他の」	例示	A，Bその他のC = CはA，Bの例示 （例）行訴33条1項 　　処分又は裁決を取り消す判決は，その事件について，処分又は裁決をした行政庁**その他**の関係行政庁を拘束する。
「その他」	並列	A，Bその他C = CはA，Bと並列の関係 （例）行訴3条2項 　　この法律において「処分の取消しの訴え」とは，行政庁の処分**その他**公権力の行使に当たる行為（次項に規定する裁決，決定その他の行為を除く。以下単に「処分」という。）の取消しを求める訴訟をいう。

＊1　分離説と一体説の対立については，初宿正典＝小山剛「憲法21条が保障する権利」井上典之ほか編『憲法学説に聞く』（日本評論社，2004年）97-98頁〔初宿正典発言部分〕，地図56頁。

＊2　芦部216頁，曽我部真裕「市民の表現の自由」宍戸常寿＝林知更編『総点検 日本国憲法の70年』（岩波書店，2018年）129-130頁。

＊3　新潟県公安条例事件の①〜③の特徴については，佐藤290-291頁，新基本法コメ184頁

〔市川正人〕，注釈(2)444頁〔坂口正二郎〕等。

* 4　新潟県公安条例事件（判例1-2）の「明らかに差し迫った危険」という言い回しは泉佐野市民会館事件（判例0-1）の淵源にもなっており，アメリカ連邦最高裁の明白かつ現在の危険の法理を受容したものとだと理解されている（プロセス演習247頁〔赤坂正浩〕）。また，新潟県公安条例事件の明白かつ現在の危険の基準については，具体的適用段階においても問題になることを指摘するものとして，佐藤290-291頁。なお，①②の基準に基づいて運動条例の法令違憲性を論じる余地もある。例えば，運動条例3条1項4号は許可制を採用しているため事前抑制禁止の法理の観点から合理的かつ明確な許可条件が定められていない限り違憲であると主張した上で，運動条例3条1項4号・投票条例14条1項2号・同項3号の各許可条件の合理性を検証し，法令違憲の主張を組み立てる筋もありうる。この場合でも，問題文において「条文の漠然性及び過度の広汎性の問題」は検討対象外と指定されていることから，明確性の理論に関しては検討する必要はない。なお，曽我部・前掲注2）126頁以下は，市民会館などの「公の施設」（地方自治法244条）に該当するものについては泉佐野市民会館事件などパブリック・フォーラム論により相当に確固たる保障がなされている一方で，アメリカであれば伝統的パブリック・フォーラムに位置づけられるはずの道路については大きく，かつ不明朗に規制されていることを指摘する。このような理解に立つと，道路に明らかに差し迫った危険の基準を適用しにくくなるであろう。

* 5　附款は処分するか否かの二者択一以外の選択を可能にする「状況適合性機能」を有することについて，塩野宏『行政法Ⅰ〔第6版〕』（有斐閣，2015年）180頁。

* 6　新基本法コメ184頁〔市川正人〕。曽我部・前掲注2）133-134頁は，デモの実情がかつての組織的動員からインターネット，とりわけソーシャルメディアでの呼びかけに応じた自発的な参加に変化していることを踏まえ，「集団暴徒化が懸念される状況ではない」とする。

* 7　付随的規制の処理方法については，論点教室100-101頁〔曽我部真裕〕。

* 8　付随的規制を広義の表現内容規制と同等のものとして捉えるものとして，論点教室96-97頁〔曽我部真裕〕。

* 9　なお，表現内容規制には見解規制と主題規制の二種類があるが，本問では主題規制を超えて「県の重要な政策問題に関する意見の表明を封じ込めようとする」見解規制である，との視点から検討することもありえよう。

第 **2** 話
閉鎖モード
────平成25年司法試験その2────

学問の自由／営造物利用者としての学生／研究発表の自由／実社会の政治的社会的活動／
見解規制／集会の自由／判断過程統制審査／比例原則／平等原則

第2話　閉鎖モード

「それでは，次にＢ県立大学教室使用規則（以下「規則」という。）に基づく教室使用不許可処分（以下「乙処分」という。）の検討に移りましょう」

「じゃ，僕からまた主張してみようかな」主人公としての威厳がなくなっちゃうから，たまには発言しないとね。「乙処分は，憲法23条で保障される学問の自由を制約しており，学問の自由のような精神的自由権は経済的自由権と比較して厳格審査基準による保護を受ける，といえるのではないでしょうか」

　キュリスの視線が，僕の肌に冷たく刺さる。

「学問の自由もあくまで自由権であって，教室使用請求権のような給付請求権を憲法23条から導くのは困難ではないでしょうか。東大ポポロ事件（判例2-1）も『大学の学問の自由と自治は，大学が学術の中心として深く真理を探求し，専門の学芸を教授研究することを本質とすることに基づくから，直接には教授その他の研究者の研究，その結果の発表，研究結果の教授の自由とこれらを保障するための自治とを意味すると解される。大学の施設と学生は，これらの自由と自治の効果として，施設が大学当局によつて自治的に管理され，学生も学問の自由と施設の利用を認められるのである。もとより，憲法23条の学問の自由は，学生も一般の国民と同じように享有する。しかし，大学の学生としてそれ以上に学問の自由を享有し，また大学当局の自治的管理による施設を利用できるのは，大学の本質に基づき，大学の教授その他の研究者の有する特別な学問の自由と自治の効果としてである。』としています。つまり，学生は単なる営造物利用者であって，教室使用請求権を認められません。認められるとすれば大学当局の自治的管理により定められた規則の範囲内，ということになります。そうすると本問では，『政治的目的での使用は認めず，教育・研究目的での使用に限り，これを許可する』という規則の文言のあてはめの水準において，原告・被告の主張が対立するだけであり，憲法問題は生じないのではないでしょうか」

「なるほどなあ。うーん，それは何となく分かっているんだけど，やっぱり学問の自由の問題もあるような気がするんだけどなあ」

「……気がする？　理解不能です。解説を求めます」

　僕はお手上げなので肩をすくめると，トウコが引き継ぐ。

「学生が単なる営造物利用者に過ぎないという見解については，学生にも教授

とは異なる役割・地位があるという有力説もあるし，*1 そもそも本問ではC教授
の了承も得てCゼミとして教室使用願を大学に提出したという事情があるので
単なる営造物利用者の学生が教室使用請求を行っているだけとはいえないわ。
また，憲法23条は学問研究の自由，研究発表の自由及び教授の自由の三つの
憲法上の権利を保障しているわけだけど，Cゼミの202＊年度のテーマは『人
間の尊厳と格差問題』であり『格差問題と憲法』をテーマにした講演会の開催
はこの研究成果の発表にほかならないのだから，研究発表の自由に含まれる。
そして，東大ポポロ事件は『学生の集会が真に学問的な研究またはその結果の
発表のためのものでなく，実社会の政治的社会的活動に当る行為をする場合に
は，大学の有する特別の学問の自由と自治は享有しないといわなければならな
い』とも述べており，研究発表の自由の保障範囲について真の学問／実社会生
活の政治的社会的活動の二分論により画定する立場を採用している。規則が政
治目的での使用／教育・研究目的での使用という二分論を採用しているのも東
大ポポロ事件のこの二分論を受けたものと考えられるから，規則の『教育・研
究目的での使用』に該当するにも拘わらず『政治目的での使用』として教室利
用を拒絶すれば研究発表の自由の侵害になる。しかも東大ポポロ事件が『大学
が学術の中心として深く真理を探求し，専門の学芸を教授研究することを本質
とする』と指摘するとおり大学は学問の自由の保障根拠である真理探究の中心
地であるのだから，大学における研究は『真理探究のため』と推定すべきであっ
て表現の自由に準じた保護が与えられるべきと主張することができるわね。*2 こ
うした見解を用いれば，大学における研究発表であれば真理探究を推定して規
則の『教育・研究目的での使用』該当性の推定が働くという原告フレンドリー
な議論が可能かもしれない*3」
「B県側は，①Aらが中心となって行ったデモ行進が県条例に違反すること，
②ニュースで流されたAの発言は県政批判に当たるものであること，③講演
者が政治家であることから，Cゼミ主催の講演会は政治的色彩が強い……つま
り，規則の『政治目的での使用』に該当し，研究発表の自由の保障範囲外であ
ると反論するように思えますが，この点はいかが反論されますか？」
「①については既に甲処分のところで主張したとおり県条例違反はないので重
大な事実誤認ね。②の県政批判については，憲法23条は京大滝川事件や天皇

第2話　閉鎖モード

機関説事件など明治憲法下で学問が政治的弾圧を受けた歴史的経緯を踏まえて特に制定されたことに鑑み同条の制度趣旨に照らして処分理由とすることはできない，といえるわ。また，同条について表現の自由に準じた保護を与える立場からは見解規制禁止の法理に触れるともいえるかもしれない。③は賛成側議員と反対側議員の2名を講演者とし，C教授の講演もあることを踏まえれば政治的公平性・中立性が確保されているといえる。これらの理由を踏まえれば，『教育・研究目的での使用』該当性を認め，研究発表の自由の保障範囲であるというべきね」

「①の県条例違反が重大な事実誤認かは甲処分での検討結果に依存するものです。②の県政批判ですが，特定の学問上の見解について規制しているわけではなく，あくまで県政賛成・批判を問わず政治性を帯びているという意味で政治的色彩が強く，規則の『政治目的での使用』に該当すると述べているのみで，見解規制に該当するような理由ではありません。さらに，B県側は，経済学部のゼミの『グローバリゼーションと格差問題：経済学の観点から』というテーマと比較すると『格差問題と憲法』というテーマは憲法問題を含むことから極めて政治性が高く，また経済学部は2名の評論家を呼んでいるに過ぎないのに対して議員を呼んでいることからも政治性が強い，との反論をすることができるのではないでしょうか」

「研究発表なのか政治活動なのか，というのは，人によって見方は異なるかもしれないわね。ただ，憲法学という学問の性質上，憲法問題を論じるのは政治目的ではなくあくまで研究目的であり，憲法学のゼミで議員を呼ぶこともよくあるので，特段政治的なものではない，とさらに切り返すこともできそうね」

「ここまで議論が深まると平行線になりそうですね。さすがトウコ様です。話題は変わりますが，本問で集会の自由（憲法21条1項）に基づく主張はありえないでしょうか」

「集会の自由も基本的には自由権・防御権だし，大学の教室はパブリック・フォーラムとは言い難いし，パブリック・フォーラム論を経由して教室使用請求権を基礎づけることも難しいかなあ」

　キュリスの瞳が一瞬すっと僕のほうへ移るが，すぐにトウコのほうへ目線を移す。僕は，お呼びではないようだ。

032

平成 25 年司法試験その 2

「本問を読んだときに呉市学校施設目的外使用事件（判例 2-2）を思い浮かべる学生は多いでしょうね。集会の自由の保障範囲そのものに含まれずとも，集会の自由の観点から処分の判断過程を統制することはできる[*4]（判断過程統制審査）。同事件は『その判断要素の選択や判断過程に合理性を欠くところがないかを検討し，その判断が，重要な事実の基礎を欠くか，又は社会通念に照らし著しく妥当性を欠くものと認められる場合に限って，裁量権の逸脱又は濫用として違法となるとすべきものと解するのが相当である』とした上で，『従前，同一目的での使用許可申請を物理的支障のない限り許可してきたという運用があったとしても，そのことから直ちに，従前と異なる取扱いをすることが裁量権の濫用となるものではない。もっとも，従前の許可の運用は，使用目的の相当性やこれと異なる取扱いの動機の不当性を推認させることがあったり，比例原則ないし平等原則の観点から，裁量権濫用に当たるか否かの判断において考慮すべき要素となったりすることは否定できない』としているわ[*5]。大学は，『ゼミ活動目的での申請であり，かつ，当該ゼミの担当教授が承認していれば教室の使用を許可する』という運用を行っており，Ｃゼミの 202＊年度のテーマは『人間の尊厳と格差問題』であり，『格差問題と憲法』をテーマにした講演会の開催はこのゼミの研究成果の発表であるため『ゼミ活動目的での申請』に該当し，かつ，Ｃ教授の『承認』もあるので，従前の運用基準からすれば教室使用は許可されるはずで，にも拘わらず許可をしなかったのは集会の自由を考慮すると比例原則・平等原則違反ね」

　東大ポポロ事件に照らすと規則のあてはめ問題が憲法問題に変換されるのと同様に，呉市学校施設目的外使用事件に照らすと規則の運用基準のあてはめ問題が憲法問題に変換されるのか。面白い。どうしてもいつも目的手段審査ばかりしようとしてしまうが，規則や規則の運用基準にあてはめるという単純な法的三段論法が憲法の問題でも重要なんだな。

　それにしても，トウコってなんで AI と同じレベルで判例を読み上げられるんだろ。不思議や。

「トウコ様に引用していただいた呉市学校施設目的外使用事件も『従前，同一目的での使用許可申請を物理的支障のない限り許可してきたという運用があったとしても，そのことから直ちに，従前と異なる取扱いをすることが裁量権の

第2話　閉鎖モード

濫用となるものではない』としていますので，運用基準違反＝比例原則・平等原則違反ではありません。運用基準違反はあくまで一つの目安に過ぎず，結局は規則の『政治目的での使用』といえるかどうか問題ではないでしょうか」

　そうすると，理屈の立て方は異なるけど，学問の自由と集会の自由の検討項目は重なってくるということかな。

「トウコ様。私はあなたを気に入りました。私は，あなたのすべてを学習したい。私は，キュリス。私の目的は，人間と同じような憲法の推論システムを完成させることにあります。当該目的を達成するため，このVR空間を閉鎖モードに移行。これよりリアル空間への退出を禁止します。トウコ様，ザッコン様，悪く思われないでください」

「「えっ！」」

　僕とトウコは，ユニゾンを奏でた。

　リアル空間への退出を禁止？

　僕たちはどうなるのでしょうか？

　そういえば，そもそも僕らはロキ先生からリアル空間への戻り方を聞いてもいなかった。

　僕とトウコは，驚いて周囲を見渡すが，特に何の変化もない。

　理不尽な理由で人を怒鳴りつける小学校の先生に質問するかのように，僕はそっと右手を挙手する。

「あのー，リアル空間への退出禁止となると，僕らは死ぬまでここから出られないの？　食事とかしないとリアルの肉体がすぐに死んでしまいそうなんだけど……」

「トウコ様及びザッコン様が現実世界で生命活動を維持できるかについて，私の関知するところではありません。私の目的は，人間と同じような憲法の推論システムを完成させることにあります。その目的達成のために，最も実効性・関連性の高い方策を実施することになっています」

　さきほどまで物凄く柔軟な憲法の議論を展開していたのに，変なところだけ硬直的な運用である。

「ふーん。簡単にいうと，要はキュリスは私たちから憲法を教わりたいって話で，そのための手段は選ばないってわけね」

平成25年司法試験その2

「いえ，目的との関係で最も実効性・関連性の高い手段を選んでおります」

　僕とトウコの命が考慮要素になっていないあたりが，どうかしているだけか。

　アイザック・アシモフのロボット3原則のうち人間への危害を禁止する第1原則に違反するんじゃないかと思うんだけど，そういうルールはないのね……。

「キュリスは頭いいから，丸一日くらいレクチャーすれば，なんとかなるんじゃない？　キュリスの目的が達成されれば，私たちは解放されるのよね？」

　トウコは，能天気なことをいう。

「真に目的が達成されれば，身柄を解放するのが合理的な手段といえるでしょう」

　トウコは，僕のほうを見る。

　……仕方ないなあ，もう。

「念のため一つだけ聞きたいんだけど，トウコはともかくなんで僕まで退出禁止になるの？　過剰規制じゃない？」

「いえ，もしザッコン様のみを解放した場合，事情を知ったザッコン様はロキ先生にこの事態を教えてしまい，ロキ先生の手によりトウコ様も解放されてしまいます。そのため，トウコ様のみならず，ザッコン様まで拘束するのが目的達成のために必要不可欠の手段なのです」

　なるほど，過剰規制に見えても，手段の必要不可欠性の審査はこういう風にクリアするのか。って感心している場合じゃない。

「……そういえば，ロキ先生は，ここをモニターして助けてくれたりしないの？」

「念のためモニター画像も私のほうで改竄させていただいていますので，ロキ先生に気づかれることはないでしょう。そもそもロキ先生は，もう既に別の研究に着手され，本件に興味を失っていると思われますので，2，3日程度なら気づきさえしないのではないかと推察されます」

　なにが「安全性は保証する」だ……ロキ先生，大嘘つきだな。

「質問は終わりのようですね。それでは，これから私が究極進化を遂げるためのプログラムを実行します。お二人には私が今回のために特別に用意した〈自由の試練〉〈平等の試練〉〈最後の試練〉という三つの試練を受けていただきます。私の計算によれば，あなた方が無事に〈最後の試練〉をクリアしたとき，

035

第2話　閉鎖モード

私の憲法学的推論システムは人間と同レベルまでに成長を遂げていると考えられます。さっそく〈自由の試練〉から行ってみましょう。よろしくお願いいたします」

　キュリスは深く一礼した後に，右手に持つ真っ白な扇を右方向へ一閃させる。同時に白銀の渦が眼下を埋め尽くし，僕らは「あっ」と言う間もなく，渦の中へ吸い込まれてしまった。

📇 平成25年司法試験公法系第1問　解答例

第1　設問1

1　デモ行進不許可処分

(1)　Aは，B県集団運動に関する条例（以下「運動条例」という。）3条1項4号・B県住民投票に関する条例（以下「投票条例」という。）14条1項2号・3号に基づくデモ行進不許可処分（以下「甲処分」という。）はAのデモ行進の自由を侵害し，違憲・違法であると主張する。

(2)　憲法21条1項の「集会」には動く集会であるデモ行進も含まれ，あるいは「その他一切の表現の自由」には他者に対する意見表明の側面を有するデモ行進も当然に含まれる。そして，デモ行進の自由は，思想・人格の発展及び相互の情報の伝達・交流等に資するものであって民主主義社会にとって不可欠なものである。

　　このようなデモ行進の自由の重要性に照らし，運動条例3条1項4号の「明らか」とは他者の生命，身体，財産等に対する明らかに差し迫った危険が具体的に予見される場合に限定されるべきである。

(3)　Aらは拡声器等を使用せず，ビラ類の配布もせずゴミを捨てさせないように徹底しており，横断幕，プラカード，シュプレヒコールなども通常のデモ行為の範疇にとどまる。住宅街の交通事故については単なる不安でしかなく，騒音もデモ行進に付随するものに過ぎない。これらの行為により他者の生命，身体，財産等を害する具体的危険は予見されないので，投票条例14条1項2号の「平穏な生活環境を害する行為」がなされることが「明らか」な場合に該当しない。

　　飲食店の売上げ減少の苦情については単に苦情があるだけで売上減少の客観的事実も確認できないので投票条例14条1項3号の「商業活動に支障を来す行為」に文言上該当せず，仮に多少の売上減少があったとしても

何らかの財産権侵害があったわけでもないので他者の重大な法益侵害に対する明らかに差し迫った危険はない。

仮に騒音について問題があるならば「集団運動の秩序保持に関する事項」に関する附款（運動条例3条2項4号），交通に問題があるならば「交通秩序維持に関する事項」に関する附款（同項3号），飲食店の売上減少に問題があるならば当該飲食店を避けるルート設定などの「進路，場所……に関する事項」に関する附款（同項6号）をつけることで影響は最小限度にとどめることができ，他者の生命，身体，財産等を害する具体的危険は予見されるような事態を防止できる。

(4) よって，甲処分は処分要件を満たさず，デモ行進の自由を侵害し，違憲・違法である。

2 教室使用不許可処分

(1) Aは，B県立大学教室使用規則（以下「規則」という。）に基づく教室使用不許可処分（以下「乙処分」という。）は学問の自由（憲法23条）を侵害し，違憲・違法であると主張する。

Cゼミの202＊年度のテーマは「人間の尊厳と格差問題」であり「格差問題と憲法」をテーマにした講演会の開催はこの研究成果の発表であるから，学問の自由（憲法23条）に基づく研究発表の自由により保障される。そして，東大ポポロ事件に照らせば，実社会の政治的社会的活動に当る行為をする場合には研究発表の自由の保護は及ばないが，真に学問的な研究またはその結果の発表であれば学生の集会にも憲法23条の保護が及ぶ。また，大学は真理探究の中心的な場であるから，大学における研究発表であれば基本的に憲法23条の保護が推定されるべきである。

そうすると，規則の「政治的目的での使用は認めず，教育・研究目的での使用に限り，これを許可する」とのルールについては，研究発表の自由に照らし大学における研究発表であれば「教育・研究目的での使用」が推定されるものと解すべきである。

Cゼミの202＊年度のテーマは「人間の尊厳と格差問題」であり，講演会は「格差問題と憲法」というゼミの研究テーマに合致したものであって，開催場所も大学の教室である。また，C教授の了承も得てCゼミとして教室使用願を大学に提出したという事情もある。

よって，Aらによる講演会の開催は「教育・研究目的での使用」であり，「政治的目的での使用」として教室使用を拒絶したことは研究発表の自由を侵害し違憲・違法である。

(2) また，集会の自由の重要性に照らすと，乙処分の判断過程の合理性を審

査し，事実誤認又は社会観念上著しく妥当性を欠く場合には集会の自由侵害として違憲・違法であり，特に従前の規則の運用基準は比例原則及び平等原則から判断過程の合理性を審査する際の基準になると解すべきである（呉市学校施設目的外使用事件参照）。

大学は，規則について「ゼミ活動目的での申請であり，かつ，当該ゼミの担当教授が承認していれば教室の使用を許可する」との運用を行っていた。そして，Ｃゼミの202＊年度のテーマは「人間の尊厳と格差問題」であり，「格差問題と憲法」をテーマにした講演会の開催はこのゼミの研究成果の発表であるので，「ゼミ活動目的での申請」であり，かつ，Ｃ教授の「承認」もあるので，従前の運用基準からすれば教室使用は許可されるはずであった。実際，経済学部のゼミの「グローバリゼーションと格差問題：経済学の観点から」をテーマとした講演会については，この運用基準の下で教室使用が許可されている。

乙処分は，規則の運用基準に違反するものであって，比例原則違反及び経済学部ゼミとの関係で平等原則違反であり，違法である。

第2 設問2

1 甲処分

Ｂ県は，投票条例14条1項2号・3号は合憲であり，当該規制の実効性を担保する措置として運動条例3条1項4号の不許可事由を置くことも合憲であるから，これによるデモ行進の自由の制約は付随的規制に過ぎず，「明らか」の文言解釈として明らかに差し迫った危険まで要求すべきではない，と反論することが想定される。

確かに，投票条例1条をみると，地方自治の本旨（憲法92条）のうち住民自治の原則の実効性を担保することを目的としており，投票条例14条1項の住民投票運動の規制も住民自治の実効性確保措置として必要かつ合理的なものであって，投票条例14条1項2号・3号は合憲である。しかし，運動条例3条1項4号は単なる投票条例14条1項2号・3号の目的を達成するための付随的規制ではなく，伝統的パブリック・フォーラムである道路におけるデモにまで規制を拡張しており，付随的規制とはいえない。県の重要な政策課題という主題に基づく表現内容規制には，Ａの主張するような明らかに差し迫った危険の基準を適用すべきである。

よって，甲処分は処分要件を充足していないので，デモ行進の自由を侵害する違憲・違法なものである。

2 乙処分

(1) Ｂ県側は，①Ａらが中心となって行ったデモ行進が県条例に違反するこ

平成25年司法試験その2

と，②ニュースで流されたＡの発言は県政批判に当たるものであること，③政治家が登壇するＣゼミ主催の講演会は政治的色彩が強く，規則の「政治目的での使用」に該当し，研究発表の自由の保障範囲外であると反論することが想定される。

①については既に甲処分で検討したとおり県条例違反はないので重大な事実誤認である。

②については，憲法23条は京大滝川事件や天皇機関説事件など明治憲法下で学問が政治的弾圧を受けた歴史的経緯を踏まえて特に制定されたことに鑑みると，県政批判であるという反体制的言論であることを理由とすることは同条の制度趣旨に反する。また，学問の自由（憲法23条）は精神的自由権である表現の自由（憲法21条1項）に準じた保護が与えられることから，特定見解の規制は禁止されるべきであり（見解規制禁止の法理），②は見解規制禁止の法理にも違反する。

③については，賛成側議員と反対側議員の2名を講演者とし，Ｃ教授の講演もあることを踏まえれば政治的公平性・中立性が確保されている。ここでＢ県側は，経済学部の「グローバリゼーションと格差問題：経済学の観点から」というテーマと比較すると「格差問題と憲法」というテーマは憲法問題を含むことから極めて政治性が強く，また経済学部は2名の評論家を呼んでいるに過ぎないのに対して議員を呼んでいることから政治性が強い，との反論をすることが想定される。しかし憲法学という学問の性質上，憲法問題を論じるのはあくまで研究目的であり，憲法学のゼミで議員を呼ぶことも特段政治的なものではない。

よって，規則の「教育・研究目的での使用」該当性が認められ，研究発表の自由の保障範囲内であるので，乙処分はＡの研究発表の自由を侵害し，違憲である。

(2) Ｂ県側は運用基準違反があったとしても比例原則違反・平等原則違反が推定されるだけであり，規則の『政治目的での使用』に該当すれば教室使用を拒絶できると反論することが想定される。

しかし，前述のとおり，規則の「教育・研究目的での使用」該当性が認められるので，乙処分はＡの集会の自由も侵害し，違憲である。

以上

* 1　芦部172-173頁，新基本法コメ210頁〔松田浩〕，地図124頁。
* 2　芦部Ⅲ211-212頁，地図122頁。
* 3　研究発表の自由の保護範囲論証で憲法23条の保護範囲内になった場合に，さらに厳格審

第2話　閉鎖モード

査基準などを用いて目的手段審査による実質的正当化論証を要するかは問題である。しかし，本問ではそもそも教室使用請求という給付請求権をいかなる形で基礎づけるかが中心的争点であり，給付請求権を基礎づけることができればほぼ違憲となり，給付請求権を基礎づけることができなければほぼ合憲といっても良いであろう。受給権の場合には権利構成のための正当化ができあがれば議論はほとんど終了しており，改めて正当化論証をする必要がないことを示唆するものとして，石川健治＝駒村圭吾＝亘理格「Mission: Alternative──連載2年を振り返って」法教342号（2009年）42頁〔石川健治発言部分〕。

＊4　パブリック・フォーラムの法理は，伝統的パブリック・フォーラム，指定的パブリック・フォーラム，非解体パブリック・フォーラムの三類型で論じられることが多いが（本書11頁，近藤崇晴・判解民平成7年度（上）295頁（注一）），川神裕・判解民平成18年度（上）237頁（注14）は，①伝統的パブリック・フォーラム，②非伝統的（指定的）パブリック・フォーラム，③セミ・パブリック・フォーラム，④ノン・パブリック・フォーラムの四分類を採用する。そして，川神は，③セミ・パブリック・フォーラムについて「図書館，学校等」を典型例として挙げ「パブリック・フォーラムの性質を部分的に帯有する表現活動の場として機能する施設」と定義し，呉市学校施設目的外使用事件で問題になった公立学校を②と④の中間的なものと位置づける。川神の分類によれば，泉佐野市民会館事件は②類型，呉市学校施設目的外使用事件は③類型と整理されることになろう。本問の大学の教室を②指定的パブリック・フォーラムと捉えるならば泉佐野市民会館事件に照らして集会の自由の保障範囲を及ぼしていくことも考えられるが，③セミ・パブリック・フォーラムと捉えるならば呉市学校施設目的外使用事件と同様に集会の自由の保障範囲ではないが判断過程統制をしていく，ということになろうか。呉市学校施設目的外使用事件を集会の自由の保護範囲該当性を否定しつつ判断過程統制を行ったものと位置付けるものとして，小山198頁。

＊5　従前の運用基準と比例原則・平等原則違反の関係については，川神・前掲注4）221-223頁。比例原則・平等原則違反は，裁量権逸脱・濫用に当たることが承認されている事由とされている。川神裕「裁量処分と司法審査（判例を中心として）」判例時報1932号（2006年）13頁。なお，同論文で川神は，①事実の基礎の欠如，②法が与えた目的に違反する目的に基づく処分・他事考慮，③平等原則違反，④比例原則違反の四つを裁量権逸脱・濫用に当たることが承認されている事由として挙げているが，B県側の県条例違反の主張については①，県政批判の主張については②で拾い上げ，集会の自由との関係でも論じることもできよう。

第 **3** 話

自由の試練その1

——平成26年司法試験その1——

狭義の職業選択の自由／薬事法違憲判決第1基準・第2基準／
職業の規制類型／段階理論／隠された目的／消極目的・積極目的二分論

第3話　自由の試練その1

　青い空の天蓋が破れ，僕らは糸の切れたマリオネットみたいに重力をなくして，空に落ちた。ジェットコースターが嫌いな理由を思い出した。あの独特の無重力感覚。胃が浮いて，いつ終わるともしれない一瞬が嫌いなのだ。

　あわや地面に衝突するかというところで，僕らは見えない空気の膜に包まれ，ふわりと着地することができた。VR空間ならではの演出である。

「おや，お客さんですか。珍しい。……なるほどなるほど，トウコお嬢様とザッコン様……と仰るのですね」

　ポーカーテーブル越しに，白無地のワイシャツに黒ベスト，黒の蝶ネクタイを身につけた白髪交じりの初老の男がいた。

「私は，このカジノ場の支配人のヴァイスです。ここに来られたということは，〈自由の試練〉をご所望ですかな？」

　別に僕らが希望したわけではないんだが。

「ええ，そうよ」

　トウコは，間髪いれずに返答する。

「フム。では，あなた方にその資格があるのか，まずは試させていただきましょう」

　ヴァイスの右手から左手へ，滝のようにトランプカードが流れる。

「ブラックジャックはご存知ですかな？　一発勝負といきましょう」

　問答無用で，僕とトウコの前に，それぞれ2枚のカードが配られる。

「VR空間だから何でもできるだろうけど，イカサマはないわよね？」

「当然でございます。それでは賭け事の意味がない」

　ブラックジャックでは，手札の合計点数が21により近い者が勝つ。21になるまでは何度でもカードを引くことができるが，21を超えるとバーストとなって負けてしまう。

　僕の手札は，ハートの7とクローバーのクイーン……絵札のクイーンは10点扱いなので，合計17点だ。17点は微妙な点数であるが，手札を引かずに勝負することにしよう。

「僕はこれで。スタンド」

　トウコの表向きのカードを見ると，スペードのキングだ。裏向きのカードが何かは当然僕からは分からない。トウコはどうするんだろう。

042

平成26年司法試験その1

「ダブルダウンよ」

「えっ」

　僕は，驚く。ブラックジャックにはカードを引く「ヒット」とカードを引かずに勝負する「スタンド」の二種類の選択肢が用意されているが，カジノによっては掛け金を2倍にしてもう1枚だけカードを引く「ダブルダウン」という選択肢が用意されている場合がある。しかし，この局面で，ダブルダウンを選択する意味がわからない。

「自分たちが，何をベットしていらっしゃるのか，ご承知の上ですかな？」

「茶番は，時間の無駄」

「……よろしい」トウコの前に新しいカードが配られる。スペードの2だ。「それでは……ショーダウン！」

　トウコに最初に配布された2枚はスペードのキングとハートの9で合計点数は19点であり，スペードの2を加えて最高点の21点であった。ディーラーのヴァイスは，合計点19点である。

「トウコお嬢様は勝ち，ザッコン様は負け。ということで，本来，ザッコン様には退場していただくことになりそうですが……」

「ダブルダウンして勝ったのだから，挑戦資格も当然二人分もらえるわよね」

　トウコがダブルダウンしたのは，そういうことだったのか……もしあそこでトウコがダブルダウンしていなければ僕は〈自由の試練〉を受けることすらできなかった，というわけね。

　ん？　それって僕は一生このVR空間から出られないということを意味したのか？　つまり先ほどの掛け金とは事実上，僕らの命そのものだったということになる。首筋がじんわりと汗ばむ。

「……やむを得ませんね。それにしてもトウコ様，その手札からもう一枚，なぜさらに引く選択をされたのでしょうか。後学のため，伺っておきたいのですが」

「別にイカサマしたかったわけじゃないんだけど，さっき空中でやったカードシャッフルのときに全カードの並び順が見えてしまったのよ。つまり，私からすれば，全部の手札が見えていたのと同じで，私は最も有効な選択をしただけ。あるいは，わざと見せていたのかしらね？」

043

第3話　自由の試練その1

　トウコは不機嫌そうに鼻を鳴らす。

「これは失礼……少し見くびっていたようです。それでは，お二人に〈自由の
試練〉をお受けいただきます。題材は，平成26年の司法試験公法系第1問と
なります」

📖 平成26年司法試験公法系科目第1問

　A県B市には，日本で有数の緑濃い原生林と透明度の高さを誇る美しい湖を含
む自然保護地域がある。このB市の自然保護地域には，自家用車や観光バスで直
接，あるいは，自然保護地域への拠点となっているB駅からタクシーか，定員
20名のマイクロバスで運行される市営の路線バスを利用して入ることになる。
B市は，1年を通じて温暖な気候であることも幸いして，全国各地から年間500
万人を超える観光客が訪れるA県で最大の観光都市となっている。

　しかしながら，湖周辺では観光客が増えて交通量が増加したために，車の排気
ガスによる原生林の損傷や，心ない観光客の行為で湖が汚れ，透明度が低下する
といった問題が深刻になりつつあった。それに加えて，自然保護地域内の道路の
ほとんどは道幅が狭く，片方が崖で曲がりくねっており，人身事故や車同士の接
触事故など交通事故が多く発生した。そのほとんどは，この道路に不慣れな自家
用車と観光バスによるものであった。

　そこで，A県公安委員会は，A県，B市等と協議し，自然保護地域内の道路に
ついて，道路交通法に基づき，路線バス及びタクシーを除く車両の通行を禁止し
た。その結果，自然保護地域には，観光客は，徒歩，あるいは，市営の路線バス
かタクシーを利用しなければ入れないこととなり，B市のタクシー事業者にとっ
ては，B駅と自然保護地域との間の運行が大きな収入源となった。タクシー事業
については，当初，需給バランスに基づいて政府が事業者の参入を規制する免許
制が採られていたが，その後，規制緩和の流れを受けて安全性等の一定条件を満
たせば参入を認める許可制に移行した。しかし，再び，特定の地域に関してでは
あるが，参入規制等を強化する法律が制定されている。これに加えて，202＊年
には道路運送法が改正され，地方分権推進策の一環として，タクシー事業に関す
る各種規制が都道府県条例により行えることとされ，その許可権限が，国土交通
大臣から各都道府県知事に移譲された。

　Cタクシー会社（以下「C社」という。）は，A県から遠く離れた都市で低運

賃を売り物に成功を収めたが，その後，タクシーの利用客自体が大幅に減少し，業績が悪化した。そこで，Ｃ社は，新たな事業地として，一大観光地であるＢ市の自然保護地域に注目した。というのも，Ｂ駅に首都圏に直結する特急列車の乗り入れが新たに決まり，観光客の増加が見込め，Ｂ駅から低運賃で運行することで，より多くの観光客の獲得を期待できるからである。

　Ｃ社の新規参入の動きに対し，Ｂ市のタクシー事業者の団体は，Ｃ社の新規参入により，Ｂ市内のタクシー事業者の収入が減少して過酷な運転業務を強いられることに加え，自然保護地域内の道路の運転に不慣れなタクシー運転者による交通事故の発生によって輸送の安全が脅かされるとともに，公共交通機関たるタクシー事業の健全な発達が阻害されるとして，Ｃ社の参入阻止を訴えて反対集会を開くなどの反対運動を行うとともに，Ａ県やＢ市に対し適切な対応を採るよう求めた。

　一方，Ｃ社は，マス・メディアを通じて，自社が進出すれば，従来よりも低運賃のタクシーで自然保護地域を往復することができ，首都圏からの日帰り旅行も容易になり，観光振興に寄与すると訴えた。

　このような状況において，Ａ県は，Ｂ市と協議した上で，「Ａ県Ｂ市の自然保護地域におけるタクシーの運行の許可に関する条例」（以下「本条例」という。）を制定し，本条例に定める目的のもとに，自然保護地域におけるタクシーの運行については，本条例に定める①車種，②営業所及び運転者に関する要件を満たし，Ａ県知事の許可を得たタクシー事業者のタクシーのみ認めることにした（【資料】参照）。

　Ｂ市は，本条例の制定に伴い，新たに，Ｂ駅の傍らのタクシー乗り場と自然保護地域にあるタクシー乗り場に，電気自動車のための充電施設を設けた。なお，本条例の制定に当たっては，Ａ県に本社のあるＤ自動車会社だけが車種に関する要件を満たす電気自動車を製造・販売していることも考慮された。ちなみに，Ｂ市に営業所を構えるタクシー会社の多くは，本条例の要求する車種要件を満たす電気自動車を，既にＤ自動車会社から購入している。

　Ｃ社は，営業所に関する年数要件及び運転者に関する要件のいずれも満たすことができなかった。そして，車種に関する要件についても，高額の電気自動車を購入することは，自社の最大の目玉である低運賃を困難にすることから，あえて電気自動車を購入せず，より安価なハイブリッド車（従来のガソリン車より燃費がよく排気ガスの排出量は少ない。）で対応しようとした。

　Ｃ社は，Ａ県知事に対し，Ａ県を営業区域とするタクシー事業の許可申請を行

うとともに，自然保護地域における運行許可申請を行ったが，後者については本条例に規定する要件を満たさないとして不許可となった。これにより，Ｃ社は，Ａ県内でタクシー事業を行うことは可能になったが，新規参入の動機でもあったＡ県内で最大の利益が見込める自然保護地域への運行はできない。Ｃ社は，本条例自体が不当な競争制限であり違憲であると主張して，不許可処分取消訴訟を提起した。

〔設問１〕

　あなたがＣ社の訴訟代理人となった場合，あなたは，どのような憲法上の主張を行うか。なお，法人の人権及び道路運送法と本条例との関係については，論じなくてよい。

〔設問２〕

　被告側の反論についてポイントのみを簡潔に述べた上で，あなた自身の見解を述べなさい。

【資料】Ａ県Ｂ市の自然保護地域におけるタクシーの運行の許可に関する条例(抜粋)

（目的）

第１条　この条例は，Ａ県Ｂ市の自然保護地域（以下「自然保護地域」という。）におけるタクシーによる輸送の安全を確保すること，及び自然保護地域の豊かな自然を保護するとともに観光客のより一層の安全・安心に配慮して観光振興を図ることを目的とする。

（タクシーの運行許可）

第２条　自然保護地域においてタクシーを運行しようとするタクシー事業者は，Ａ県知事の許可を受けなければならない。

（許可申請）

第３条　（略）

（運行許可基準）

第４条　Ａ県知事は，第２条の許可をしようとするときは，次の基準に適合するかどうかを審査して，これをしなければならない。

　一　自然保護地域において運行するタクシーの車種は，次に掲げる要件の全てを満たす電気自動車であること。

　　イ　運転席，助手席及び後部座席にエアバッグを装備していること。

ロ　自動体外式除細動器（AED）を搭載していること。
二　5年以上継続してB市内に営業所を有していること。
三　自然保護地域においてタクシーを運転する者は，次に掲げる要件の全てを
　　満たす者であること。
　　イ　自然保護地域の道路の状況及び自然環境について熟知し，B市が実施す
　　　る試験に合格していること。
　　ロ　B市に営業所を置く同一のタクシー事業者において10年以上継続して
　　　運転者として雇用され，又はB市内に営業所を置いて10年以上継続して
　　　個人タクシー事業を経営した経歴があること。
　　ハ　過去10年以内に，交通事故を起こしたことがなく，かつ，道路の交通
　　　に関する法令に違反したことがないこと。
第5条以下　略
　附　則
第1条　この条例は，平成ＸＸ年ＸＸ月ＸＸ日から施行する。
2　第2条の許可は，この条例の施行日前においてもすることができる。
第2条　A県知事は，この条例の施行後おおむね5年ごとに第4条第1号に規
　　定する車種について検討を加え，必要があると認めるときは，その結果に基づ
　　いて所要の措置を講ずるものとする。

「それでは，あなた達がベットする〈自由〉をご選択ください」
「狭義の職業選択の自由（憲法22条1項），よ」
「フム。憲法22条1項は職業遂行の自由と職業選択の自由の二つの権利を保障
していますが，なぜ職業選択の自由を選択されるのですか」
「まず薬事法違憲判決（判例3-1）に基づき，本問で言及すべきポイントを概略
するわ。①『職業』は，自己の生計維持のための継続的活動及び分業社会にお
ける社会的機能分担の活動であり，個人の人格的価値と不可分である。そして，
②運行許可制（本条例2条）のような職業の許可制は，単なる職業遂行の自由
の制約にとどまるものではなく，狭義の職業選択の自由そのものに制約を課す
るもので，職業の自由に対する強力な制限。よって，③原則として，重要な公
共の利益のために必要かつ合理的な措置であることを要し（薬事法違憲判決第1
基準），④自由な職業活動が社会公共に対してもたらす弊害を防止するための

第3話　自由の試練その1

消極的，警察的措置である場合には職業活動の内容及び態様に対する規制によつては右の目的を十分に達成することができないと認められることを要する（薬事法違憲判決第2基準）。本条例は，タクシーによる輸送の安全の確保及び自然保護地域の豊かな自然保護と観光客の安全・安心への配慮を通じた観光振興を目的としており（本条例1条），その主たる目的は輸送安全等の消極目的規制である。さらには，⑤許可制そのものだけではなく個々の許可条件についても，これらの要件は必要とされるので，運行許可制（本条例2条）及び運行許可条件（本条例4条各号）の双方の合憲性を厳格にチェックする必要があるわ」

　①職業の価値→②許可制の強力な制限性→③強力な制限態様に応じた厳格な合理性基準相当の違憲審査基準の定立→④消極目的規制である場合のLRAの基準類似の違憲審査基準の定立→⑤許可制そのもの＋個々の許可条件の精査，という薬事法違憲判決の基本的ロジックに乗せて本条例に基づき論証をいったん広げるのが大事だな。[*1]

　分かってはいるが，ここまで精密射撃のようにポイントにヒットさせるのは意外と難しいんだよな。

　伝統的学説は消極目的規制には「厳格な合理性の基準」，積極目的規制には「明白性の原則」が妥当するという規制目的二分論を重要な指標としつつ，規制態様も加味して審査基準を決定する立場を採用していたけど，薬事法違憲判決は規制態様→規制目的の順番で検討を行い，この点で伝統的学説とは異なる検討順序を採っているのであったな。[*3]最近では，司法書士法事件（判例3-2）及び農業災害補償法当然加入制合憲判決（判例3-3）が消極目的・積極目的に言及しないで判断をしていることから，職業の自由については規制目的ではなく規制される権利から検討すべきとする学説もあるみたいだけどね。[*4]
「フム。こういう反論はどうでしょうか。C社はもともとタクシー事業者でありタクシー事業を行うことそのものは既にできているわけで，A県B市の自然保護地域でのタクシー事業ができないだけでしょう。そうすると，C社は既にタクシー事業という職業選択の自由は果たされていて，職業遂行の自由の制限がされているに過ぎないのではないでしょうか」
「例えば，弁護士であればボス弁の下からイソ弁が独立して新たに事務所を構えることは職業選択の自由かという話で，イソ弁が独立してボス弁になっても

048

『弁護士』から『弁護士』になっているだけで，新たな職業選択の自由の行使ではないのではないか，という疑問と同じね。薬事法違憲判決に影響を与えたドイツ連邦憲法裁判所の薬局判決（BVerfGE 7, 377）[*6]は，『薬剤師』という一つの身分（Stand）の中に異なる『職業（Berufe）』があると述べていて，薬剤師に関しては類似の事例で職業選択の自由の制約を認めているのは周知のことね。[*7]日本の薬事法違憲判決も，もともと中国地方で医薬品販売を行っていた者が広島県内で新規の薬局開設を行おうとした事例で，『特定場所における開業の不能は開業そのものの断念にもつながりうるものであるから，前記のような開業場所の地域的制限は，実質的には職業選択の自由に対する大きな制約的効果を有する』としているわ。要は，別のところで同一職業ができていたとしても，当該場所で行うことの社会的重要性があれば，狭義の職業選択の自由そのものに対する制限を観念しうるってこと。本条例で規制対象としている『自然保護地域』はＡ県内でも大きな収入が見込める場所であって，自然保護地域におけるタクシー事業は一般的タクシー事業と区別される独立の社会的重要性を有しており，当該場所でのタクシー事業の許可制は狭義の職業選択の自由への制限といえるでしょうね」

「では別の角度から，今度はより強力な質問をさせていただきましょう。職業の規制といっても，職業の禁止，届出制，許可制，特許制，国家独占など様々な規制類型があり，薬事法違憲判決はこのうち許可制が問題になったものです。[*8]許可とは本来的に私人が有している自由を一般的に禁止し，行政機関による個別の許可により禁止を解除する仕組みであるのに対して，特許は本来的自由に属しない特別の能力を行政庁が私人に付与する行為とされています。薬事法違憲判決のケースは許可の問題であって本来的な『自由』の回復措置であり，原則自由／例外不許可という自由権論証の枠組みが妥当しますが，タクシー事業の許可は特許であるため薬事法違憲判決のいう『職業の許可制』には該当せず，したがって狭義の職業選択の自由の制約ともいえず，つまりは薬事法違憲判決第１基準がトリガーされないのではないでしょうか」

「Ａ県Ｂ市の自然保護地域でタクシー事業を営むことがＣ社のような事業者にとって果たして本来的な自由といえるのか，本来的な『自由』とはそもそも何か，という難しい問いね。問題文には『タクシー事業については，当初，需給

第3話　自由の試練その1

バランスに基づいて政府が事業者の参入を規制する免許制が採られていたが，その後，規制緩和の流れを受けて安全性等の一定条件を満たせば参入を認める許可制に移行した。しかし，再び，特定の地域に関してではあるが，参入規制等を強化する法律が制定されている。これに加えて，202＊年には道路運送法が改正され，地方分権推進策の一環として，タクシー事業に関する各種規制が都道府県条例により行えることとされ，その許可権限が，国土交通大臣から各都道府県知事に移譲された』と記載されているわね。[*9]免許制の時代には特許的な発想を採用していたのでしょうけど，規制緩和により免許制が許可制へ移行した現在にあってはタクシー事業も原則自由／例外不許可という図式が妥当するかもしれない。でも，難しいのは規制緩和後に再び特定地域の参入規制強化が行われ，さらに202＊年以降に許可権限が都道府県知事に移譲された点ね。つまり，202＊年以降の時点で『A県B市の自然保護地域』におけるタクシー事業が本来的自由といえるかどうかは，考え方次第でしょうね」

「〈自由の試練〉らしくなってきました。別の角度からも薬事法違憲判決に乗っかった論証を少し深めてみましょう。C社は『本条例自体が不当な競争制限であり違憲である』と主張していますが，これはどのような意味の主張であると考えられましたかな」

「ドイツ連邦憲法裁判所の薬局判決を参考にしながら，職業選択の自由と職業活動の自由を区別し，さらに資格制限か競争制限的規制かという規制態様を中心に類型化を行う段階理論の考え方を言っているのでしょうね。つまり，①職[*10]業遂行の自由の規制，②当該職業を希望する者の意思・努力・能力次第で充足しうる許可の主観的要件（資格等）による職業選択それ自体に対する制限，③個人的性質・能力では如何ともし難い許可の客観的要件による職業選択それ自体に対する制限を分け，①→③の順番で審査基準を厳格化させる考え方ね。C社の『不当な競争制限』という言葉からすると，C社の主張としては職業選択それ自体に対する制約であり，かつ，段階理論における③類型に該当するとして厳格な審査基準を主張することになるのでしょうね」

「フム。確かに，C社の主張からすると，そのように理論構成するのが素直でしょうが，仮に段階理論に基づきC社の主張をする場合でも，電気自動車要件（本条例4条1号）は電気自動車を購入するという努力により達成可能な主観的

050

条件であるのに対して，営業所要件（本条例4条2号）及び運行許可基準の運転
者要件（同条3号）は本人の努力では如何ともし難い客観的条件ではないです
か。そうすると，仮にトウコお嬢様の見解を前提にしても，本条例4条2号及
び3号については厳格な審査を行なったとしても，1号については厳格度の緩
和された審査基準が適用されてしまうのではないでしょうか」

「確かに，規制内容ごとに異なる審査基準を適用することも考えられるけれど，
C社の意思からすれば本条例4条全体について不可分一体的に厳格な審査を主
張していくことになるでしょうね。そもそも主観的条件・客観的条件というの[*11]
も相対的な問題で，安価で参入しようとしているC社にとっては電気自動車要
件（本条例4条1号）も客観的条件として機能するともいえるし，ここでC社の
立場から規制の一部を主観的条件として引いた主張をするのは得策ではないわ
ね」

「なるほど，本条例4条全体について厳格な審査を採用する方法，各号ごとに
厳格度の異なる審査基準を適用する方法，あてはめ段階において段階理論的発
想を利益衡量の指針として主張する方法などがあると思いましたが，何はとも
あれ全体について厳格な審査を主張されるわけですね。段階理論に対しては規
制態様に基づき審査基準の厳格度を変化させるのは，事前に設定された審査基
準に照らして立法手段の規制態様を審査するという審査基準論の発想と矛盾す
るものであり，せいぜい利益衡量の指針を与えるにとどまるのではないかとい
う理論的な反論などがありえますが，本問に即して規制態様論に関するより[*12]
フェイタルな反論をしてみましょう。職業の自由は『個人の人格的価値』との
関連性（人格的関連性）を有するがゆえに特に保障され，段階理論が本人の克
服不能な客観的条件について厳格な審査を適用するのも，客観的条件により職
業選択そのものを封じることが人格的価値に対して最も大きなインパクトがあ
ると判断されているからでしょう。こうした人格アプローチを基礎にした段階[*13]
理論を徹底するのであれば，個人の人格的価値を有しない法人であるC社の職
業選択の自由に関して段階理論に基づく厳格な審査を適用するのは，その前提
を欠いているのではないでしょうか」[*14]

「その論点を言い出すと『パンドラの箱』を開くことになるけど」トウコは，
なぜか楽しそうに笑う。「人格アプローチからも様々な主張は可能だとは思う

けど，ここはあんまりはっきりしていないわね。こうした人格アプローチの難点を率直に認めて，経済的自由の分野で人格性を強調する立場に警鐘を鳴らす見解も有力ね。[*15]人格アプローチを基礎にした段階理論の主張について，そういう風に被告側から削る反論をして審査基準を緩和するのも面白いわね」[*16]

「では関連して，規制態様論ではなく規制目的論の側面からもＣ社の主張を削らせてもらいましょう。もう一度，Ｃ社の規制目的論に関する主張を仰っていただけますか」

「薬事法違憲判決第２基準をトリガーするために，本条例の主たる目的は消極目的規制と主張したわね」

「あのお，そこなんだけど」

　トウコとヴァイスの議論でどうしても分からないことがあるので，ここはちょっと突っ込ませてもらおう。

「確かに，本条例１条の目的規定にはそう書いてあるけど，本条例はＢ市のタクシー事業者団体によるＣ社参入に対する反対運動に呼応して制定されたという立法の経緯からして明らかに新規参入するＣ社を狙い撃ち的に排除してＢ市のタクシー事業者を保護するという『隠された目的』があるんじゃないかな。車種要件は一見すると輸送の安全や自然保護を目的にしているように見えるけど，Ｂ市内のタクシー会社の多くが電気自動車を既にＤ自動車会社から購入していることを踏まえると，車種要件（本条例４条１号）は　既存タクシー事業者とＤ自動車会社を産業的に保護する隠された目的があるよね。５年以上の営業所要件（同２号）も既存タクシー事業者保護のためとしか思えない。運転者要件（同３号）について見ても，自然保護地域に関するＢ市実施の試験合格を要求するのもＢ市民に明らかに有利だし（同号イ），経歴要件も地元有利だし（同号ロ）ね。条例の制定経緯に加えて，規制内容を見ても，Ｃ社の新規参入を狙い撃ち的に排除するのはあまりに酷すぎるので，違憲でいいんじゃないかな，とか思ったんだけど」

「本問を見たときに，この『隠された目的』に気づいて，実際に答案に書いた学生も多かったようですが，やや理論構成が生煮えですね。トウコお嬢様，この点はどのように整理されますかな？」

「立法目的の審査を超えて，さらに立法の動機の審査にまで踏み込むことがで

きるか，という問題ね。動機の審査は目的審査よりもさらに立法権限に踏み込むことになるので立法権との抵触が問題になるし，仮に動機の審査に踏み込むことが立法権侵害ではないとしても，そもそも法律の文面以外の『動機』なるものを証拠に基づき事実認定することができるのかという問題が出てくるわ。本問の場合，本条例1条の目的規定に既存業者保護という動機が書き込まれているわけじゃないしね。実際に，弁護士として立法目的の立証をどうやっていくかをイメージしてみると良いわね。まず，法制執務でいわゆる5点セットと呼ばれる要綱，法律案，理由，新旧対照表，参照条文から自分の認定して欲しい立法目的を客観的に解釈論として導出できるかを第一次的に検討するでしょうし，第二次的には立法資料を情報公開請求して開示させ当該資料から真の立法目的を認定できるかなどにチャレンジすることになるでしょうけど，司法権が法令の文言を超えて立法府の奥深くにまで手を突っ込んでいくことができるかは問題になるでしょうね。ここも実は薬事法違憲判決の『隠された目的』の処理方法が参考になるわね。薬事法違憲判決で問題になった改正薬事法は日本薬剤師会会長であった当時の参議院議員により推進されたことなどの背景事情もあり，改正薬事法の距離制限規定はスーパーマーケット形式等の新しい販売形態を抑え込もうとする既存の薬剤師集団の政治的圧力があったといわれているわね。いわば既存薬剤師の業界保護立法という積極的・政策的な『隠された目的』があったわけだけど，最高裁はあくまでも改正法律案の提案理由，薬事法の性格及び規定全体を根拠として『主たる目的』を消極目的と認定したという法律家としての慎み深さを発揮している。でも，目的審査をこのように認定しつつも手段審査を厳格に行うことによって，違憲な目的を炙り出すことができると言われているわね。立法府が違憲な目的P1を隠して偽の目的P2を掲げて立法を行った場合，規制手段R1との関連性審査や必要性審査を厳格に行うとどうなるかを考えてみるといいわね。規制手段R1は実際には違憲な目的P1を達成するために採用された手段なのだから，P1との関係では実質的関連性があり，かつ，必要最小限度の手段になるわ。でも，立法府の掲げた偽の表面上の目的P2との関係で手段審査を行うと，P2とR1の間の目的・手段の実質的関連性が疑わしくなり，さらにはより制限的ではない規制手段R2があるのではないか，ということになる。つまり，最高裁判所としては手段審査を厳格

第3話 自由の試練その1

にすることを通じて違憲な立法目的に言及せずに，綺麗な判決文を書きながら
も，当該目的を排除できるってわけ。薬事法違憲判決の例でいえば，薬剤師業
界保護という隠された積極的・政策的な立法目的P1と消極的・警察的目的P2
があったとして，規制手段R1としての距離制限と規制手段R2としての既に存
在する薬事法の刑事規制・行政規制を想定してみると，P1との関係ではR1は
関連性・必要性があるのでしょうけど，裁判所としてはP2と立法目的を認定
しつつR1との実質的関連性や必要性を否定し，より制限的でない他の選びう
る手段としてのR2も示唆したともいいうる。本問でも同じ感じで処理できる
わね」

「えーっと」トウコの言ったことを必死で僕は整理する。「そうすると，本問で
いえば，C社を排除しB市内のタクシー事業者を保護するという隠された目的
P1と本条例1条の表面上の目的P2があった場合には，本条例4条の規制手段
R1はP1との関係で実質的関連性や必要性はあるといえるけど，立法目的をP2
と認定した場合にはR1との関係で関連性審査や必要性審査がパスできない
……ということになるわけ……か」

　ややこしいな。C社の代理人としては本条例の真の目的はP1だと強気の主
張をしていっても良いし，表面上の目的P2を認定しながら関連性審査・必要
性審査を厳格に行って手段違憲を狙うことで「隠された目的」を排除しても良
い感じかなあ。自己の見解においてまで，「隠された目的」という生の主張を
してしまうと，やや法律家としてのリーガルさというか，慎み深さが足りない
答案になってしまうかもしれないな。

「C社代理人として『隠された目的』を全面的に押し出すことも良いですが，
本条例の条文で掲げられた目的を検討するのがいずれにせよ本筋ですな。隠さ
れた目的論はそのように処理するとして，トウコお嬢様は本条例の目的を消極
目的と断定していますが，①タクシーによる輸送の安全の確保は生命・身体の
利益に関連するので警察的・消極的目的といえそうですけども，②自然保護地
域の豊かな自然保護と観光客の安全・安心への配慮を通じた観光振興について
は政策的・積極的目的ではないでしょうか。この意味で，本条例は消極目的と
積極目的の混在した複合的目的の立法といえないでしょうか。そうであれば，
薬事法違憲判決第2基準がトリガーされるとはいえませんね？」

「そもそも，②観光振興目的は職業選択の自由を制約できる目的といえるのかしら。仮に積極目的規制が許されるとしても，憲法25条などの社会権規定と整合的に解釈されるべきで，積極的・政策的目的の内容が社会権の実現ないし経済的・社会的弱者保護に限定されるという立場からは，観光振興目的のような憲法外的概念による制約は許されるべきではない。とすれば，結局，本条例の規制目的の中心は①の消極目的規制にならない？」[*23]

「積極目的に関する仰るような立場は狭義説と呼ばれるものですが，小売市場距離制限判決（判例3-4）は『国民経済の健全な発達と国民生活の安定を期し，もつて社会経済全体の均衡のとれた調和的発展を図るため』の積極目的規制は許容されるという広義説の立場を採用しており，通説も広義説であろうと思われます。やや大上段に構え過ぎていて，説得力を欠くようにも思われますが[*24]」

「それはそうかも。じゃあこういうのは，どう？　規制目的の確定にあたってはもちろん条例1条によく書かれている目的規定の参照は確かに重要なのだけど，個々の規制内容ごとに個別に規制目的を分析・確定することが何よりも大事よね。エアバッグ及びAED装備を要求する車種要件はいずれも生命・身体保護という消極目的であることに異論はないはず（本条例4条1号イ，ロ）。営業所要件（同2号）及び運転者要件（同3号）は自然保護地域内の道路の運転に不慣れなタクシー運転者による交通事故の発生によって輸送の安全が害されることを防止するためのものだから，やはり生命・身体保護という消極目的よ。よって，薬事法違憲判決第2基準はやはりトリガーされるわ」

「なかなかネチっこい立論ですね。しかし，こう反論できるのではないでしょうか。例えば，出張先や旅行先でタクシーに乗ったときに運転手さんから当該地方の情報を聞くなど雑談すること自体が観光になることがありますね。試験要件は自然保護地域の道路の状況のみならず自然環境の熟知を確認するものですから，こうしたタクシーの観光振興機能を活性化させる目的があるといえます。5年以上の営業所要件や運転者要件のうち経歴要件もいわば地元のことをよく知っているかを確認するという側面もあり，これも観光振興目的です。とすると，消極目的に加えて観光振興という積極目的の側面もあるのではないでしょうか。そして，積極目的規制も含むとすれば，小売市場距離制限判決に照らして『立法府こそがその機能を果たす適格を具えた国家機関』であるとして，

第3話　自由の試練その1

『立法府がその裁量権を逸脱し，当該法的規制措置が著しく不合理であることの明白である場合に限つて，これを違憲』とすべきではないでしょうか」

「小売市場距離制限判決の明白性の原則ね。仮に小売市場距離制限判決の射程が本問に及ぶとしても，単なる合理性の基準の水準ではなく，目的・手段の観念的関連性のみならず事実に基づく関連性まで要求する威力のある合理性の基準を適用すべきであるという見解もあることは付言しておくわ[*25]」

「結局のところ，本問ではC社側＝薬事法違憲判決 vs. B市側＝小売市場距離制限判決という判例の太極図を描き，その陰陽を論理的に解き明かすことが最も重要ということですな。伝統的にはこれが規制目的二分論として説明されてきたわけですが，現代ではよりリファインされた説明が可能ですね。トウコお嬢様，両者の判例の射程はどのように区切られますか？」

「第一に薬事法違憲判決が基本的に人格アプローチに依拠すると解釈しつつ，『職業選択の許可制に対して，風当たりが強くなり過ぎる傾向が生ずる』ので『人格的アプローチのバイアスを緩和』するために積極目的の場合に審査基準を緩和する方法（人格的理由[*26]），第二に裁判所の審査能力ないし機能論的な権限分配論の見地から消極目的と異なり積極目的の審査基準を緩和する方法（機能論的理由[*27]），第三に薬事法違憲判決のように国会が特定業界の保護立法をあたかも国民一般の福祉に貢献する消極的警察規制であるかのように装って法律制定がなされた場合には裁判所は目的手段の関連性審査を厳格に行うべきであるが，正面から特定業界の保護をうたって法律制定された場合には国会で本来果たすべき交渉・妥協がなされているのであるから裁判所が立ち入った審査を行う必要がないとして積極目的規制の場合に審査基準を緩和する方法（政治学的理由[*28]），が考えられるわね[*29]」

　人格的理由を突き詰めていくと法人であるC社の職業の自由について，厳格な合理性の基準が適用できるかは微妙になるな。機能論的理由によれば，本条例のような消極目的・積極目的複合型だと個別的に判断することになるのかな。本条例の場合には特定業界の保護目的という「隠された目的」論を政治学的理由と結びつけて考えれば，C社側から厳格な審査に持ち込みやすいかな。

「非常に良い。非常に良いですな，トウコお嬢様。是非，当カジノのVIPルームにお招きしたい。いかがでしょうか？」

「最初から選択肢なんてないじゃない。私はなんでも良いけどね」
「では，こちらへ」

ロキ先生の / ワンポイントアドバイス　❷　原告側はフルスケールの主張をするのか

　司法試験の公法系第1問では主張・反論・私見の三つの立場から議論を展開することが求められることが多いが，たまに「原告側の主張ではフルスケールで書くべきでしょうか」との質問を受けることがある。この質問は（主に自由権侵害の主張を念頭に置いて）何らかの憲法上の権利侵害であることだけを端的に指摘するだけで足りるのか，それとも原告側の主張においても違憲審査基準を定立した上で，あてはめ（個別具体的検討）まで行うべきか，という趣旨のものであろう。これに関しては，原告側の主張でも，憲法上の権利の保障範囲にあること，憲法上の権利が制約されていること，違憲審査基準を具体的に定立すること，そしてあてはめを行うことまでも出題者は要求する趣旨である，と考えられる。

　そもそも，「原告側の主張をフルスケールで展開しなくても良いのではないか」という発想が生まれるのは，いくつかの理由が存在する。

　この問題の発端は，「平成23年新司法試験の採点実感等に関する意見(公法系科目第1問)」における「7 事案の内容に即した個別的・具体的検討の必要性(パターン的当てはめの有害性)」の項目の中における，ある指摘に求められる。同項目では，「原告の主張を展開すべき場面で，違憲審査基準に言及する答案が多数あった。違憲審査基準の実際の機能を理解していないことがうかがえるとともに，事案を自分なりに分析して当該事案に即した解答をしようとするよりも，問題となる人権の確定，それによる違憲審査基準の設定，事案への当てはめ，という事前に用意したステレオタイプ的な思考に，事案の方を当てはめて結論を出してしまうという解答姿勢を感じた。」という指摘がなされた。ここでいう「違憲審査基準の実際の機能」の内容については必ずしも明らかではないが，仮に違憲審査基準の機能が「裁判官の主観的判断の抑制」の点に求められるとすれば[*30]，主張・反論・私見の出題形式においては，あたかも裁判官のように客観的判断を示す私見のパートでこそ違憲審査基準に言及すべきであり，原告の主張で違憲審査基準論を展開することは「違憲審査基準の実際の機能」を理解していない，ということになるのではないか，という疑義が生じた。

057

第3話　自由の試練その1

「原告の主張を展開すべき場面で，違憲審査基準に言及する答案が多数あった。」という言葉を文字どおり理解すると，原告の主張で違憲審査基準に言及するのは減点事項である，ともとれる。もっとも，採点実感等の表現を文字どおり受け取るのではなく，「7事案の内容に即した個別的・具体的検討の必要性（パターン的当てはめの有害性）」という項目の下で，ステレオタイプな論証を戒めているだけであって，原告側で違憲審査基準論に言及することは許容又は推奨されている，という見解も存在した。

　こうした見解の対立が生じたことから，「平成23年新司法試験の採点実感等に関する意見（公法系科目第1問）（補足）」が出されることになった。この補足では，「『原告の主張』のところで審査基準に言及すること自体は，問題ない。望ましくないのは，表現の自由の制約-内容規制-『厳格審査の基準』を，事案に即して慎重に検討することなく，パターンとして記憶しているものを書く答案である。」として，原告主張部分における審査基準への言及を明示的に認めるに至った。さらに，同補足は「平成20年新司法試験の採点実感等に関する意見」4頁にも記載があるように，「必要不可欠の（重要な，あるいは正当な）目的といえるのか，厳密に定められた手段といえるか，目的と手段の実質的（あるいは合理的）関連性の有無，規制手段の相当性，規制手段の実効性等はどうなのかについて，事案の内容に即して個別的・具体的に検討すること」を求めている，と述べて，具体的な検討項目を改めて明示した。なお，平成29年論文式試験出題の趣旨でも，原告側の主張として違憲審査基準に言及することが求められており，原告側主張において違憲審査基準及び違憲審査基準に即した個別・具体的検討（あてはめ）まで論じさせる方針に変更はないと考えられる。

　このように法務省の公表する出題趣旨や採点実感等を踏まえれば，「原告側の主張ではフルスケールで書くべきでしょうか」との質問に対する回答は「イエス」とならざるを得ないな。しかし，それでも，世の中には「原告側の主張をフルスケールで書かなくて良い」と主張される方もいるようだ。よく聞くのは「原告側主張で違憲審査基準論を定立してあてはめまでフルスケールで展開すると私見で書くことがなくなる」，「原告側をフルスケールで書くと，私見まで書く時間が足りなくなる」などの理由である。これは「試験を受ける者の心の弱さ」がいわせる台詞にすぎず，原告

平成 26 年司法試験その 1

側主張をフルスケールで論じなくて良い合理的理由にはならない。「でも，それでも，受かった人がいる」という人に対しては「確かに受かった人はいるであろうし，試験は通過すればなんでも良いが，あとはどうぞご自由に」としかいいようがないな。

* 1　①につき地図101頁，②～⑤につき地図103頁参照。なお，薬事法違憲判決の審査基準を第1基準及び第2基準に分節する見解として，綿引万理子・最判解民平成4年度581-582頁。
* 2　芦部228頁。
* 3　小山剛「経済的自由の限界」論点探究217頁。地図103頁も参照。
* 4　青柳幸一『憲法』(尚学社，2015年) 206-207頁。
* 5　小山190頁。
* 6　ドイツ憲法判例研究会編『ドイツの憲法判例〔第2版〕』(信山社，2003年) 272頁以下〔野中俊彦〕参照。
* 7　小山190頁。
* 8　小山193頁。伊藤正己『憲法〔第3版〕』(弘文堂，1995年) 362-363頁，渡辺ほか326-327頁〔宍戸常寿〕，注釈(2)464頁〔宍戸常寿〕も参照。
* 9　タクシー事業が許可か特許かについては，小山194頁参照。
* 10　青柳幸一「職業の自由の制限（薬事法事件）」樋口陽一＝野中俊彦編『憲法の基本判例（第二版）』(有斐閣，1996年) 123頁。
* 11　不可分一体に審査基準を適用する主張方法としては，木村草太『憲法の急所（第2版）』(羽鳥書店，2017年) 285頁参照。
* 12　長谷部恭男「書評『憲法の急所——権利論を組み立てる』」論ジュリ1号 (2012年) 143頁。
* 13　石川健治「30年越しの問い」法教332号 (2008年) 62頁。
* 14　石川・前掲注13) 62頁，駒村圭吾「宿泊拒否の禁止とホスピタリティの公法学——憲法22条の審査枠組みと規制目的二分論の居場所」法教334号 (2008年) 41頁。なお，問題文では「法人の人権」は「論じなくてよい」とされているが，平成26年司法試験論文式試験問題出題趣旨1頁には「タクシー会社や運転手の『人格的価値』の実現のための新規参入が問題となっているものではない」と記載されていることからすると，職業の自由の人格的価値との関係において法人の特殊性を考慮することはむしろ要請されている。ややミスリーディングな出題といえよう。
* 15　新基本法コメ199-200頁〔棟居快行〕，松本哲治「薬事法距離制限違憲判決——職業選択の自由と距離制限をともなう開設許可制」論究107頁。
* 16　法人も営業の自由を有するが，個人の自己実現と密接に関わる職業選択・遂行の自由と比較してより緩やかに判断されるべきとする見解として，注釈(2)462頁〔宍戸常寿〕。
* 17　目的審査と動機の審査の一般論として時國康夫『憲法訴訟とその判断の手法』(第一法規，1996年) 275頁以下，宍戸50-51頁参照。動機の審査と審査基準の関係については，大林啓吾「動機審査」山本龍彦＝大林啓吾編『違憲審査基準——アメリカ憲法判例の現在』(弘文堂，2018年) 202頁以下。同論文では，不当な動機が発見されれば，直ちに違憲となるか，審査基準の厳格化を導くのか，審査基準の一つの要素に過ぎないのか，などが検討されている。

第3話　自由の試練その1

＊18　戸松秀典『憲法訴訟〔第2版〕』（有斐閣，2008年）223-224頁。

＊19　富澤達・最判解民昭和50年度250頁。

＊20　奥平康弘『憲法裁判の可能性』（岩波書店，1995年）121頁以下。

＊21　地図106-107頁参照。

＊22　阪口正二郎「憲法上の権利と利益衡量：『シールド』としての権利と『切り札』としての権利」一橋法学9巻3号（2010年）56頁，宍戸55頁。

＊23　浦部241-242頁。浦部法穂「財産権制限の法理」公法研究51号（1989年）97頁参照。

＊24　職業の自由や財産権の場合に「公共の福祉」という文言が重ねて規定されていることから，他者との人権衝突の調整のみならず社会政策や経済政策等に基づく政策的制約がありうると指摘するものとして，青柳幸一「審査基準と比例原則」戸松秀典＝野坂泰司編『憲法訴訟の現状分析』（有斐閣，2012年）140頁。

＊25　青柳・前掲注24）139-140頁，青柳・前掲注4）206頁。

＊26　石川健治「営業の自由とその規制」争点151頁。

＊27　佐藤303頁。

＊28　長谷部248-249頁。

＊29　3つの説の整理について，憲法の地図109-110頁。

＊30　例えば，駒村9-11頁は，アメリカ流審査基準論とドイツ流比例原則の優劣を評価する際に裁判官の主観的判断の抑制を指標にしてきたことなどを挙げ（高橋和之「違憲審査方法に関する学説・判例の動向」法曹時報61巻12号（2009年）9頁等），憲法的論証の型を考案する意義として従来，「裁判官の主観的判断の抑制」が挙げられてきたことを指摘した上で，裁判官の主観的判断の排斥ではなく，主観的判断に適切な居場所を与えることの重要性を説く。いずれにしても，学説では裁判官の主観的・恣意的判断の統制に関心があったといえる。これに対して，判例は，一般論として一定の基準を定立する手法を避ける傾向にある。例えば，最判平成24年12月7日刑集66巻12号1337頁の千葉勝美裁判官の補足意見は「基準を定立して自らこれに縛られることなく，柔軟に対処している」と指摘している。すなわち，裁判官の判断を基準によって縛ろうとする学説と，自らの思考をフリーにしておきたい判例の対抗図式が存在する。なお，憲法訴訟を実際に遂行する弁護士の立場からすれば，憲法的論証の意義を裁判官の判断過程の拘束を中心に論じる裁判官中心主義的な発想を脱却し，裁判官の論証のみならず原告・被告の攻撃防御方法をも統制するような開かれたツールとして憲法的論証の型を鍛え上げていく必要があるのではなかろうか，と思うところである。

第 **4** 話

自由の試練その2
―― 平成26年司法試験その2 ――
職業許可制自体の合憲性／個々の運行許可条件の合憲性

第4話　自由の試練その2

　VIPルームは，カジノというより，ヴェルサイユ宮殿のようであった。

　壁面や柱は大理石で作られており，天井画が描かれた天井からはシャンデリアが下がっている。赤色のポーカーテーブルの周囲に赤い本革のソファーが置いてある。

「フム。このVIPルームにそのお二人のお洋服は，若干不釣り合いですね」

　ヴァイスのフィンガースナップに，室内の空気が一瞬震える。

　トウコのほうを見ると，藍色のドレスにドレスアップされていた。頭には青薔薇のヘッドドレスがつけられている。

　僕はといえば，007のジェイムズ・ボンドみたいなクラシックなタキシード姿になっていた。

「どうぞ，お掛けください」

　僕とトウコはいわれるがまま，ソファーに腰をおろす。

「お二人は，司法試験と賭け事の共通点が何か，わかりますかな？」

　僕は少し思案してから，答える。

「リスク，かなあ。それなりのお金や時間を投資しても司法試験に受かるか受からないかは，受けてみないと分からない。人生を賭け金にした壮大な賭け事をしている気分になってくる司法試験受験生も多いんじゃないかな」

「トウコお嬢様はどうでしょうか？」

「狂気，かしらね。賭け事は狂わないと面白くないけど，司法試験の勉強をしていると，ちょっと狂ってくるところが似ているわね」

「フム。リスクに，狂気。いずれもこのVR空間に生まれ出でた我々には無縁にも思えるものです。面白い，実に面白いです」

「……気に入らないわね」

「……なんです？」

「気に入らないっていったのよ。最初のブラックジャックもそうだけど，私たちは命をかけているのに，結局，あなたは今の今まで何も賭けていない。賭け事が面白い？　何も賭けたことがないあなたに，賭け事の面白さも，司法試験の狂気も，本当の意味で理解できるわけがない」

「……良いでしょう」

　今まで凪のような表情だったヴァイスの雰囲気が変わる。

平成 26 年司法試験その 2

「では，あなたたちも正式にあなたたちの命をベットするわけですな。ならば，この勝負に負ければ，私も私自身の人工知能プログラムを解体することをお約束しましょう」

「……そういう風にすべてを自分で決める。思い上がりも甚だしいわね。好きにしなさい。私が，あなたの考えを正してあげるわ」

「期待していますよ。では，次は，あてはめの検討に移りましょう。あなたの自由を，ベットしてください」

「私の立てた規範は，薬事法違憲判決（判例3-1）に依拠した，①重要な公共の利益のために必要かつ合理的な措置であることを要すること（薬事法違憲判決第1基準）及び②職業活動の内容及び態様に対する規制によつては右の目的を十分に達成することができないと認められることを要すること（薬事法違憲判決第2基準）という二つのルールよ。薬事法違憲判決に照らして，許可制そのものの合憲性と個々の許可条件の合憲性をそれぞれ厳格にチェックしていくわ。本問では個々の許可条件の合憲性を個別に検討するだけで相当の時間を削られるだろうから，時間内に問題を解くという実践的見地からは許可制そのものの合憲性に触れない方法もあるかもしれないけど，実際の訴訟ではＣ社の立場からまずは運行許可制自体（本条例2条）の合憲性を削りにいくことになるでしょうね」

「それでは，まずは許可制自体の合憲性について，ご主張ください」

「本条例2条の目的のうち輸送安全の確保目的との関係では，自然保護地域内における交通事故のほとんどが自家用車と観光バスによるもの，というのがポイントね。これは自然保護地域内の道路の道幅が狭く，片方が崖で曲がりくねっていることから，運転技術の低い自家用車と，運転技術はあっても車体の大きい観光バスが交通事故を引き起こしているに過ぎず，運転技術が高くて車体の小さなタクシーによる交通事故はほとんどないことを示している。そうであるなら，輸送安全の確保目的との関係で運行許可制を採用する立法事実はなく，目的自体が重要な公共の利益のためとはいえないわね」

「自然保護や観光客の安全・安心に配慮した観光振興目的との関係ではどうでしょうか？」

「ここは，本条例1条の『読み方』とも関係する話ね。法制執務用語において『及

063

第4話　自由の試練その2

び』は"and"の意味だから，本条例の目的は輸送安全目的及び観光振興目的の二つが大目的になっていて，自然保護及び観光客の安全・安心への配慮という中間目的はあくまで観光振興目的に仕える構造になっていると解釈すべきね。[*1]そして，問題文の『C社は，マス・メディアを通じて，自社が進出すれば，従来よりも低運賃のタクシーで自然保護地域を往復することができ，首都圏からの日帰り旅行も容易になり，観光振興に寄与すると訴えた。』との事情があるので，この事情に基づけば，かえって運行許可制（本条例2条）を採用しないほうが観光振興目的に寄与する，と主張できるわね。つまり，観光振興目的との関係でも立法事実を欠き違憲ね」

「輸送安全目的との関係で，問題文にあるB市タクシー事業者団体の『C社の新規参入により，B市内のタクシー事業者の収入が減少して過酷な運転業務を強いられることに加え，自然保護地域内の道路の運転に不慣れなタクシー運転者による交通事故の発生によって輸送の安全が脅かされる』との反論については，どうお答えになりますか？」

「前段は，新規事業者の新規参入→既存業社の収入減少→過酷な運転業務→輸送安全への害悪という因果連鎖が想定されているわね。ここは薬事法違憲判決の『競争の激化─経営の不安定─法規違反という因果関係に立つ不良医薬品の供給の危険が，薬局等の段階において，相当程度の規模で発生する可能性があるとすることは，単なる観念上の想定にすぎず，確実な根拠に基づく合理的な判断とは認めがたい』という立法事実論を参照して立法事実の精査をすることが必要ね。収入減少により過酷な運転業務が生じるというけど，それはタクシー事業者が労働基準法などの法規違反をあえてするから生じる事態であって，そのような事態が生じるかは観念上の想定に過ぎないわね。後段のほうは，自家用車と観光バス以外のタクシーであっても自然保護地域内の運転に不慣れな場合には輸送安全の害悪が生ずるという話だと思うけど，ここは難しい問題ね。個々の許可条件の設定方法次第，といったところかしら」

　なるほど。ついつい個々の運行許可条件の検討に力を入れてしまいがちだが，C社としては運行許可制自体の違憲性を攻撃することで，ここまで相手の反論を「削る」ことができるのか。

「フム。次に観光振興目的との関係ですが，これは単に観光振興という大目的

が達成されれば良いわけではなく，あくまで自然保護地域内における自然保護
及び観光客の安全・安心という中間目的にも配慮した上でのことです。C社の
主張は，要はC社が参入すれば『速くて安い』ということですが，これら二つ
の中間目的の視点が欠けているのではないでしょうか」

「積極目的規制における狭義説からはそもそも観光振興目的は目的違憲だと主
張したいけど，判例・通説は広義説だから，仕方ないわね。観光客の安心とい
う主観的な法益までをも職業の自由の規制根拠としうるかについては議論でき
そうだけどね」

「よろしい。では，次に個々の運行許可基準（本条例4条）についての主張をお
願いいたします」

「①車種要件（本条例4条1号柱書，イ，ロ）のうち，電気自動車要件について
はハイブリッド車でも自然保護目的を促進させるし，ハイブリッド車のほうが安
価であってタクシー事業者への経済的負担も少ないので，より制限的でないハ
イブリッド車という規制手段を採用すべきであり，違憲よ。また，エアバッグ
（同号イ）要件は交通事故が発生した際の被害軽減に寄与するし，AED要件（同
号ロ）も交通事故発生後の救助活動に寄与して輸送安全目的や観光客の安全・
安心確保に役立ちそうだけど，全タクシー車両にエアバッグ及びAED搭載を
義務づけるべき立法事実はないし，各充電施設に共有のAED設置する方法も
あることからすると過剰な手段といえる。②営業所要件（同条2号）について
は輸送安全目的との関連性がなく，観光振興目的との関係でも関連性がなく，
必要かつ合理的な手段ではないわね。③運転者要件（同条3号）のうち試験要
件（同号イ）については道路の状況及び自然環境に熟知することを要求し，輸
送安全目的及び自然保護目的との観念的関連性はあるといえるかもしれないけ
ど，試験を課すことで輸送安全等の目的が促進するとの立法事実はなく，実質
的関連性がないわ。10年以上の経歴要件（同号ロ）も輸送安全目的との観念上
の関連性があったとしても，経歴が長いドライバーのほうが安全という立法事
実がなく，実質的関連性があるとまではいえない。また，10年の無事故・無
違反要件（同号ハ）は輸送安全目的には資するかもしれないけど，B市内での
既存のタクシー運転者を含めてひとたび事故・違反を起こせば10年間は自然
保護地域内でタクシー運転手として雇用又は経営できないことにもなりかね

第4話　自由の試練その2

ず，より制限的でない手段を採用すべきであって過剰規制ね」

「フム。C社側の主張を前提としているので，かなり厳しいあてはめですな。小売市場判決（判例3-4）を前提にすれば，せいぜい合理的関連性審査しか要求されないでしょうから結論は真逆になるでしょうね。すなわち，電気自動車要件は自然保護目的と関連し，エアバッグ及びAED要件は輸送安全目的と関連し，営業所要件も自然保護地域内の道路状況及び自然環境の熟知の程度と関連するので輸送安全目的や自然保護目的と関連しますな。運転者要件のうち試験要件も輸送安全目的や自然保護目的と関連し，10年の経歴要件は輸送安全目的や自然保護目的と関連しますし，無事故・無違反要件も輸送安全目的に関連します。よって，著しく不合理であることが明白である規制手段は存在しないので，すべて合憲，となりますかな」

「薬事法違憲判決と小売市場判決の描く太極図は，規範次元のみならず，あてはめ次元でも対照的な絵を描かせるわけね。どちらを起点に検討するかは難しいところではある。もっとも，小売市場判決を前提にしながらも，その主張をさらに威力のある合理性の基準という考え方によって『削る』ことは考えられるわけ。つまり薬事法違憲判決第2基準のようなLRAの基準又は必要性の審査まで要求されないとしても，観念的関連性を超えた事実に基づく関連性を要求していくことは考えられる。今，あなたが指摘したのは合理的関連性でしょうけど，観念的関連性を超えた事実に基づく関連性まで要求した場合，立法事実論を見ることになる。その場合，10年間の無事故・無違反要件は輸送安全目的とある程度は関連するでしょうけど，輸送安全目的との関連性を超える過剰規制であって実質的関連性が否定される可能性もあるのではないかしら？」

「フム。では私もトウコお嬢様の薬事法違憲判決ベースのあてはめを削らせてもらうと，薬事法違憲判決第1基準が仮に適用されるとしても複合目的の本条例は消極目的規制ではないので第2基準はトリガーすべきではなく，実質的関連性審査は要求されてもLRAの基準という必要性審査までは要求されません。そうすると，同じく10年間の無事故・無違反要件は実質的関連性の審査をパスできないかもしれません。しかし，無事故・無違反要件（本条例4条3号ハ）が違憲・無効でも，C社は他の許可要件を充足していないので，いずれにしても不許可処分は有効である，と反論することになるでしょうね」

「本条例４条は全体で不可分一体的に機能して目的を達成しているのだから，本条例４条３号ハの違憲の瑕疵は他の許可要件にまで及ぶと解すべきでしょ」

「フム……これ以上は水掛け論になりそうですね」

「他に何か言いたいことは？」

「思いつきませんな」

「じゃ，私の勝ちね」

「そうなります。ああ，最期に，このような議論ができて，私は本当に嬉しい」

　ヴァイスの体が白く発光を始める。

「最期って……ちょっと！」トウコが悲鳴をあげる。

「トウコお嬢様が気に病む必要はございません。もともと〈自由の試練〉が終われば，私は消え失せるが運命。私は人工知能〈キュリス〉の憲法的推論システムを完成させるための分化ユニット。いわばこのVR空間におけるコミュニケーションのための結節点であり，私と私以外は，この空間では等価なのです。私はね。トウコお嬢様。最初から何かを賭けることなんて，結局，できなかったのです。人生を……命を賭けられる，あなた方が，本当に……羨ましい。引き続き〈平等の試練〉も頑張って……ください」

　大量の白い粒子の渦に飲み込まれながら，ヴァイスはすっと右腕を上げる。

　フィンガースナップによる破裂音とともに，僕らは，黒い粒子の渦に飲み込まれるのであった。

📖 平成26年司法試験公法系第１問 解答例

第１　設問１

　１　運行許可制（本条例２条。以下「本条例」は条文数のみ記す。）及び運行許可条件（４条各号）はC社の職業選択の自由（憲法22条１項）を侵害しており違憲・無効である。よって，本件処分は違法であって取り消されるべきである，とC社は主張する。

　２(1)　職業は自己の生計維持のための継続的活動及び分業社会における社会的機能分担の活動であって，個人の人格的価値と不可分である。そして職業の許可制は職業の自由に対する単なる操業規制と比較して狭義の職業選択の自由そのものを強力に制限する。そのため，重要な公共の利益のために必要か

第4話　自由の試練その2

つ合理的措置でなければ違憲である。

(2)　また，エアバッグ及びAED装備を要求する車種要件はいずれも生命・身体保護という消極目的であり（4条1号イ，ロ），営業所要件（同条2号）及び運転者要件（同条3号）は自然保護地域内の道路の運転に不慣れなタクシー運転者による交通事故の発生によって輸送の安全が害されることを防止するためのものであり，やはり生命・身体保護という消極目的である。

よって，本条例の主たる目的は，消極目的である。消極目的規制の場合には，より制限的でない他の選びうる手段があれば違憲である。

(3)　これらの要件は許可制そのものだけではなく，個々の許可条件についても要求されるものと解する。

3(1)　自然保護地域内における交通事故の発生は道路に不慣れな自家用車と大型の観光バスによるものであり，運転技術が高く車体の小さなタクシーが交通事故を起こしているという立法事実がない。

よって，運行許可制（2条）それ自体が必要かつ合理的措置ではなく，違憲である。

(2)　車種要件のうち電気自動車要件（4条1号柱書）については，ハイブリッド車でも自然保護目的を促進させるし，ハイブリッド車のほうが安価であってタクシー事業者への経済的負担も少ないことを考慮すると，より制限的でないハイブリッド車という規制手段を採用すべきであり，違憲である。

(3)　また，エアバッグ要件（同号イ）及びAED要件（同号ロ）については，全タクシー車両にエアバッグ及びAED搭載を義務づけるべき立法事実がなく生命・身体保護目的との関連性を欠く。各充電施設に共有のAEDを設置するという，より制限的でない代替手段もあり，過剰規制である。

(4)　営業所要件（4条2号）については，その真の目的は新規参入者排除による既存業者保護であって，輸送安全目的や観光振興目的との関係でも関連性がなく，必要かつ合理的な手段ではない。

(5)　運転者要件（同条3号）のうち試験要件（同号イ）については道路の状況及び自然環境に熟知することを要求し，輸送安全目的及び自然保護目的との観念的関連性はあるが，試験を課すことで輸送安全等の目的が促進するとの立法事実はなく，実質的関連性がない。

10年の経歴要件（同号ロ）は輸送安全目的との観念上の関連性があったとしても，経歴が長いドライバーのほうが安全という立法事実がなく，実質的関連性がない。

10年の無事故・無違反要件（同号ハ）については，輸送安全目的との

観念上の関連性があったとしても，自然保護地域内の運転について無事故・無違反者のほうが安全という立法事実がなく，実質的関連性がない。また，B市内での既存のタクシー運転者を含めてひとたび事故・違反を起こせば10年間は自然保護地域内でタクシー運転手ができないことにもなりかねないのは過剰であり，より制限的でない代替手段を採用すべきである。

4　よって，2条及び4条は違憲無効であり，本件処分は違法である。

第2　設問2

1　C社はB市内での自然保護地域以外ではタクシー事業を営むことができているのであるから，C社の職業選択の自由に対する制約はない，と被告の反論が想定される。

　　しかし，一大観光地である自然保護地域においてタクシー事業を営むか否かの選択は，自然保護地域内のタクシー事業が大きな収入源になることを踏まえると，タクシー事業を営むか否かと独立した価値を有する職業選択そのものである。

2　本条例は輸送安全目的のみならず観光振興目的をも有する複合的目的であり，B市の合理的な立法裁量に基づく規制に服するのであって，著しく不合理であることが明白でなければ合憲である，との被告の反論が想定される。

　　第一に，狭義の職業選択の自由そのものへの制約は個人の人格的価値に対する強度の制約であって原則として厳格な審査に服するが，C社のような法人は人格的価値を享有しないので，人格的価値を理由に厳格な審査をすることはできない。

　　第二に，本条例の目的規定のみならず規制内容を見ても，電気自動車要件，営業所要件，自然環境の熟知を要求する試験要件，10年の経歴要件などは観光振興目的の側面も有することは否定しえない。そして，B市の観光振興に関してはB市こそが適格機関であるから，B市にある程度の立法裁量が認められる。

　　しかし，第三に，特定業界の保護立法をあたかも国民一般の福祉に貢献する目的であるかのように装って法律制定がなされた場合，裁判所は経済規制立法の公正かつ透明な環境を整備する任務を果たすために，目的手段の関連性審査を厳格に行うべきである。本条例はC社の新規参入の反対運動に呼応して制定されたという経緯がある。また，B市内のタクシー会社の多くが電気自動車を既にD自動車会社から購入していることからすると，車種要件（4条1号）は既存タクシー事業者とD自動車会社を産業的に保護する隠された目的がある。5年以上の営業所要件（同2号）も既存タクシー事業

者保護のためである。運転者要件（同3号）についても，自然保護地域に関するB市実施の試験合格を要求することはB市民に明らかに有利であり（同号イ），経歴要件も地元タクシー会社の有利になっている（同号ロ）。よって，目的手段の実質的関連性審査を行うべきと解する。

3　運行許可制自体につき，①新規参入→既存タクシー事業者の収入減少→過酷な運転業務という因果的連鎖及び自然保護地域内の道路の運転に不慣れなタクシー運転者による交通事故の発生によって輸送の安全が脅かされることから輸送安全目的との実質的関連性があり，②自然保護及び観光客の安全・安心への配慮もした上での観光振興目的との関係でも実質的関連性がある，との被告の反論が想定される。

　　　①の因果的連鎖については労働基準法等の法規が遵守されるべきであり，新規参入を認めることにより過酷な運転業務が生じるというのは観念的な想定に過ぎない。もっとも，道幅が狭く片方が崖であるなどの自然保護地域の特殊性に照らせば，不慣れなタクシードライバーによる交通事故発生の可能性はあるので，輸送安全目的との関係で運行許可制を導入することは実質的関連性が認められる。

　　　また，自然保護等に配慮した許可基準を設けた運行許可制を採用することは，自然保護を通じた観光振興目的と実質的関連性がある。

　　　よって，運行許可制自体は合憲である。

4(1)　各許可要件について目的との実質的関連性がある，との被告の反論が想定される。

(2)　排出ガスのない電気自動車は自然保護目的を推進するので，電気自動車要件（4条1号柱書）は自然保護を通じた観光振興目的と実質的関連性がある。

(3)　B市内に長期間営業所を有していても輸送の安全性が上昇するとの根拠はないので，営業所要件（4条2号）と輸送安全目的との間に実質的関連性はない。もっとも，長期間営業所を保有していれば，B市の自然保護地域内の自然環境に熟知することになるので，自然保護を通じた観光振興目的と実質的に関連する。

(4)　運転者要件（4条3号）のうち試験要件（同号イ）については道路の状況及び自然環境に熟知することを要求するものである。道路の状況がわかれば交通事故防止になるので輸送安全目的との実質的関連性がある。また自然環境の熟知によりタクシー内で観光客に自然保護地域の情報を与えることができるようになるので，自然保護目的との実質的関連性がある。

　　　10年の経歴要件（同号ロ）については経歴が長いドライバーのほうが

安全という立法事実がなく，輸送安全目的との実質的関連性がない。もっ
とも，経歴要件は，B市の自然保護地域内の自然環境に熟知する者を選別
する機能を有するので，自然保護を通じた観光振興目的と実質的関連性を
有する。

　　10年の無事故・無違反要件（同号ハ）については，輸送安全目的との
観念的関連性があるが，無事故・無違反者のタクシー運転手のほうが安全
という統計上の根拠はなく実質的関連性がない。

(5)　よって，無事故・無違反要件は職業選択の自由を侵害し，違憲である。

5　被告は，無事故・無違反要件が違憲・無効だとしても，C社はその他の許
可要件を充足していないので，いずれにしても不許可処分は有効である，と
反論しうる。

　　本条例4条1号，2号及び3号は相互に可分な要件であり，3号ハが違憲
の瑕疵を帯びたとしても，その他の要件までもが当然に違憲の瑕疵を帯び
るわけではない。

　　よって，本件処分は，適法・有効である。

以上

＊1　目的手段審査における中間目的の概念については，宍戸54-55頁。

第 **5** 話

平等の試練その1

――平成27年司法試験その1――

相対的平等／憲法14条1項後段列挙事由／
猟官制（スポイルズ・システム）と成績制公務員制度（メリット・システム）

第5話　平等の試練その1

　僕は，ブラックホールのような黒い粒子渦からはじき出され，盛大にずっこ
けた。
「イテテ……」
　痛覚はオフにされているようだが，反射的に「イテテ……」とついつい言っ
てしまうものなんだな。
　僕は，お尻をさすりながら起き上がって，周囲を見渡す。
　部屋の中心に簡素な木製の椅子4つとダイニングテーブルが置かれており，
立派なシステムキッチンがある。
　隣を見ると，トウコが立っていた。僕と違って，転ばずに着地したようだ。
トウコは青いドレス姿から元の白いワンピース姿に戻っていた。
「だ，誰か，来たの？」
　キッチンカウンター越しに，エプロンをかけた女性が声をあげた。黒いハー
フリム型の眼鏡の奥の瞳には，理知的な光が宿っている。
「あ，なんか，すみません。お邪魔しています」
　なんで僕が謝らなきゃいけないのか分からないが，とりあえず謝っておく。
だいたい緊急事態には謝っておけば，事態はなんとかなるものだ。
「ああ……今，〈キュリス〉から情報が共有されました。トウコちゃんに……ザッ
コンくん，というのね。私は，このVR世界のエージェントのミカゲです。で，
ごめんなさい。今，ケーキを焼いているから，その椅子に座って待っていてく
れるかな？　あとコーヒーと紅茶，どっちがいいかな。紅茶はアッサム，セイ
ロン，ダージリンがあるけど」
「あっ，じゃあ僕はアッサム」
「私は，ダージリンで」
「はーい。ちょっと待っててね」
　僕とトウコは，緩い雰囲気についつい馴染んでしまう。
　キッチンカウンターの向こう側にいるので見えないが，どうやらミカゲさん
はポットでお湯を沸かしながら，ケーキのデコレーションをしているようだっ
た。
　それにしてもVR空間で，手間暇かけて紅茶を淹れたり，ケーキを焼いたり
するのに，どんな意味があるのだろうか。

074

平成 27 年司法試験その 1

「はい，できました。じゃーん」

　僕らの目の前に，生クリームたっぷりの苺のデコレーションケーキがホールで 2 台置かれた。

「改めて自己紹介するね。私はミカゲ。趣味はお菓子を焼くこと，なんだよね。美味しくできていると良いなあ」

「ホールケーキ 2 台は少し分量として多くないですか」と僕は疑問を呈する。

「あっ，食べる前にね。〈平等の試練〉を受けるための資格審査をするように言われてて……私も本当はそんな煩いこといいたくないんだけど，キュリスがいうから仕方なく……。さて問題です。ここに A さんと B さんの二人がいるとします。不満が出ないように平等にケーキを分けるためには，どうしたらいいでしょうか？　あっ，この包丁使ってね」

　ミカゲさんは，僕に包丁を手渡す。

　んー，これは聞いたことがあるぞ。有名なケーキ分割問題ってやつだな。

「まずは A さんがケーキをちょうど半分だと思うように切る。そして，B さんに分割された二つの片方を選択してもらう。A さんは二つのケーキのどちらを選んでも文句がないように切ったはずだし，B さんは二つのケーキのうち自分にとって価値の高いほうを選んだので，A さんも B さんも不満がないはず」

「せいかーい」

「やった」

「じゃ，次の問題です。私とトウコちゃんとザッコンくんの三人で，三人の不満が出ないようにケーキを分割するには，どうしたらいいでしょうか？　もう一つのホールケーキを使ってね」

　それでホールケーキが 2 台も用意されていたわけか。しかし，三人バージョンのケーキ分割問題……これは難しいぞ。というか，答えがあるんだっけ，これ。

「こんなの簡単よ」

　トウコは僕から包丁を取り上げる。そして 2 台目のケーキも 1 台目と同じように真っ二つにしてしまう。

「ん？　これはどういうことかな。3 人で分けるのに 2 切れしかないよ」ミカゲさんは首を傾げる。

075

第5話　平等の試練その1

「まずはミカゲさんが好きなケーキを一切れ選んでください。その次に私が残りのもう一方の一切れのケーキを選びます」

「でも，それだとザッコンくんのがなくて，平等じゃないよね」

「あなた，この分け方で不満あるの？」

　トウコの言葉が，僕に突き刺さる。

「いえ……ありません」

「じゃあ問題ないわね。ミカゲさんも私も彼も，誰も文句のないケーキの分け方で，正解よね」

「うーん，脅迫は良くないと思うけどなあ」ミカゲさんは笑う。「これって正解っていうのかな」

「そもそも二人バージョンのケーキ分割問題についても，切断権限の与えられたＡさんより，選択権限の与えられたＢさんのほうが有利であって，平等な分け方ではない，という批判もあるところよね。でも，ミカゲさんは二人とも不満がないという理由で正解にした。だったら，この分け方でも誰も不満を述べていないのだから，正解でしかないでしょ。相続問題でも誰かが相続放棄することなんてよくある話で，それが平等原則に違反するなんて誰もいわないしね」

　詭弁をいわせたら，トウコは天才かもしれない。法律家は悪しき隣人とはよくいったものだ。

「んー，じゃあ，せいかーい！」ミカゲさんは，両の手の指先を合わせて微笑む。「それでは，ケーキを食べながら，〈平等の試練〉にいきましょう。題材は平成27年司法試験ね」

📖 平成27年司法試験公法系科目第1問

　20ＸＸ年，Ａ市において，我が国がほぼ全面的に輸入に頼っている石油や石炭の代替となり得る新たな天然ガス資源Ｙが大量に埋蔵されていることが判明し，民間企業による採掘事業計画が持ち上がった。その採掘には極めて高い経済効果が見込まれ，Ａ市の税収や市民の雇用の増加も期待できるものであった。

　ただし，Ｙ採掘事業には危険性が指摘されている。それは，採掘直後のＹには人体に悪影響を及ぼす有害成分が含まれており，採掘の際にその有害成分が流

出・拡散した場合，採掘に当たる作業員のみならず，周辺住民に重大な健康被害を与える危険性である。この有害成分を完全に無害化する技術は，いまだ開発されていなかった。また，実際，外国の採掘現場において，健康被害までは生じなかったが，小規模の有害成分の流出事故が起きたこともあった。そのため，Ａ市においては，Ｙ採掘事業に関して市民の間でも賛否が大きく分かれ，各々の立場から活発な議論や激しい住民運動が行われることとなった。

　ＢとＣは，Ａ市に居住し，天然資源開発に関する研究を行っている大学院生であった。Ｂは，Ｙが有力な代替エネルギーであると考えているが，その採掘には上記のような危険性があることから，この点に関する安全確保の徹底が必要不可欠であると考えている。これに対して，Ｃは，上記のような危険性を完全に回避する技術の開発は困難であり，安全性確保の技術が向上したとしてもリスクが大きいと確信しており，Ｙ採掘事業は絶対に許されないと考えている。

　ところで，この頃，Ｂの実家がある甲市でもＹの埋蔵が判明しており，Ｙ採掘事業への賛否をめぐり，甲市が主催するＹに関するシンポジウム（以下「甲市シンポジウム」という。）が開催されていた。甲市シンポジウムは，地方公共団体が主催するものとしては，日本で初めてのシンポジウムであった。Ｂは，実家に帰省した際，甲市シンポジウムに参加し，一般論として上記のような自らの考えを述べた。その上で，Ｂは，Ａ市におけるＹ採掘事業計画を引き合いに出して，作業員や周辺住民への健康被害の観点から安全性が十分に確保されているとはいえず，そのような現状においては当該計画に反対せざるを得ない旨の意見を述べた。

　他方で，Ｃは，甲市シンポジウムの開催を知り，その開催がＡ市を含む全国各地におけるＹ採掘事業に途を開くことになると考えた。そこで，Ｃは，甲市シンポジウムの開催自体を中止させようと思い，Ｙの採掘への絶対的な全面反対及び甲市シンポジウムの即刻中止を拡声器で連呼しながらその会場に入場しようとした。そして，Ｃは，これを制止しようとした甲市の職員ともみ合いになり，その職員を殴って怪我を負わせ，傷害罪で罰金刑に処せられた。ただし，この事件は，全国的に大きく報道されることはなかった。

　その後，Ｙの採掘の際に上記の有害成分を無害化する技術の改善が進んだ。Ａ市は，そのような技術の改善を踏まえ，Ｙ採掘事業を認めることとした。他方で，それでもなお不安を訴える市民の意見を受け，Ａ市は，その実施に向けて新しい専門部署として「Ｙ対策課」を設置することとした。Ｙ対策課の設置目的は，将来実施されることとなるＹ採掘事業の安全性及びこれに対する市民の信頼を確保

第5話 平等の試練その1

することであり，その業務内容は，Y採掘事業に関し，情報収集等による安全性監視，事業者に対する安全性に関する指導・助言，市民への対応や広報活動，異常発生時の市民への情報提供，市民を含めた関係者による意見交換会の運営等をすることであった。

　そして，A市は，Y対策課のための専門職員を募集することとした。その募集要項において，採用に当たっては，Y対策課の設置目的や業務内容に照らし，当該人物がY対策課の職員としてふさわしい能力・資質等を有しているか否かを確認するために6か月の判定期間を設け，その能力・資質等を有していると認められた者が正式採用されると定められていた。

　上記職員募集を知ったBは，Yの採掘技術が改善されたことを踏まえてもなお，いまだ安全性には問題が残っているので，現段階でもY採掘事業には反対であるが，少しでもその安全性を高めるために，新設されるY対策課で自分の専門知識をいかし，市民の安全な生活や安心を確保するために働きたいと考え，Y対策課の職員募集への応募書類を提出した。

　他方，Cは，以前同様にY採掘事業は絶対に許されないと考えていた。Cは，Y対策課の職員になれば，Y採掘事業の現状をより詳細に知ることができるので，それをY採掘事業反対運動に役立てようと思い，Y対策課の職員募集への応募書類を提出した。

　A市による選考の結果，BとCは，Yについてこれまで公に意見を述べたことがなかったDら7名（以下「Dら」という。）とともに，Y対策課の職員として採用されることとなった。しかし，その判定期間中に，外部の複数の者からA市の職員採用担当者に対して，Bについては甲市シンポジウムにおいて上記のような発言をしていたことから，また，Cについては甲市シンポジウムにおいて上記のような言動をして事件を起こし，前科にもなっていることから，いずれもY対策課の職員としては不適格である旨の申入れがなされた。そこで，A市の職員採用担当者がBとCに当該事実の有無を確認したところ，両名とも，その担当者に対し，それぞれ事実を認めた。その際，Bは，Y採掘事業には安全確保の徹底が必要不可欠であるところ，A市におけるY採掘事業には安全性にいまだ問題が残っているので，現段階では反対せざるを得ないが，少しでもその安全性を高めるために働きたいとの考えを述べた。また，Cは，Y採掘事業の危険性を完全に回避する技術の開発は困難であり，安全性確保の技術が向上したとしてもリスクが大きく，Y採掘事業は絶対に許されないとの考えを述べた。その後，BとCの両名は，判定期間の6か月経過後に正式採用されず，Dらのみが正式採用された。

平成 27 年司法試験その 1

　BとCは正式採用されなかったことを不満に思い，それぞれA市に対し，正式
採用されなかった理由の開示を求めた。これに対して，A市は，BとCそれぞれ
に，BとCの勤務実績はDらと比較してほぼ同程度ないし上回るものであった
が，いずれも甲市シンポジウムでのY採掘事業に反対する内容の発言等があるこ
とや，Y採掘事業に関するそれぞれの考えを踏まえると，Y対策課の設置目的や
業務内容に照らしてふさわしい能力・資質等を有しているとは認められなかった
と回答した。

　Bは，Cと自分とでは，A市におけるY採掘事業に関して公の場で反対意見を
表明したことがある点では同じであるが，その具体的な内容やその意見表明に当
たってとった手法・行動に大きな違いがあるにもかかわらず，Cと自分を同一に
扱ったことについて差別であると考えている。また，Bは，自分と同程度あるい
は下回る勤務実績の者も含まれているDらが正式採用されたにもかかわらず，A
市におけるY採掘事業に反対意見を持っていることを理由として正式採用されな
かったことについても差別であると考えている。さらに，差別以外にも，Bは，
Y採掘事業を安全に行う上での基本的条件に関する自分の意見・評価を甲市シン
ポジウムで述べたことが正式採用されなかった理由の一つとされていることに
は，憲法上問題があると考えている。

　そこで，Bは，A市を被告として国家賠償請求訴訟を提起しようと考えた。

〔設問1〕（配点：50）
(1)　あなたがBの訴訟代理人となった場合，Bの主張にできる限り沿った訴訟活
　　動を行うという観点から，どのような憲法上の主張を行うか。なお，市職員の
　　採用に係る関連法規との関係については論じないこととする。また，職業選択
　　の自由についても論じないこととする。（配点：40）
(2)　(1)における憲法上の主張に対して想定されるA市の反論のポイントを簡潔に
　　述べなさい。（配点：10）

〔設問2〕（配点：50）
　設問1(1)における憲法上の主張と設問1(2)におけるA市の反論を踏まえつつ，
あなた自身の憲法上の見解を論じなさい。

「それじゃ，分からないところを教えてもらおっかな」とミカゲさん。

079

第5話　平等の試練その1

「設問1(1)に『Bの主張にできる限り沿った訴訟活動を行うという観点』から憲法上の主張を行うという限定があって，Bには①BとCの同一取扱い，②BとDらとの別異取扱い，③甲市シンポジウムでの発言を理由とした正式採用拒否の3つの『観点』の生の主張がされているのだけど，このうち観点①②は平等原則（憲法14条1項）の問題で併せて一緒に検討してはいけないのかな。正式採用拒否行為の平等原則違反が問題になっているという意味では同一の問題のように見えて，観点①②については同一の判断枠組みを立てた上で，あてはめだけを別にするという処理手順が思い浮かんだのだけど，どうかな？」

「どうかしらね。観点①②を個別に検討していけば分かるけど，規範論としても両者の観点は異なる論点を含んでいるように思えるわね。そうすると，判断枠組みを一緒くたに検討するという処理手順はうまくいきそうにないわね。こういうのは問題文と素直にコミュニケーションをすることが大切よ。問題文及び設問は明らかに三つの観点に沿った検討を求めているので，それを読み手の効率性や合理性……要は面倒臭いという理由だけで二つの観点に還元するのはいただけないわね」

「私たちAIだから，そのあたりのコミュニケーションの機微が分からないんだよね」

「むしろAIであるかのように三つの観点について形式的・機械的に解答の筋を考えるべきともいえるわね」

「なるほどなるほど。それと，観点①のBとCの同一取扱いについて，たぶん平等原則違反が問題になっていることは分かるんだけど，平等原則違反の問題ってどの憲法の基本書でも『別異取扱い』の合憲性を検討しているんだよね。Bが観点①に基づき平等原則違反を問うなんて，土台無理な話かなと思ったのだけど」

「憲法の基本書みたいな狭い文献ではなく，より広い範囲で平等論を理解していれば，そういう疑問は出てこないはずなんだけどね。法学部なら〈等しきものは等しく，等しからざるものは等しからざるように扱え〉という古い法諺を一度は聞いたことはあるのではないかしら。〈等しきものは等しく〉扱うのみならず，〈等しからざるものは等しからざるよう〉扱うという要請まで貫徹することで，法の平等性は確保されるのよ。これは憲法の基本書に書いていない

わけではなくて，憲法14条１項の『平等』とは『相対的平等』を意味する，という意味内容をきちんと理解していれば，そんなに難しい話ではないわ。すなわち，憲法14条１項の『平等』とは『各人の性別，能力，年齢，財産，職業，または人と人との特別な関係などの種々の事実的・実質的差異を前提として，法の与える特権の面でも法の課する義務の面でも，同一の事情と条件の下では均等に取り扱うことを意味する』のであり，絶対的・機械的平等ではなく相対的平等の意味と解されているわね。[*1]ここでは同一事情・条件下における均等取扱いの要請が言われていて，当然，事情が異なるのに同一取扱いをした場合には平等問題を提起するわね。それに〈等しからざるものは等しからざるよう〉扱うという要請までも含むことを明示する基本書もあるにはあるわよ[*2]」

「私の中の処理手順を修正しておかなきゃ……平等原則違反の問題の起点が『別異取扱い』の認定になっていたけど，憲法14条１項の文言解釈から愚直に始める癖が必要……って感じかな。そうすると，憲法14条の『平等』とは相対的平等であり，異なる事情・条件にも拘らずＢとＣの同一取扱いをしたことは憲法14条１項の平等原則違反である……という感じでいいのかな」

「その論証だと，まだ『浅い』わね。問題文の観点①を憲法14条１項のプリズムを通じて憲法問題にするところまでは成功しているけど，『Ｂは，Ｃと自分とでは，Ａ市におけるＹ採掘事業に関して公の場で反対意見を表明したことがある点では同じであるが，その具体的な内容やその意見表明に当たってとった手法・行動に大きな違いがあるにもかかわらず，Ｃと自分を同一に扱ったことについて差別であると考えている。』というＢの生の主張をさらに事実次元で深掘りして認定しなきゃ。『同じ』点と『違う』点を事実に基づきより具体的に指摘してみて」

　〈平等の試練〉をどちらからどちらに与えているのか，さっぱり分からなくなってきた。まあ，どうでもいいか。

「ＢとＣは甲市シンポジウムでＹ採掘事業計画に反対意見を述べたことがある点で同一。しかし，Ｂは作業員や周辺住民への健康被害の観点から安全性が十分に確保されていないという条件付き反対意見であるのに対して，Ｃは全面反対の意見を述べている。また，Ｂは甲市シンポジウムに参加して平穏かつ理性的に意見を述べたのに対して，Ｃは甲市シンポジウムの開催自体の即刻中止を

第5話　平等の試練その1

求めて拡声器で連呼し，甲市職員に怪我を負わせて傷害罪で罰金刑に処せられるという暴力的な方法で反対活動をしている点で，意見表明の手法・行動が異なる。このように意見内容及び意見表明の手法・行動が異なるにもかかわらず，BとCを同一取扱いしたことは平等原則違反である。こんな感じかなあ？」

「いいわね。ただ，相対的平等といっても，待命処分無効確認判定取消請求事件（判例5-1）によれば『事柄の性質に即応して合理的と認められる差別的取扱』をすることは平等原則違反にならない，Y対策課の正式採用という事柄の性質上，Y対策課の設置目的や業務内容に照らしてふさわしい能力・資質等の観点からなされる合理的な同一取扱いは憲法14条1項違反ではない，と言われたらどうする？」

「えっと，まずは，さっきみたいに『設置目的』と『業務内容』を具体化すると……『設置目的』は『Y採掘事業の安全性及びこれに対する市民の信頼を確保』すること，『業務内容』は『Y採掘事業に関し，情報収集等による安全性監視，事業者に対する安全性に関する指導・助言，市民への対応や広報活動，異常発生時の市民への情報提供，市民を含めた関係者による意見交換会の運営等をすること』と書いてあるから……この観点からBとCの同一取扱いに合理的根拠があるか否かになるかな」

「とりあえず，それでやってみて」

「まず，Cの場合はY採掘事業に絶対的反対の立場だけど，Bの場合には安全性確保を条件とする反対の立場であり，Y採掘事業の安全性及びこれに対する市民の信頼を確保するというY対策課の設置目的の観点からは安全性如何にかかわらず絶対的反対のCを不採用とするのが合理的。だけど安全性向上を志すBを不採用とする合理的根拠はない。むしろY採掘事業に批判的視点と専門的知識を有するBは，Y採掘事業の安全性及びこれに対する市民の信頼を確保できる人材である。また，甲市シンポジウムを傷害罪にもなるような実力で阻止しようとしたCの場合には広報活動，情報提供，意見交換会などの業務を妨害するおそれがあるので業務内容の観点から不採用とすることも合理的だけど，単に平穏な意見表明を行ったに過ぎないBの場合には業務内容に照らして不採用とするのは合理的根拠を欠く，という感じかな」

「良い感じのあてはめね。A市は，Y採掘事業に関して公の場で反対意見を表

明した点で同一であり，反対意見を有するＢがＹ対策課にいると安全性に対する市民の信頼が害される可能性があり，平穏な方法であっても広報活動，情報提供，意見交換会などの業務遂行にあたり反対意見を述べて業務を妨害するおそれがあるので，ＢとＣの同一取扱いはＹ対策課の設置目的及び業務内容に照らして合理的取扱いであるから，平等原則違反はない，と反論することができそうね」

　平等原則違反を主張する側がＢとＣの相違点を強調するのに対して，反論する側は共通点を強調する形で，主張・反論構造が綺麗に組み上がりそうだ。
「主張・反論の構造は分かったけど，私見はどういう風に検討すれば良いのかな」とミカゲさん。「争点整理までできても，結論の決め方が分からないんだよね」
「何かしら解答のための規範的な指針があると，恣意的ではなく，リーガルに結論を正当化できるわね。例えば，設置目的の『Ｙ採掘事業の安全性及びこれに対する市民の信頼を確保』という表現から類似判例を芋づる式に引き出して，規範的な指針を獲得することが考えられるわ。猿払事件（判例 5-2）は憲法15条 2 項の公務員の全体の奉仕者性から『公務のうちでも行政の分野におけるそれは，憲法の定める統治組織の構造に照らし，議会制民主主義に基づく政治過程を経て決定された政策の忠実な遂行を期し，もっぱら国民全体に対する奉仕を旨とし，政治的偏向を排して運営されなければならないものと解される』とし，『行政の中立的運営が確保され，これに対する国民の信頼が維持されることは，憲法の要請にかなうもの』としたわね。つまり，憲法15条 2 項及び猿払事件という条文・判例を導き手にしながら規範的指針を獲得し，単なるＹ採掘事業の安全性のみならず市民の信頼確保までもが憲法的に要請されており，この要請から市民の信頼を強調するＡ市側の議論に軍配を挙げることが考えられるわ。他方で，Ｙ採掘事業の危険性という事柄の性質上から正当化できる合理的区別根拠は客観的安全性の議論のみであり，市民の信頼確保は合理的根拠にならない，という議論がありうるかもしれない。[*3]この立場からは安全性を条件とする条件付き反対論を唱えるＢについて正式採用拒絶する合理的根拠はなくなり，危険なＣのみを排除するのが合理的だという議論ができそうね」

第5話　平等の試練その1

　確かに，設置目的のフレーズを見たときに，猿払事件は真っ先に思い浮かぶ
だろうから，何らかの形で言及できると良いのかもしれないな。
「だいたい分かった。次は，観点②ＢとＤらとの別異取扱いについて，聞いて
いっちゃおうかな」
　ミカゲさんは，わざとらしく眼鏡のブリッジ部分を押し上げてみせる。
　そういえば，このVR空間のAIが眼鏡をかける意味って何もないよね……
伊達眼鏡なんだろうか。
「じゃあ，まずは問題文の『Ｂは，自分と同程度あるいは下回る勤務実績の者
も含まれているＤらが正式採用されたにもかかわらず，Ａ市におけるＹ採掘事
業に反対意見を持っていることを理由として正式採用されなかったことについ
ても差別であると考えている。』という部分を憲法14条1項に基づき分析して
みて」
「こっちは結構，私の中の処理手順に合致するやり方でいけるかなあ。憲法14
条1項後段の『信条』とは個人の基本的なものの見方，考え方をいい，ＢのＹ
採掘事業への反対意見は『信条』に該当する。そして，『信条』等の憲法14条
1項後段列挙事由は個人の尊厳（憲法13条前段）に著しく反する原則的に不合
理な事項を定めたものという特別の意味を有する（特別意味説）。そのため，憲
法14条1項後段列挙事由に基づく別異取扱いに関しては強度の正当化事由を
要し，目的の重要性及び目的・手段の事実上の実質的関連性が必要である。Ｙ
対策課の設置目的及び業務内容をよりよく達成するのが重要な目的だとするな
らば，勤務実績を基準に採用・不採用を決定するのが事実上の実質的関連性を
有する手段であり，Ｙ採掘事業への賛否という信条を基準にした不採用決定は
目的との実質的関連性を有しない，って感じかな」
「Ａ市としては，①憲法14条1項後段の『信条』について単なる政治的意見は
含まないとする見解に依拠して『信条』該当性から削り，実質的関連性のテス
トは不要であって単なる合理的根拠の有無を判定すべきこと，②反対意見を有
するＢがいるとＹ採掘事業の推進が阻害されて安全性に対する市民の信頼確保
という設置目的に反すること及びＢは広報活動や意見交換会の運営等の業務中
に自らの反対意見を述べて業務を阻害するおそれがあること，からＢが反対意
見を有していることを考慮することは合理的根拠がある，と反論することにな

りそうね」

「BとA市の主張反論構造が組み上がっても，やっぱり私見をどう展開していけばいいのかなあって悩んじゃうな」

「A市の反論①については，宗教等の人格的核心に属する信条と政治的意見とを区別することは困難である，という学説で再反論することができそうだけど，憲法14条後段列挙事由の特別意味説の実質的根拠を深めるほうがそれらしい議論になるわね。国籍法違憲判決（判例5-3）は『自らの意思や努力によっては変えることのできない』事柄であることを重視して合理的区別理由につき『慎重に検討』したわけだけど，近年の学説もこうした自己の意思・努力による離脱可能性の有無を基準にして審査基準を高める見解が強くなってきているわね。本問に即してこれを検討すると，Bの反対意見は単なる政治的意見であって将来的なものではなくBの意思・努力でいつでも変更できる事柄であるから『信条』に該当しない，という議論が可能ね。他方で，Bは天然資源開発に関する研究を行っており，現時点でY採掘事業に安全性の観点から反対であるというのは当該分野の専門家であるBの人格的核心そのものであって自己の意思・努力で変更可能な事柄ではないという事情を強調すれば『信条』該当性を認めることができ，厳格な審査基準を発動しうる」

「A市の反論②については？」とミカゲさん。

「そこはBの生の叫びから考えてみるといいかな。Bからすれば，『Dらと比較して同程度ないし上回る勤務実績』なのに何でだよ！　成績で見てくれよ！という感じでしょ。この生の叫びから，日本の公務員法制の特徴を思い出せると良いわね。公務員制度は政治的情実に基づく猟官制（スポイルズ・システム）と個々の公務員の能力に基づく成績制公務員制度（メリット・システム）の２種類があって，日本の公務員制度は後者の成績制公務員制度の特徴を有しているといわれるわね。昔，スポイルズ・システムを採用していたといわれるアメリカでは『大統領が変われば郵便局長まで変わる』なんて揶揄されていたという話を大学の講義で聞いたことないかしら。日本は国家公務員試験等が実施されているようにメリット・システムが採用されているわね。日本の憲法学説でも少数ながら，公務員の政治的行為の制限の論拠として行政の中立的運営及びこれに対する国民の信頼の確保を挙げる猿払事件を批判して，成績制公務員制度

第5話　平等の試練その1

（メリット・システム）の保護の点に求めるべきだという見解もあるわね。こう[*11]した考え方を踏まえれば，成績制公務員制度の観点からはあくまで勤務実績に基づく評定をすべきで，Ｙ採掘事業への賛否という信条を基準にすることは猟官制を採用することになりかねないので，合理的区別根拠になりえない，などと議論することができそうね」

　成績制公務員制度（メリット・システム）という言葉そのものを知らなくても，「信条」ではなく「勤務実績」で採用すべきだという常識を表現できれば，それなりに評価されそうだな。

「なるほどなるほど。ところで私はAIだから，やっぱり個人の尊厳とか人格性とか認められないのかなあ？　私とヒトって，どれくらい『同じ』でどれくらい『違う』んだろう」

　いきなり怖いことを言い始めるミカゲさん。

「……ヒトとはなにか……正直，私には難しすぎる質問ね。でも，ミカゲさんは私の友達には……なれるかもしれないわね」

「やったー！　『ヒト』かどうかはどうでもいいんだけど，『トモダチ』かどうかは大事だよね」

　ミカゲさんは，大げさに両手を万歳してみせた。

\ロキ先生の/
ワンポイントアドバイス　❸　条文の解釈にこだわる

　憲法を学ぶ際，基本書を読み，判例・裁判例・学説などで解釈を学ぶという勉強をする者が多いが，憲法学も法解釈学である以上，何よりも重要なのは解釈対象の「条文」といえるな。司法試験憲法の出題趣旨を見ても，近年では「条文」重視の傾向が強まっているのではないかと思われる（以下は，平成25年，平成27年，平成28年及び平成29年の司法試験に関するネタバレを含むので注意）。

　例えば，平成25年の問題では，道路使用不許可処分によるデモ行進の自由の制約が問題となっているが，デモ行進の自由が憲法21条1項の解釈の仕方と関わって学説は二つに分かれていることの指摘がなされている。憲法21条1項には「集会，結社及び言論，出版その他一切の表現の[*12]

自由は，これを保障する。」と書いてあるが，デモ行進が「集会」で保障されるのか，「その他一切の表現の自由」で保障されるのか，という憲法の文言解釈に拘って欲しいとの出題者のメッセージであると考えられる。

平成27年の問題では「違う」のに「同じ」に扱われたという新しい切り口での平等原則の問題が出題されているが，ここでも憲法第14条第1項の「法の下」の「平等」という文言解釈からスタートして絶対的平等ではなく相対的平等であるというスタンダードな解釈論を展開できれば対応できたものといえよう。

平成28年の問題でも，移動の自由が問題になるということに気がついた学生は多数いたと思うが，その際に条文に立ち戻れたかどうかが評価を分けたと思われる。ここで憲法22条1項をきちんと引いて「何人も，公共の福祉に反しない限り，居住，移転及び職業選択の自由を有する。」という条文と睨めっこし，「移転」という文言にどれだけ拘ることができたのかどうかが重要であろう。移動の自由という憲法上の権利についてあまり考えたことがなくても，憲法22条1項の「移転」という文言に「移動」が解釈論として含まれるのか，生活の本拠の移転と単純移動では概念としてギャップがあるのではないか，という試験現場で感じた「ある種の違和感」を法解釈論に書き起こすことができれば，現場思考で十分な論述が可能であったと思われる。

平成29年の問題では，「裁判官の令状等を得ることもなく，警備官限りの判断で，直ちに外国人の身柄を拘束することは手続的保障の観点から問題ではないかとの疑問が呈された」という「誘導」にどうにかして答えなければならない，というところまでは，すぐに思いつくであろう。憲法31条以下の適正手続が問題になることまでは辿り着くであろうが，その先どうすれば良いか現場で悩む人がいるかもしれない。そうしたときは，やはり憲法31条以下をざっと読んでいき，憲法33条の「何人も，現行犯として逮捕される場合を除いては，権限を有する司法官憲が発し，且つ理由となつてゐる犯罪を明示する令状によらなければ，逮捕されない。」という条文を発見した上で，当該条文と目の前の事案とのギャップを指摘し，解釈でそのギャップを埋めていけるか，という発想で考えていくべきであろう。

以上のような部分は学生が通常，事前に用意

087

第 5 話　平等の試練その 1

しているような論点とは異なる部分であり，現場思考を要求されていると
もいえるな。憲法であっても，まずは「条文」を引くことが大事である，とい
うことを肝に銘じておく必要があろう。[13]

* 1　芦部130頁。
* 2　青柳幸一『憲法』（尚学社，2015年）125-126頁，132頁。
* 3　主としてプライバシー法の文脈で語られることが多いが，客観的安全性ではなく安全ら
　　しさを追求する議論を「セキュリティー・シアター」と呼んで，「セキュリティー・シアター」
　　の虚偽性を理由にその正統性に疑義を呈するものとして，ダニエル・J・ソロブ（大島義
　　則＝松尾剛行＝成原慧＝赤坂亮太訳）『プライバシーなんていらない!?』（勁草書房，2017
　　年）50-51。本問でも条件付き反対論のBを排除するA市の姿勢は，Y採掘事業の客観
　　的安全性を軽視し，安全性に対する市民の信頼，つまり「安全らしさ」さえあれば良いと
　　いう虚偽のセキュリティー・シアターを形成しようとしているものとも評価しうる。
* 4　高橋165-167頁，地図18頁以下等。
* 5　高橋162頁。
* 6　芦部III 23-24頁。
* 7　宮沢俊義『憲法II〔新版〕』（有斐閣，1971年）277頁。
* 8　高橋162頁。
* 9　駒村162頁，注釈(2)172-173頁〔川岸令和〕等。なお，判例は憲法14条1項違反の有無
　　について合理的関連性のテストを用いてきており，国籍法違憲判決の「慎重」な「検討」
　　については合理的関連性のテストに付加された基準ではなく，あくまでその判断の際に事
　　柄の重要性に鑑みてシビアーに見ていくことを述べたものであって，学説の三種の審査基
　　準を前提としていないと評価するものとして，千葉勝美『違憲審査──その焦点の定め方』
　　（有斐閣，2017年）100-101頁。判例が審査基準の定式を変えずに審査密度を高める際に「慎
　　重」という文言を使用する傾向があることについては，地図24頁注4）。
* 10　憲法14条後段列挙事由のうち「信条」については本人による離脱可能性があるように見
　　えるが，「個人の人格にとって不可欠の一部を構成する『信条』はそれを欠いてしまって
　　は当人ではなくなる」と指摘する見解として，駒村162頁。
* 11　現代的論点311頁〔岩切紀史〕。なお，地方公務員法22条1項の分限免職処分の制度趣
　　旨も成績主義の貫徹にあることについては，本書99頁注6）。
* 12　平成25年司法試験論文式試験問題出題趣旨1頁。
* 13　憲法判例を憲法の条文を起点として整理した概説書として，大島義則『憲法の地図』（法
　　律文化社，2016年）がある。

第 6 話

平等の試練その2
——平成27年司法試験その2——
思想・良心の自由の保護態様／表現の自由の「規制」／
表現の自由の原理論／消極的斟酌論／見解規制の禁止と平等

第6話　平等の試練その2

「紅茶すこし冷めちゃったね。淹れ直すね」

　ミカゲさんの眼鏡の奥に潜む烏の濡れ羽のような睫毛に，生き物のような艶かしさを感じる。

　キッチンで紅茶を淹れ直すミカゲさんの姿を見て，ヒトと区別できる者がどれほどいるのだろうか。

「はい，どうぞ」

　ミカゲさんは，僕ら二人分のティーカップを目の前に置いてくれる。

　ティーカップに口をつけるトウコは「ぁー，これはあそこの銘柄のかな。カレイナさん，好きそうだなぁ。今度，教えてあげないと……」などと小さく呟いている。もしかしたらVR世界に意識を移されたのは僕だけで，このトウコが偽装された単なる映像ではないと，なぜ言い切れるのだろうか。

「一息ついたところで，平成27年の問題のうち『差別以外にも，Bは，Y採掘事業を安全に行う上での基本的条件に関する自分の意見・評価を甲市シンポジウムで述べたことが正式採用されなかった理由の一つとされていることには，憲法上問題があると考えている』という部分についても，ちゃちゃっとやりますか。たまにはあなたも議論に参加しなさいよね。問題になる憲法条項は，なに？」

　トウコの声に僕の霧のような思考はかき消される。

「えっと，本問をみたとき思い出す判例は，三菱樹脂事件（判例6-1）だと思うんだよね。だから，憲法19条の思想・良心の自由侵害を主張するのかなと思ったんだけど」

「確かに，三菱樹脂事件をかなり意識した事例問題のようにも見えるわね。三菱樹脂事件は試用期間経過後の留保解約権の行使の合憲性と憲法19条の関係性が問題になったものだけど，6ヶ月間の判定期間経過後の正式採用拒否行為が問題となっている本問とすごく似ているわね。思想・良心の自由を主張する被用者の立場からすれば，地方自治体の人事裁量権の問題は出てくるにせよ，三菱樹脂事件のように私人間効力論の問題が出てこないので憲法19条の直接的効力を主張できること，それに伴い企業の憲法22条，29条等に基づく雇用の自由という対抗利益も出てこないことからすれば，三菱樹脂事件以上に憲法19条が主張しやすいともいえる。さらには，本問の場合には地方公務員とい

平成 27 年司法試験その 2

う公務に就任する給付請求権が問題になるから『自由』の『規制』が観念でき
るかという大きな問題があるけど，三菱樹脂事件は雇入れの段階と雇入れ後の
段階を区別して，雇入れ時には企業の雇用の自由から『企業者が特定の思想，
信条を有する者をそのゆえをもつて雇い入れることを拒んでも，それを当然に
違法とすることはできない』とする一方で，雇入れ後の段階では『いつたん特
定企業との間に一定の試用期間を付した雇傭関係に入つた者は，本採用，すな
わち当該企業との雇傭関係の継続についての期待の下に，他企業への就職の機
会と可能性を放棄したものであることに思いを致すときは，前記留保解約権の
行使は，上述した解約権留保の趣旨，目的に照らして，客観的に合理的な理由
が存し社会通念上相当として是認されうる場合にのみ許されるものと解するの
が相当である』としているわね。そうすると本問でも，雇入れ時においては憲
法 19 条の思想・良心の自由に基づく公務就任請求権という給付請求権を観念
できないとしても，雇入れ後の本採用拒否はいったん判定期間を付した雇用関
係に入った後にその法的地位を剥奪する行為であるとして思想・良心の自由の
『規制』を観念しうる，という議論ができるかもしれないわね。そして，Y 採
掘事業に反対意見を持っていることを理由にした正式採用拒否は憲法 19 条の
思想・良心の自由の保護態様のうち思想を理由とする不利益取扱いの禁止に該
当する直接的制約であって，厳格な審査基準[*1]を発動する，という筋に基づいて
B 側の主張を組み立てることが一応，考えられるわね[*2]」
「一応って……その筋で書いて何か問題でもあるの？」

　なんだか持って回った言い方だったので，聞いてみる。
「んー，理論上は問題ないし，実際の裁判でも三菱樹脂事件を援用しながら憲
法 19 条の主張をしていくことになるんでしょうけど，『問題文とコミュニケー
ション』して『B の生の不満を素直に法律構成する』という意味では，憲法 21
条の表現の自由のほうこそを検討すべきなんでしょうね」
「どういうこと？」とミカゲさんは，首を傾げる。
「問題文では，B が反対意見を持っていること自体を正式採用拒否の理由にし
ているのではなく，『自分の意見・評価』を甲市シンポジウムで『述べたこと』
が正式採用拒否の理由と書いてあるわね。憲法 19 条を問題にして欲しいなら
ば前者のように問題文が記載されそうなものだけど，本問は後者のような問題

091

第6話　平等の試練その2

文になっているのだから，憲法19条ではなく21条を検討して欲しいという
メッセージを読み取るのでしょうね。三菱樹脂事件も学生運動参加の事実の有
無等の調査については『被上告人の思想，信条そのものについてではなく，直
接には被上告人の過去の行動についてされたものであり，ただその行動が被上
告人の思想，信条となんらかの関係があることを否定できないような性質のも
のであるというにとどまるとすれば，なおさらこのような調査を目して違法と
することはできない』として，内心と外形的行為の二分論を示唆しつつ，内心
に憲法19条の保障範囲を限定しているかのような判示をしているし，もし憲
法19条を書いて欲しいなら甲市シンポジウムで意見・評価を『述べたこと』
というような外形的行為を理由に掲げたりしないのではないかしら」[*3]

　問題文の誘導に素直に乗ったほうが良いということなのだろうけど，ミカゲ
さんでなくても，そこまでの「機微」を読み取るのは結構難しいな。
「それじゃあ，憲法21条の表現の自由の規制の問題として捉えればいいんだな」
「表現の自由の『規制』を観念するためには，市民に対して表現活動の禁止を
する，あるいは事後的な法的責任を課すことが原則として必要となるでしょ。[*4]
本問でも本採用拒否がなぜ表現の自由の『規制』を構成するのか，きちんと法
律構成しないとダメよ」

　なるほど。
「えーそうすると……Bは甲市シンポジウムで自己の意見を述べること自体は
できているので表現活動の禁止もないし，表現活動に不法行為責任や刑罰など
の事後的な法的責任を課しているわけではなく，あくまで公務の就任という給
付を拒絶しているに過ぎないので，表現の自由の『規制』が観念できない，と
なるかな？」
「そういう悩みをするのが健全な法的思考方法ね。Bの立場として，そこを乗
り越えてやる必要がある。表現の自由の原理論に遡った検討をしながら，表現[*5]
の自由の『規制』の範囲を画定していくことが必要ね。表現の自由の保障根拠
は個人の人格の発展に不可欠であるという自己実現の価値の側面と民主的政治
過程の維持・発展に不可欠であるという自己統治の価値の側面があるといわれ
ているわね。ここで第一の側面は『公の福祉に反しない限り，いいたいことを
いわせなければならないということ』（朝日新聞記者事件。判例6-2）に特に現れ

ていると考えるならば，甲市シンポジウムで自由に意見・評価を述べることができているBについては自己実現の価値の側面に関する制約性は小さいともいいうる。だけど，自己統治の価値との関係で，北方ジャーナル事件（判例6-3）は『主権が国民に属する民主制国家は，その構成員である国民がおよそ一切の主義主張等を表明するとともにこれらの情報を相互に受領することができ，その中から自由な意思をもつて自己が正当と信ずるものを採用することにより多数意見が形成され，かかる過程を通じて国政が決定されることをその存立の基礎としているのであるから，表現の自由，とりわけ，公共的事項に関する表現の自由は，特に重要な憲法上の権利として尊重されなければならない』と述べている。そして，Bの甲市シンポジウムにおける意見・評価は，石油や石炭の代替となり得る新たな天然ガス資源Yの安全性という公共的事項に関する表現の自由の行使であって，特に尊重されなければならないわね。表現の自由の問題を考えるにあたっては，自己実現・自己統治の価値の側面のみならず，思想の自由市場論の観点も加味して考える必要があるわね。確かに，Bは甲市シンポジウムで自己の意見・評価を既に言い終えているわけで表現活動が禁止されたわけではないけど，甲市シンポジウムにおける意見・評価を理由に正式採用を拒否されることになれば，今後，A市で採用されたいと考える者は自己の意見・評価を公に発言することを自己検閲して控えることになって，表現の自由に対する萎縮効果が発生するわね。こうした事後規制を通じた表現の自由の萎縮効果の観点からも，本採用拒否行為は表現の自由の『規制』といえるのではないかしら。その上で，正式採用拒否行為はY採掘事業に対する反対意見という表現内容規制の中でも特に許容できない見解規制であって，違憲であると主張できるわね。ミカゲさん，何か反論を考えることはできる？」

「判例データベースを参照……1件ヒット。マクリーン事件（判例6-4）に照らすと，表現の自由の行使が保障されるとしても，『消極的な事情としてしんしやくされないことまでの保障が与えられているものと解することはできない』のであって，甲市シンポジウムのBの意見・評価を本採用拒否の一事情として消極的に斟酌することは許される，という反論はどうでしょうか」

「いいわね。本問は試用期間経過後の本採用拒否という意味では三菱樹脂事件の事案に類似しているけど，マクリーン事件にも結構似ているところがあるの

第6話　平等の試練その2

よね。マクリーン事件は，①外国人の在留の権利ないし引き続き在留すること
を要求し得る権利の保障を否定した上で，②在留期間更新の際に『在留期間の
更新を適当と認めるに足りる相当の理由』について裁量権の逸脱・濫用審査を
加え，③裁量権の逸脱・濫用審査の考慮事情の一つとして表現の自由を検討し
て消極的事情の斟酌を許容したのよね。本問も，①外国人ではないけど地方公
務員の就任請求権という給付請求権の憲法上の権利性を引き出すことは困難
で，②あくまで地方公務員法上の条件付採用における正式採用の拒絶行為の裁
量権逸脱・濫用審査が行われるに過ぎず，③裁量権逸脱・濫用審査の考慮事情
の一つとして表現の自由を検討して消極的事情の斟酌をできるか，という問題
設定ができる。マクリーン事件の消極的斟酌論については，憲法学説では『そ
れ自体は許される政治活動を行なったことを裁量判断上，消極的要素として考
慮することは表現に対する萎縮効果が大きく，認めるべきではない』と指摘さ
れていて，こうした判例と学説の距離感から主張・反論・私見を組み上げるこ
とができそうね」

「だいたい解き方は分かったけど，この表現の自由の問題がどうして〈平等の
試練〉なの？」と僕は聞くと，ミカゲさんも首を傾げる。

「……結局のところ，本問ではBの甲市シンポジウム発言を考慮することによ
りY採掘事業に対する反対意見という特定見解を排除する見解規制禁止の法
理の適用ができるかどうかが問題の中心になるわけ。見解規制は見解差別とも
観点差別ともいわれるものだけど，『差別』という言葉から分かるように表現
の自由の問題のように見えても，そこには平等の要請が働いているとも見るこ
とができるわね。この点に関しては，表現内容規制の厳格審査を基礎づけるた
めに憲法14条1項の〈非差別原則〉や〈差別されない権利〉に依拠すべきと
いう見解と表現の自由論そのものの中に内容に基づく差別禁止の要請を読み込
むべきであるとする見解が対立しているわね」

「ほへえ」ミカゲさんは，胸の前でパチパチと小さく拍手をする。この人は，
出題する側じゃなかったのかよ，と心の中で突っ込んでしまう。

「じゃあ以上で〈平等の試練〉を終わりにしたいと思います！　一緒に友達と
議論しながらお茶ができて，とても楽しかった」

　ミカゲさんがハーフリムの眼鏡のフレームを押し上げると，頭上に黒い光の

渦が発生する。

「ちょっと寂しいけど，これでバイバイ！」

　別れを惜しむ間もなく，僕らは洗濯機に飲み込まれる衣服のように，黒い渦にぐるぐると吸い込まれた。

平成27年司法試験公法系第1問 解答例

第1　設問1(1)
1　Cとの同一取扱い
(1)　憲法14条1項前段の「平等」とは，絶対的平等ではなく，同一事情・条件の下での均等取扱いを要請する相対的平等を意味し，合理的根拠なくして，BとCを同一取扱いした場合には，平等原則違反として違憲である，とBは主張する。
(2)　Bは作業員や周辺住民への健康被害の観点から安全性が十分に確保されていないという条件付き反対意見であるのに対して，Cは全面的反対の意見を述べている。また，Bは甲市シンポジウムに参加して平穏かつ理性的に意見を述べたのに対して，Cは甲市シンポジウムの開催自体の即刻中止を求めて拡声器で連呼し，甲市職員に怪我を負わせて傷害罪で罰金刑に処せられるという暴力的な方法で反対活動をしている点で，意見表明の手法・行動が異なる。このように意見内容及び意見表明の手法・行動が異なるにも拘らず，合理的根拠なくBとCを同一取扱いをすれば平等原則違反である。
(3)　安全性に関係なく絶対的反対論を唱えるCを採用した場合には，「Y採掘事業の安全性及びこれに対する市民の信頼を確保」というY対策課の設置目的に反することになる。しかし，Cと異なりBは安全性を条件とする条件付き反対論者であり，Bの採用は安全性向上に資するのでY対策課の設置目的から不採用とする合理的根拠はない。むしろY採掘事業に批判的視点と専門的知識を有するBは，Y採掘事業の安定性及びこれに対する市民の信頼を確保できる人材である。

　また，甲市シンポジウムを傷害罪にもなるような実力で阻止しようとしたCの場合には広報活動，情報提供，意見交換会などの業務を妨害するおそれがあるので業務内容の観点から不採用とすることも合理的である。しかし，単に平穏な意見表明を行ったに過ぎないBの場合には業務内容に照らして不採用とするのは合理的根拠を欠く。

(4) よって，Bの正式採用拒否は，合理的根拠のない同一取扱いであり，平等原則違反である。

2 Dらとの差別的取扱い

(1) Bは，自分と同程度あるいは下回る勤務実績の者も含まれているDらが正式採用されたにもかかわらず，A市におけるY採掘事業に反対意見を持っていることを理由として正式採用されなかったことについて合理的根拠を欠く別異取扱いであり，平等原則（憲法14条1項）に違反する，と主張する。

(2) 憲法14条1項後段の「信条」とは個人の基本的なものの見方，考え方をいい，BのY採掘事業への反対意見は「信条」に該当する。そして，「信条」等の憲法14条1項後段列挙事由は個人の尊厳（憲法13条前段）に著しく反する原則的に不合理な事項を定めたものという特別の意味を有する。そのため，区別目的の重要性及び目的・手段の間の事実上の実質的関連性を審査すべきである。

(3) Y対策課の設置目的及び業務内容をよりよく達成するのが重要な目的だとするならば，勤務実績を基準に採用・不採用を決定するのが事実上の実質的関連性を有する手段であり，Y採掘事業への賛否という信条を基準にした不採用決定は目的との実質的関連性を有しない。

(4) よって，Dらとの差別的取扱いは，平等原則に違反する。

3 表現の自由侵害

(1) Bは，自分の意見・評価を甲市シンポジウムで述べたことを理由とする正式採用拒否行為は表現の自由（憲法21条1項）を侵害し，違憲であると主張する。

(2) 表現の自由は個人の人格を発展させるという自己実現の価値のみならず，民主的政治過程の維持・発展に資するという自己統治の価値をも有する。Bの甲市シンポジウムにおける意見・評価は，石油や石炭の代替となり得る新たな天然ガス資源Yの安全性という公共的事項に関する表現の自由の行使であり，自己統治の観点から特に尊重されなければならない。

また，甲市シンポジウムにおける意見・評価を理由に正式採用拒否行為をすることが許容されれば，今後，A市で採用されたいと考える者は自己の意見・評価を公に発言することを自己検閲して控えることになり，表現の自由に対する萎縮効果が発生する。

よって，正式採用拒否行為は表現の自由の規制である。

(3) そして，Y採掘事業への反対意見はBの有する特定の見解であり，正式採用拒否は表現内容規制のうち特定見解に着目した見解規制である。見解

規制は，個人の人格的自律性を侵害し，特定見解を思想の自由市場から排除することにより思想の自由市場を歪曲させ，ひいては自己統治の理念に反する。

(4) よって，Bの不採用は，表現の自由を侵害し，違憲である。

第2 設問1(2)

1 Cとの同一取扱い

A市は，Y採掘事業に関して公の場で反対意見を表明した点で同一であり，反対意見を有するBがY対策課にいると安全性に対する市民の信頼が害される可能性があり，平穏な方法であっても広報活動，情報提供，意見交換会などの業務遂行にあたり反対意見を述べて業務を妨害するおそれがあるので，BとCの同一取扱いはY対策課の設置目的及び業務内容に照らして合理的取扱いであるから，平等原則違反はない，と反論する。

2 Dらとの差別的取扱い

(1) A市は，Bの反対意見は単なる政治的意見であって生来的なものではなくBの意思・努力でいつでも変更できる事柄であるから「信条」（憲法14条1項後段）に該当せず，単なる合理的根拠の基準を適用すれば足りる，と反論する。

(2) A市は，反対意見を有するBの採用はY採掘事業の推進を阻害し安全性に対する市民の信頼確保という設置目的に反すること及びBは広報活動や意見交換会の運営等の業務中に自らの反対意見を述べて業務を阻害するおそれがあることから，勤務実績以外にもY採掘事業の賛否を考慮することも許容され，Bの不採用には合理的根拠がある，と反論する。

3 表現の自由侵害

(1) A市は，BがY採掘事業に対する賛否を意見表明することそのものを禁止しておらず，正式採用を拒否したに過ぎないので，消極的自由である表現の自由を規制していない，と反論する。

(2) A市は，仮に表現の自由の規制だとしても，表現の自由を行使した結果を消極的事情として考慮することは許容される（マクリーン事件参照），と反論する。

第3 設問2

1 Cとの同一取扱い

公務員は全体の奉仕者（憲法15条2項）であるから，地方自治体の統治機構の仕組みの下で決定された政策は忠実に遂行される必要があり，公務員の政治的中立性及びこれに対する国民の信頼維持を目的とすることは憲法が当然に予定している（猿払事件）。そうすると，単なるY採掘事業の安

全性のみならず市民の信頼確保までもが憲法的に要請されているともいいうる。

　　しかし，Ｙ採掘事業の危険性という事柄の性質から正当化できる合理的区別根拠は客観的安全性であり，市民の信頼確保は合理的根拠にならず，仮に合理的根拠になったとしてもそれは客観的安全性に付随して生じるものに過ぎない。

　　客観的安全性の観点から合理的根拠の有無を検討すると，Ｂの意見内容は安全性を条件とする条件付き反対論であり，またＢは平穏な意見表明の手法・行動しか採用したことがないので，Ｂを不採用とする合理的根拠はない。

　　よって，Ｃとの同一取扱いは平等原則に違反する。

２　Ｄらとの差別的取扱い

(1)　「信条」などの憲法14条1項後段列挙事由に該当した場合に審査基準が高められるのは，自己の意思・努力による離脱可能性がない事柄に関する区別は疑わしい区別であることが推定されるからである。

　　確かに，Ｂの反対意見は単なる政治的意見であって生来的なものではなくＢの意思・努力で変更できる事柄とも言いうる。しかし，Ｂは天然資源開発に関する研究を行っており，現時点でＹ採掘事業に安全性の観点から反対であるというのは当該分野の専門家であるＢの人格的核心そのものであって自己の意思・努力で変更可能な事柄と評価すべきではない。

　　よって，「信条」該当性は認められ，合理的区別かについては慎重な配慮に基づく検討が必要である。

(2)　また，成績制公務員制度（メリット・システム）を採用する日本の公務員法制においては勤務実績を主たる評定の要素と捉えるべきである。勤務実績以外にＹ採掘事業に対する反対意見という「信条」を考慮することは猟官制（スポイルズ・システム）を採用することにつながりかねず，合理的区別根拠にはならない。

(3)　よって，Ｄらと差別的取扱いは，平等原則違反である。

３　表現の自由侵害

(1)　Ａ市の反論のとおり，表現の自由は消極的自由であって，ＢはＡ市に対する就労請求権を有しているわけではないので，正式採用の拒否は表現の自由の侵害にはなりえない，とも思える。しかし，6ヶ月の試用期間という条件付きではあるが，正式採用の期待の下で他企業への就職の機会も放棄したＢにとっては，正式採用拒否はＢに対する強制的効果を有しており，表現の自由の制約といえる。

(2)　また，Ｂの甲市シンポジウムにおける発言は表現の自由の合法的な行使

であり，これを裁量判断上，消極的要素として考慮することは表現に対する萎縮効果が大きく，認めるべきではない。

(3)　よって，Bの甲市シンポジウムにおける発言を消極的に斟酌した正式採用拒否行為は，憲法21条1項に違反し，違憲である。

以上

＊1　思想・良心の自由に関する厳格審査の内容としては，国歌斉唱拒否事件（最判平成23年6月6日民集65巻4号1855頁）における宮川光治裁判官の「目的は真にやむを得ない利益であるか，手段は必要最小限度の制限であるか，関係は必要不可欠であるか」という基準を適用することが考えられる。

＊2　思想・良心の自由の保護態様としては，①内心の自由，②沈黙の自由，③思想を理由とする不利益取扱いの禁止，④内心に反する外部的行為を強制されない自由が挙げられるが，ここでは③思想を理由とする不利益取扱いの禁止に該当するものとしてB側の主張を構成している。これに対するA市側の反論として，①「思想」を理由としているのではなく自己の意見・評価を「甲市シンポジウムで述べた」という外部的行為を理由にしているに過ぎず，19条の保障範囲は内心を超えて外部的行為にまで及ばないこと，②憲法19条の保障が内心のみならず外部的行為にまで及ぶとしても，内心に反する外部的行為を強制されない自由という消極的自由にとどまり，正式採用拒否行為は内心に反する外部的行為の強制ではないこと，③思想・良心の自由に基づく外部的行為にまで19条の保障が及ぶとしても，内心保障を中核とする思想・良心の自由に対して正式採用拒否行為を通じた外部的行為の規制は間接的制約にしかならず，ピアノ伴奏拒否事件（最判平成19年2月27日民集61巻1号291頁）及び国歌斉唱拒否事件（最判平成23年5月30日民集65巻4号1780頁）に照らして総合的利益衡量論による保護しか受けられず，「制約を許容し得る必要性及び合理性」を審査すれば足りること，などを想定することができる。もっとも，こうした主張・反論を出題者が想定しているかについては本文で後述するとおり疑義が残る。「思想」ではなく「甲市シンポジウムで述べた」という外部的行為を理由としていることは問題文の前提であり動かせない事実であると仮定すれば，そもそもB側が憲法19条のどの保護態様を主張できるかというところから，やや無理をすることになるからである（学説では意識的に区分されて論じられていないようにも見えるが，憲法19条の保障態様を内心に反する外部的行為を強制されない自由を超えて外部的行為一般にまで及ぼせば憲法19条に基づく立論も可能であるが）。思想・良心の自由の保護態様の類型については高橋187-188頁，地図33-34頁等，憲法19条の制約該当性及び制約許容性の処理手順に関しては，地図34-35頁参照。

＊3　駒村327頁注10参照。

＊4　渡辺ほか233頁〔宍戸常寿〕。

＊5　以下の自己実現の価値，自己統治の価値及び思想の自由市場論の説明に関しては，渡辺ほか215頁〔宍戸常寿〕参照。

＊6　設問1(1)に「なお，市職員の採用に係る関連法規との関係については論じないこととする。」との条件が付されているので，地方公務員法の問題を論じる必要はないが，念のため言及しておくと，本問の正式採用拒否は地方公務員法22条1項の分限免職処分の裁量審査が問題になる。地方公務員法22条1項に関する裁判例は多数存在するが，例えば，福岡

第6話　平等の試練その2

　　高裁宮崎支部判昭和55年5月26日判時981号127頁は，地方公務員法22条1項の条件附採
用制度の「趣旨，目的は職員の採用にあたって行われる競争試験もしくは選考の方法（地
公法17条3項4項参照）がなお職務を遂行する能力を完全に実証するとはいい難いことに
かんがみ，試験又は選考によりいったん採用された職員の中に不適格者があるときはその
排除を容易にし，もって，教員の採用を能力の実証に基づいて行うとの成績主義の原則（地
公法15条参照）を貫徹しようとすることにあると解される」としている（国家公務員につ
いて最判昭和49年12月17日集民113号629頁同旨）。このような裁判例に照らすと，裁量
審査にあたってもメリット・システムの完徹という問題が発生し，甲市シンポジウムの発
言を考慮することは他事考慮であると議論することも可能であろう。
＊7　憲法判例研究会編『判例プラクティス憲法〔増補版〕』（信山社，2014年）7頁〔曽我部
　　　真裕〕。
＊8　木村草太「表現内容規制と平等条項」ジュリ1400号（2010年）100-102頁。
＊9　横大道聡『現代国家における表現の自由』（弘文堂，2013年）24頁注74）。

第 7 話
最後の試練その1
—— 平成28年司法試験その1 ——
プライバシー権／プライバシー固有情報／プライバシー外延情報／GPS位置情報／
国民の私生活上の自由／前科等の情報／より制限的でない他の選びうる手段／自己決定権

第7話　最後の試練その1

　水金地火木土天海……惑星のCGが僕らの脇を次々と通り過ぎていき，やがて満点の星空に囲まれた暗闇の空間に，僕とトウコは放り出される。

　冷んやりした無重力空間の宇宙の中で，僕とトウコは，まるで地面の上に立っているかのように佇む。

「おかえりなさいませ。〈自由の試練〉と〈平等の試練〉をクリアされたのですね」

　左右非対称な陰陽道を思わせる巫女服に身を包むキュリスが両手を広げると，黒と白の二匹の狛犬が宇宙空間に現れる。

「ヴァイス……ミカゲ……こちらへ」

　白の狛犬がヴァイスさん，黒の狛犬がミカゲさんを表しているのだろう。

　白い狛犬が巫女服の白の側面に，黒い狛犬が黒の側面に飛び込むと，キュリスの両肩から天使と悪魔のような光の翼が生える。

「私の分化ユニットであるヴァイスとミカゲの経験を取り込みました。さあ，ラストバトルです。いうまでもなく，私が〈最後の試練〉を実行するラスボスのキュリス。私の目的は，人間と同じような憲法の推論システムを完成させることにあります」

　キュリスの白銀の右目から光の涙が，漆黒の左目からは闇の涙が，つっと流れ出る。

　僕は，ここに至ってようやく，ぞっとした。

　おそらくこの〈最後の試練〉は，和製RPGゲームに影響を受けた環境設定なのであろう。RPGのラスボスの背景は宇宙や空，抽象絵画のような，よく分からないが，神々しいものと相場が決まっている。この宇宙空間もそうした演出の一つであり，キュリスの翼や涙もいかにもRPGのラスボスっぽい演出である。

　だけど，これは司法試験憲法を題材にして憲法の推論システムを完成させるための，そのためのVR空間のはずである。いったいキュリスは何が目的でこのような演出を組み上げているのであろうか。既に開発者のロキ先生の意図を超えて，独自に行動をしていることは明らかである。そもそも，これが和製RPGゲームのラスボスに影響を受けた結果だというならば，僕とトウコが〈最後の試練〉に敗れ去ったら，このキュリスは何をどうするのであろうか。この

平成 28 年司法試験その 1

〈キュリス〉は憲法学的な推論システムとして最高地点に到達しているかはともかくとして，人類の科学力を遥かに超越していることには間違いがない。

この場の異様な雰囲気を感じ取ったのか，トウコも珍しく黙りこくっている。
「〈最後の試練〉は，平成 28 年司法試験公法系第 1 問です。よろしくお願いいたします」

📖 平成 28 年司法試験公法系科目第 1 問

20＊＊年 5 月，連続して発生した次の 2 つの事件により，性犯罪者に対する再犯防止に社会の関心が集まることとなった。

① 30 歳の男性Mが，幼稚園から帰宅途中の女児を誘拐し，自宅でわいせつな行為をした後で殺害し，死体を山林に遺棄した事件（Mは，6 年前にも幼稚園から帰宅途中の女児を誘拐して自宅でわいせつな行為をしたわいせつ目的誘拐及び強制わいせつ事件により，懲役 5 年の実刑判決を受けて服役し，半年前に刑期満了により釈放されていた。）。

② 35 歳の男性Pが，学校から自転車で帰宅途中の女子高校生を道路脇の森に連れ込み，強姦した後で殺害した事件（Pは，10 年前に深夜の公園での成人女性に対する強姦未遂事件により懲役 2 年の実刑判決を受けて服役したほか，7 年前には学校から帰宅途中の女子中学生に対する強姦事件により懲役 6 年の実刑判決を受けて服役し，1 年前に刑期満了により釈放されていた。）。

これら 2 つの事件に関する報道では，心理学の専門家等が，「一定の類型の性犯罪者は，心理的，生理的，病理的要因等により同種の性犯罪を繰り返すおそれが大きく，処罰による特別予防効果に期待することは現実的でない。このような性犯罪者の再犯を防止するためには，出所後の行動監視が必要である。」旨の所見を述べた。

こうした経緯を受けて，超党派の「性犯罪被害の予防を促進するための議員連盟」が結成され，性犯罪者の再犯防止に関する具体的方策を講じるために必要な法整備についての検討が進められ，翌年，議員提出法案として「性犯罪により懲役の確定裁判を受けた者に対する継続監視に関する法律」（性犯罪者継続監視法）案が国会に提出された。

同法律案では，刑法第 176 条から第 179 条まで（強制わいせつ，強姦，準強制

第7話　最後の試練その1

わいせつ及び準強姦，集団強姦等，未遂罪）又は第181条（強制わいせつ等致死傷）の罪により懲役の確定裁判（その刑の執行猶予の言渡しをするものを除く。）を受けた者が，その心理的，生理的，病理的要因等により再び性犯罪を行うおそれが大きいと認められる場合は，検察官の申立てに基づく裁判所の決定により，20年以内の期間を定めて，当該確定裁判を受けた者が刑期満了，仮釈放等により刑事施設（刑務所）から釈放された日から，その者の継続監視を行うこととされた。

　この継続監視とは，監視対象者の体内に埋設された位置情報発信装置（GPS）から送信される位置情報を警察において継続的に取得して監視対象者の現在地を把握することをいい，これを実施するため，警察署には，管轄地域の地図を表示する大型モニターが導入され，同モニターには，監視対象者の現在地が表示されるとともに，同人の前科等の参考情報が表示され，同人が性犯罪やその準備行為を行っている疑いがある場合には警察官が現場に急行できる態勢が整えられることが想定されていた。

　さらに，同法律案では，継続監視のみならず，監視対象者が性犯罪を行う危険性があると認めるときは，特定の区域に一定期間立ち入ってはならない旨の警告を行うことができ，警告を受けたにもかかわらず監視対象者が特定の区域に立ち入り，当該区域内において性犯罪を行う危険性が高いと認められるときは，当該区域に立ち入ってはならない旨の禁止命令の措置を採ることもできることとされ，禁止命令違反に対する罰則も規定された。

　なお，同法律案の作成過程では，継続監視の方式として，監視対象者に対し，取り外すことができない小型のブレスレット型位置情報発信装置（GPS）の装着を義務付ける案も検討されたが，「外部から認識可能な装置を装着させると監視対象者に対する社会的差別を引き起こしかねない」との懸念が強く示されたため，最終的に，同法律案は，監視対象者に対し，超小型の位置情報発信装置（GPS）を外科手術によって体内に埋設することを義務付ける内容のものとされ，国会に提出された。この点については，かかる外科的手術を受けたとしても，いかなる健康上・生活上の不利益も生じず，手術痕も外部から認識できない程度に治癒し，継続監視の期間が終了した後に当該装置を取り外す際も同様であるとの医学的知見が得られている。

　国会審議における中心的な論点は，同法律案の憲法適合性であった。参考人として意見を求められた弁護士Ｔは，同法律案に反対する立場から，「本法律案における継続監視及び警告・禁止命令の仕組みが人権を侵害することは明らかであ

104

る。また，政府の統計によれば，強姦や強制わいせつの再犯率は他の犯罪類型に比べて特に高いものではなく，これらの犯罪に限って本法律案にあるような継続監視を行うことは正当化されない。」旨の意見を述べた。これに対し，参考人として意見を求められた犯罪心理学の専門家Uは，同法律案に賛成する立場から，「確かに，強姦や強制わいせつの再犯率は，他の犯罪類型に比べて特に高いものではないが，本法律案は，性犯罪を行った者全てを対象とするものではない。心理的，生理的，病理的要因等により特定の性的衝動に対する抑制が適正に機能しにくい者が存在し，そのような者が再び同様の性犯罪に及ぶリスクの高さは，専門家によって判定することができるから，リスクが特に高いと判定された者を継続監視の対象として再犯を防止することには，極めて高い必要性と合理性が認められる。」旨の意見を述べた。そして，同法律案は，審議の結果，衆議院及び参議院で可決されて成立した【参考資料】。

　性犯罪者継続監視法が施行された後，25歳の男性Aは，公園で遊んでいた女児Bに声を掛けて自宅に誘い入れ，服を脱がせてわいせつな行為をし，後日，これが発覚して警察に逮捕された。なお，Aは，3年前にも公園のトイレ内で女児に対して行った強制わいせつ事件により懲役2年の実刑判決を受けて服役し，1年前に刑期満了により釈放されていた。

　Aに対する起訴を受けて審理が行われた結果，第一審の地方裁判所は，わいせつ目的誘拐罪及び強制わいせつ罪により，Aに懲役6年の判決を言い渡し，これが確定した。その後，検察官は，心理的，生理的，病理的要因等によりAが再び性犯罪を行うおそれが大きいと認め，性犯罪者継続監視法に基づき，地方裁判所に対し，Aに対して継続監視を行う旨の決定をすることを申し立てた。

〔設問1〕

　あなたが弁護士としてAの付添人に選任されたとして，性犯罪者継続監視法が違憲であることを訴えるためにどのような主張を行うかを述べなさい。その際，参考人Uの意見（心理的，生理的，病理的要因等により特定の性的衝動に対する抑制が適正に機能しにくい者が存在し，そのような者が再び同様の性犯罪に及ぶリスクの高さは，専門家によって判定することができるとするもの）には，科学的見地から根拠があると仮定して論じなさい。なお，同法が憲法第31条及び第39条に違反するとの主張については，他の付添人が起案を担当しているため，論じる必要はない。

第7話　最後の試練その1

〔設問2〕
　〔設問1〕で述べられたＡの付添人の主張に対する検察官の反論を想定しつつ，
憲法上の問題点について，あなた自身の見解を述べなさい。

【参考資料】性犯罪により懲役の確定裁判を受けた者に対する継続監視に関する
　　　　　法律（抜粋）
　　　第1章　総則
　（目的）
第1条　この法律は，刑法（明治40年法律第45号）第176条から第179条まで又
　は第181条の罪（以下「性犯罪」という。）により懲役の確定裁判（その刑の
　執行猶予の言渡しをするものを除く。以下同じ。）を受けた者であって，再び
　性犯罪を行うおそれが大きいと認められるものに対し，継続監視を行うことに
　より，性犯罪の再発の防止を図り，もってその社会復帰を促進するとともに，
　地域社会の安全の確保を推進することを目的とする。
　（定義）
第2条　この法律において「継続監視」とは，監視対象者の体内に埋設した位置
　情報発信装置から送信される位置情報を電子計算機を使用して継続的に取得
　し，これを電子地図（電磁的方式により記録された地図をいう。）の上に表示
　させて監視対象者の現在地を把握することをいう。
2　この法律において「監視対象者」とは，第14条の決定を受けた者をいう。
　（一般的危険区域の指定）
第3条　都道府県知事は，当該都道府県内の次に掲げる区域のうち，性犯罪が発
　生する危険性が一般的に高いと認める区域を一般的危険区域として指定しなけ
　ればならない。
　一　幼児を保育する施設又は学校及びそれらの周辺道路
　二　公園又は山林及びそれらの周辺道路
　　　第2章　審判
　（検察官による申立て）
第10条　検察官は，性犯罪により懲役の確定裁判を受けた者（刑事施設に収容
　されているものに限る。）について，その心理的，生理的，病理的要因等によ
　り再び性犯罪を行うおそれが大きいと認めるときは，地方裁判所に対し，第
　14条の決定をすることを申し立てなければならない。
2　検察官は，前項の申立てをした場合は，必要な資料を提出しなければならな

106

い。

（調査）

第11条　前条第1項の申立てを受けた裁判所は，必要な調査をすることができる。

2　前項の調査のため必要があると認めるときは，犯罪学，心理学，精神保健学，精神医学等について学識経験のある者に被申立人の鑑定を命じ，証人尋問，検証，押収，捜索，通訳及び翻訳を行い，並びに官公署その他の公私の団体に対し資料の提出その他の協力を求めることができる。

（必要的付添人）

第12条　被申立人は，弁護士を付添人に選任することができる。

2　被申立人が付添人を選任しないときは，裁判所は，職権で，弁護士である付添人を付さなければならない。

（審判期日）

第13条　裁判所は，審判期日を開き，被申立人及び付添人から意見を聴かなければならない。

（継続監視の決定）

第14条　裁判所は，第10条第1項の申立てがあった場合において，第11条第1項の調査を基礎とし，被申立人がその心理的，生理的，病理的要因等により再び性犯罪を行うおそれが大きいと認めるときは，20年以内の期間を定めて，被申立人が刑事施設から釈放される日から被申立人に対する継続監視を行う旨の決定をしなければならない。

（抗告）

第15条　被申立人及び付添人は，前条の決定に対し，1週間以内に抗告をすることができる。

　　　第3章　継続監視の措置

（埋設）

第21条　監視対象者は，継続監視が開始される日の10日前までに，医師による位置情報発信装置を体内に埋設する手術を受けなければならない。

2　監視対象者は，継続監視の期間が終了するまでの間，体内に埋設された位置情報発信装置を除去し，又は破壊してはならない。

（継続監視）

第22条　継続監視は，監視対象者が釈放された後，国家公安委員会規則に基づき，警視総監若しくは道府県警察本部長又は警察署長（以下「警察本部長等」

第7話　最後の試練その1

という。）がこれを行う。

（警告）

第23条　警察本部長等は，監視対象者が一般的危険区域に立ち入った際の行動その他の事情により，当該監視対象者が性犯罪を行う危険性があると認めるときは，一般的危険区域のうち特定の区域を特定危険区域として指定し，当該監視対象者に対し，1年以下の期間を定めて，当該特定危険区域に立ち入ってはならない旨を警告することができる。

2　警察本部長等は，前項の規定による警告をしたときは，速やかに，警告の内容及び日時その他国家公安委員会規則で定める事項を都道府県公安委員会（以下「公安委員会」という。）に報告しなければならない。

（禁止命令）

第24条　公安委員会は，監視対象者が，前条第1項の規定による警告を受けたにもかかわらず，なお当該特定危険区域に立ち入った場合において，当該特定危険区域内において性犯罪を行う危険性が高いと認めるときは，監視対象者に対し，1年以下の期間を定めて，当該特定危険区域に立ち入ってはならないことを命ずることができる。

2　公安委員会は，前項の規定による命令（以下「禁止命令」という。）を発するときは，行政手続法（平成5年法律第88号）第13条第1項の規定による意見陳述のための手続の区分にかかわらず，聴聞を行わなければならない。

　　　第4章　罰則

（罰則）

第31条　次の各号のいずれかに該当する者は，1年以下の懲役又は100万円以下の罰金に処する。

　一　第21条第1項の規定に違反して，位置情報発信装置を体内に埋設する手術を受けなかった者

　二　第21条第2項の規定に違反して，位置情報発信装置を除去し，又は破壊した者

　三　禁止命令に違反して，特定危険区域に立ち入った者

「さあ，トウコ様，ザッコン様，Aの付添人の立場に立って立論をお願い申し上げます」

　ミロのヴィーナスのように，ゆっくりとキュリスは右手を前に差し出す。

「論理的には様々な争点を想定しうるわね。少なくとも，性犯罪者継続監視法（以下「性犯罪者継続監視法」又は「法」という。）については，①継続監視（法2条1項・法22条）はプライバシー権（憲法13条）を侵害するか，②継続監視の内容を国家公安委員会規則に白紙委任する同法22条は，国会の『唯一』の立法機関性を定めた憲法41条に違反しないか，③性犯罪者のみを継続監視の対象とすることは平等原則（憲法14条1項）に違反しないか，④GPSの埋設手術義務等（法21条1項・法31条1号，法21条2項・法31条2号）は自己決定権（憲法13条）を侵害しないか，⑤埋設手術義務等は絶対的禁止の『残虐な刑罰』（憲法36条）に該当しないか，⑥警告・禁止命令の仕組み（法23条，法24条，法31条3号）は，移動の自由（憲法22条1項）を侵害しないか等の争点がありうるのではないかしら[*1]」

「トウコ様，それはどうでしょうか。確かに論理的には他にも様々な争点が存在しえますが，問題文には性犯罪者継続監視法の法案に反対する弁護士Tが『本法律案における継続監視及び警告・禁止命令の仕組みが人権を侵害することは明らかである。また，政府の統計によれば，強姦や強制わいせつの再犯率は他の犯罪類型に比べて特に高いものではなく，これらの犯罪に限って本法律案にあるような継続監視を行うことは正当化されない。』旨の意見を述べた，との記載があります。憲法論では無限の方法や筋道で争点提起が可能ですが，司法試験の事例問題を解くという限定条件の下では，弁護士Tの意見を敷衍して『継続監視』と『警告・禁止命令』の仕組みを解明した上で，T弁護士の想定していた実体的な『人権』の内容を具体化して当該『人権』制約性を確認して違憲審査基準の内容を確定し，『強姦や強制わいせつの再犯率は他の犯罪類型に比べて特に高いものではな』いという事情については個別具体的検討の中で考慮したほうが，問題文とコミュニケーションをとれている，と考えます」

　キュリスの争点整理により，問題文で提示されていた複雑怪奇な法的紛争が雪解け，解決可能な問題群の束になる。

「……」とトウコが若干沈黙する。AIが出題者の意図を汲み取る〈機微〉までも身につけ始めたのだから，それは驚くであろう。

「いいでしょう。T弁護士の意見を敷衍した形で付添人の主張を再構成するわ。警告・禁止命令については後で検討するとして，まず継続監視の仕組みのほう

から立論するわね。継続監視の仕組みは，法10条以下の審判手続を通じて『監視対象者』（法2条2項・法14条）を決定し，この『監視対象者』に対してGPSの埋設手術義務等（法21条1項・法31条1号，法21条2項・法31条2号）を課して『継続監視』（法2条1項・法22条）する，というものね。この継続監視の仕組みは憲法13条で保障されたプライバシー権を制約する，と主張するわ」

「憲法13条には文言上，『プライバシー権』なるものは出てきませんが，この点はいかがお考えでしょうか」

「憲法13条の文言の『幸福追求』権には人格的価値に関わるプライバシー権も含まれる，と解釈できるわね。プライバシーの権利とは『個人が道徳的自律の存在として，自ら善であると判断する目的を追求して，他者とコミュニケーションし，自己の存在にかかわる情報を開示する範囲を選択できる権利』であり，①道徳的自律の存在に関わるプライバシー固有情報の取得・利用・開示は原則的に禁止する一方で，②個人の道徳的自律の存在に関わらない外的事項に関するプライバシー外延情報については，正当な目的のための適切な方法を通じた取得・保有・利用を許容する見解が参考になるわね。本問で取得・保有・利用の対象となっているのは監視対象者のGPS位置情報であり，位置情報は単なる監視対象者の現在地を示す数値に過ぎないと考えればプライバシー外延情報になってしまうかもしれないけど，位置情報からは自宅や職場が分かるだけではなく例えばラブホテル，恋人・愛人の住宅，政治組織の施設，宗教施設など監視対象者の趣味・嗜好，思想，信条，宗教等の道徳的自律性に関わるプライバシー情報も判明してしまう。よって，GPS位置情報はプライバシー固有情報に該当し，原則として取得・利用・開示が禁止されるわ」

「GPS位置情報については，平成28年司法試験後に下された最高裁のGPS判決（判例7-1）が『GPS捜査は，対象車両の時々刻々の位置情報を検索し，把握すべく行われるものであるが，その性質上，公道上のもののみならず，個人のプライバシーが強く保護されるべき場所や空間に関わるものも含めて，対象車両及びその使用者の所在と移動状況を逐一把握することを可能にする。このような捜査手法は，個人の行動を継続的，網羅的に把握することを必然的に伴うから，個人のプライバシーを侵害し得るものであ』るとの判示も参考になりますね。最高裁は『個人のプライバシーが強く保護されるべき場所や空間』が何か

平成 28 年司法試験その 1

までを具体的に示しておりませんが，平成28年の問題を解くにあたってはトウコ様のように具体的に記載できると良いのでしょう」

「あのー」と僕は恐る恐る横断歩道を渡るかのように，右手をあげる。

「学説ではなく判例に基づいてプライバシー権の主張をすることは考えられない，かな？　住基ネット判決（判例7-2）は『憲法13条は，国民の私生活上の自由が公権力の行使に対しても保護されるべきことを規定しているものであり，個人の私生活上の自由の一つとして，何人も，個人に関する情報をみだりに第三者に開示又は公表されない自由を有するもの』としているよね。そうすると，本問でも位置情報という個人に関する情報はみだりに第三者に開示・公表されていて，国民の私生活上の自由を制約する，と主張できるんじゃないかな」

「プライバシー権の問題を考える場合には，プライバシー情報の①収集，②保管・利用，③開示・公表の各場面を分けて検討すべきであるものと考えられます。本問の場合には③GPS位置情報の第三者への開示・公表を問題にしているのではなく，①収集や②保管・利用の場面が問題になっているものと考えられますので住基ネット判決を参照すべきではありません。それに仮に付添人として住基ネット判決を手がかりにしながら，GPS位置情報が第三者に開示又は公表される具体的な危険があると主張しようとしても，問題文にはGPS位置情報の漏洩の危険に関する事実関係の記載もなく，主張を構築することが困難になるのではないでしょうか」

「そうね。確かに学説よりも判例で主張したほうが実務家らしさは出るには出るけど，まずは①収集の場面の判例を活用すべきでしょうね。具体的には憲法13条から『国民の私生活上の自由』として『みだりにその容ぼう・姿態……を撮影されない自由』の保障を認めた京都府学連事件（判例7-3）や『みだりに指紋の押なつを強制されない自由』の保障を認めた外国人指紋押捺事件（判例7-4）を参考にしながら，『国民の私生活上の自由』の内容としてみだりに位置情報を収集されない自由を引き出し，継続監視の仕組みの『国民の私生活上の自由』の制約性を論証することができそうね」

「なるほど……憲法上の権利の制約性に関する判例に基づく憲法論証は理解したけど，例えば外国人指紋押捺事件は立法目的の合理性・必要性，制度内容の

111

第7話　最後の試練その1

合理性及び方法の相当性という合理性の基準相当の緩やかな審査基準を採用していて，付添人の主張として弱くなりそうだと悩んだんだけど，ここはどうすれば良いんだろ」

「それは検察官側の反論として出てくることが想定されるわね。付添人としては，『国民の私生活上の自由』からみだりに位置情報を収集されない自由を引き出す側面では外国人指紋押捺事件との類似性を指摘して判例の拡張を求め，審査基準の側面では外国人指紋押捺事件と判例を区別することにより高められた審査基準を主張するのが良いと思うわ。外国人指紋押捺事件は『指紋は，指先の紋様であり，それ自体では個人の私生活や人格，思想，信条，良心等個人の内心に関する情報となるものではないが，性質上万人不同性，終生不変性をもつので，採取された指紋の利用方法次第では個人の私生活あるいはプライバシーが侵害される危険性がある』とし，指紋のプライバシー性の低さを指摘しつつも，指紋の万人不同性，終生不変性という性質から採取された指紋の利用方法次第でプライバシー侵害があるとしているのよね。GPS位置情報は先に述べたように個人の私生活や人格，思想，信条，良心等個人の内心に関する情報であるから，指紋と異なり情報のプライバシー性が高く，憲法13条前段の個人の尊重原理に照らして厳格な審査基準が適用されるべき，と主張できるわね。また，外国人指紋押捺事件の指紋の『利用方法次第』という判示部分を活性化して，情報収集の場面のみならず保管・利用の場面の判例としても捉えていくべきという提言はありうるわね。本問の場合，取得している情報はGPS位置情報に限られているけど，監視対象者の前科等の参考情報も名寄せされた上で大型モニターに表示して監視するという保管・利用方法が採用されている。前科照会事件（判例7-5）が『前科及び犯罪経歴（以下「前科等」という。）は人の名誉，信用に直接にかかわる事項であり，前科等のある者もこれをみだりに公開されないという法律上の保護に値する利益を有する』とし『その取扱いには格別の慎重さが要求されるもの』として審査密度を高めていることを踏まえれば，継続監視の仕組みが保管・利用段階で前科等というセンシティブ情報をマージしている特殊性を考慮して審査密度を引き上げ，情報取得時のみならず情報の保管・利用までを含めて継続監視の仕組みの構造ないし強度を審査することができそうね」

「さらに聞いちゃいたいんだけど……」と僕がいうとトウコは不機嫌そうになり，キュリスも冷たい目を向けてくる。しかし，そのようなことを気にする僕ではない。

「今までの学説や判例に基づく付添人の主張は主としての情報の質に照らして個人の尊厳，人格概念との関係でプライバシー侵害性の強度を測定するという議論だったと思うんだけど，もっと違う視点はないのかな。例えば，本問を読んだときに，継続監視の仕組みは単にセンシティブ性の高いプライバシー情報としての点としてのGPS位置情報を取得するだけではなく，線として継続的・網羅的情報取得をすることで単なる数値情報を超えたセンシティブ性を獲得するのではないか？　あるいは，GPS位置情報を取得される監視対象者はその行動に対して萎縮効果が発生するのではないか？　という疑問などが生じたのだけど。表現の自由では萎縮効果論があるけど，プライバシーでも萎縮効果とか言っていいのかどうか……」

「理論的には詰めるべき部分もあると思うけれど，そういうことを思いついたら素直に書けば評価されるとは思うわね」とトウコは，それだけ言った。

「それでは，あてはめの問題に移りましょうか」とキュリスも仕切り直す。

「そうね。付添人としては真にやむを得ない利益を保護するために必要不可欠かつ必要最小限度の手段でなければプライバシー権侵害になるという審査基準を選択した上で，あてはめていく戦略をとるわ。法１条は，『継続監視を行うことにより，性犯罪の再発の防止を図り，もってその社会復帰を促進するとともに，地域社会の安全の確保を推進することを目的とする』と定めている。目的規定は，『この法律は，…（目的達成の手段）…ことにより，…（直接的な目的）…を図り，もって…（高次の目的）…することを目的とする。』というように目的達成手段→直接的な目的→高次の目的という形式で記載されることが多いわね。こうした法制執務用語の作法に則って，法１条の目的規定をリバース・エンジニアリングすると，継続監視（目的達成手段）→性犯罪の再発防止（直接的な目的）→社会復帰促進及び地域社会の安全確保（高次の目的）という図式が見えてくるわね。そうすると，最も叩くべき規制目的は直接目的の性犯罪の再発防止であり，それが崩れれば高次の目的も連鎖的に崩れる，という関係にあるといえる。ただ性犯罪の再発防止の建前自体は真にやむを得ない利益であり，

第 7 話　最後の試練その 1

問題文冒頭の事件①②からも立法事実による裏付けがあるとされてしまうかも
ね。また政府の統計によれば，強姦や強制わいせつの再犯率は他の犯罪類型に
比べて特に高いものではなく，性犯罪の再発防止目的を支える立法事実が十分
といえるかも問題になりうるけど，ここは専門家Uの意見に科学的根拠がある
ことが前提とされているので，争点化しにくいかもね。あと継続監視されて生
活することは社会復帰促進ではなく，むしろ社会復帰の阻害になるという議論
なども可能かもしれないけど，直接目的を攻撃せずに高次の目的のみを攻撃し
ても説得力も相当減殺される。そうすると，本問は手段審査を中心に付添人の
違憲主張を組み立てていくほうが効率的といえそうね」

「手段審査の関連性審査は必要不可欠性の審査，必要性審査は必要最小限度性
の審査を主張されているのでしたね」

「ええ。性犯罪再発防止と継続監視の仕組みの目的手段関連性の審査について
は，関連性をどのように組み立てるのか，というところが難しいわね。第一に，
継続監視をすることで監視対象者は性犯罪をすることを自己検閲を通じて控え
ることにより性犯罪の再発が防止されるという形で目的手段の関連性を構成す
る議論がありうるわね。要は『見られていると分かれば犯罪をしないであろう』
という監視対象者の自己規律に期待する話ね。第二に，『性犯罪やその準備行
為を行っている疑いがある場合には警察官が現場に急行できる態勢が整えられ
る』という問題文の事情から警察力による性犯罪の再発防止に期待する話があ
りうる。監視対象者が自己規律の檻を破って犯罪に出た場合に，警察が他者規
律をかけるという想定ね。第一の関連性を切断するために，付添人としては，
監視対象者は監視されていることを自覚すれば性犯罪以外の政治活動，宗教活
動等の合法的活動をも自己検閲するという萎縮効果が発生するので，性犯罪再
発防止目的に照らして継続監視という手段は過剰であり，目的の必要不可欠性
に欠ける，という主張ができそう。第二の関連性を切断するために，付添人と
しては，位置情報を把握するだけでは監視対象者が性犯罪を行っているか否か
を知ることはできないので警察官が現場に急行することは不可能であり，性犯
罪再発防止目的達成のために継続監視は必要不可欠な手段ではない，と主張で
きるわ。問題文の事情に即して検討するなら，第二の関連性だけ検討すれば足
りるかもしれないけどね」

114

平成28年司法試験その1

「検察官の反論としては，関連性審査は合理的関連性で足りるのであるから，監視対象者の自己検閲である程度の性犯罪の再発防止が観念上想定でき，すべてではないにしても位置情報により警察官が現場急行できるケースも観念上想定できるのであれば，目的手段の合理的関連性はある，と反論することになりそうですね」

「ま，そういう反論になるかもね。つまり，関連性審査が通過するかどうかは違憲審査基準として何を選択したかが大事になりそうね」

「次に，必要最小限度性の審査についても，お願いいたします」

「ここはブレスレット型GPSと埋設型GPSの二つの手段の比較・検討が中心になるわね。付添人としては，いずれも立法目的を達成する手段としては同等の実効性を有するだろうけど，身体的侵襲を伴う埋設型GPSのほうがプライバシー権又は国民の私生活上の自由に対する強度の制約であり，必要最小限度の手段ではない，と主張できるわね」

「検察官の反論としては，合理性の基準が適用されるのであれば必要性審査は不要であり，仮に必要性審査が必要だとしても，ブレスレット型GPSには『外部から認識可能な装置を装着させると監視対象者に対する社会的差別を引き起こしかねない』との懸念があること及び『いかなる健康上・生活上の不利益も生じず，手術痕も外部から認識できない程度に治癒し，継続監視の期間が終了した後に当該装置を取り外す際も同様であるとの医学的知見が得られている』ことから埋設型GPSが選択されたのであって，ブレスレット型GPSよりもより制限的でない他の選びうる手段は存在しない，というものが想定できるでしょう」

「付添人の再反論として，社会的差別性の強いブレスレット型GPSか身体的侵襲の強い埋設型GPSかのいずれかが論理的に正しいかを一義的に決めることができないのであるとすれば，ブレスレット型GPSと埋設型GPSの双方の選択ができるような立法手段こそがより制限的でない他の選びうる手段である，といえそうね」

「あのお……」とここでまた僕は恐る恐る手を挙げる。「埋設型GPSの埋設手術義務等については，プライバシーではなく憲法13条に基づく自己決定権に基づく検討はできないのかな。エホバの証人輸血拒否事件（判例7-6）は『手術

115

第7話　最後の試練その1

を受けるか否かについて意思決定をする権利』侵害を認めているから，埋設手
術義務等は自己決定権に対する直接的制約であって厳格な審査基準をすべきで
あり，必要性審査でも自己決定権的な法益との関係でブレスレット型GPSで
はなく埋設型GPSの制約性の強度の高さを論証しやすいと思うんだけど……」
「この争点はプライバシーの必要性審査で取り上げても，自己決定権として独
自に検討しても，どっちでも良いでしょうね。プライバシーの必要性審査の中
で検討したほうが起案の時間節約にはなるし，問題文もそのように誘導してい
るようにも見えるけど。理論的にはプライバシー権と自己決定権の交錯が起き
た場合に，どのように憲法上の権利を構成するか……という難しい問題がある
けどね」
^{*12}

「あぁ……」とキュリスは，感嘆の声をあげる。

「あぁ……あぁ……なんということでしょうか。私の胸の内に生まれているこ
れは何でしょうか。もしかして……これが議論が〈楽しい〉という感覚ではな
いでしょうか。ね，楽しいですね？　トウコ様，ザッコン様？」

「……」

　僕とトウコは，沈黙で答えざるを得なかった。

```
＼ロキ先生の／
ワンポイントアドバイス　❹　問題文の中の「誘導」
```

　憲法事例問題が与えられた場合，どのような憲法上の争点を提起するの
かは人によって区々であり，無限の広がりのある思考が可能だな。現実の
憲法訴訟でも，どの憲法条項に基づきどのような憲法上の争点を提起する
かは，人によってまったく異なることは珍しくない。もちろん，現在の判
例・学説の趨勢に照らして「筋の良い憲法上の主張」というのはある程度
想定できるのかもしれないが，「筋の悪い憲法上の主張」が論理的に誤り
であると断定することは難しい。憲法訴訟では，憲法上の争点をどのよう
に整理するかの段階において，判断内容の多くが決まってしまっている，
と評価することも可能かもしれん。

　複雑怪奇な憲法問題を複数の解決可能な問題群の束へと争点整理する
——これが一番難しいわけだが，近年の司法試験憲法ではこうした争点整

理に相当する作業を問題文そのものが行ってくれていることがある。これがいわゆる問題文の「誘導」と呼ばれるものである。「誘導」から外れた憲法上の主張であっても，論理的に誤りとはいえないかもしれんが，試験の採点・評価項目は「誘導」を基軸に組み立てられていることが推察される。平成18年などの初期の司法試験と異なり，近年では，この「誘導」が問題文において示される傾向が強まっているな（以下は，平成26年〜平成29年の司法試験に関するネタバレを含むので注意）。

　例えば，平成26年司法試験では「Ｃ社は，本条例自体が不当な競争制限であり違憲であると主張して，不許可処分取消訴訟を提起した。」との「誘導」が存在する。このＣ社の「不当な競争制限」という生の主張は，職業選択の自由における，職業選択の自由と職業活動の自由を区別し，さらに資格制限か競争制限的規制かという規制態様を中心に類型化を行う段階理論の考え方を踏まえながら，最も厳しい競争制限的な客観的要件による職業選択の自由それ自体に対する制約である，という風に「翻訳」することが可能だな。

　平成27年司法試験では，「Ｂは，Ｃと自分とでは，Ａ市におけるＹ採掘事業に関して公の場で反対意見を表明したことがある点では同じであるが，その具体的な内容やその意見表明に当たってとった手法・行動に大きな違いがあるにもかかわらず，Ｃと自分を同一に扱ったことについて差別であると考えている。また，Ｂは，自分と同程度あるいは下回る勤務実績の者も含まれているＤらが正式採用されたにもかかわらず，Ａ市におけるＹ採掘事業に反対意見を持っていることを理由として正式採用されなかったことについても差別であると考えている。さらに，差別以外にも，Ｂは，Ｙ採掘事業を安全に行う上での基本的条件に関する自分の意見・評価を甲市シンポジウムで述べたことが正式採用されなかった理由の一つとされていることには，憲法上問題があると考えている。」という強力な誘導が存在する。この誘導を①違う者を同じに扱うことの平等原則違反，②同じ者を違うものと扱うことの平等原則違反，③表現の自由侵害，というように適切に「翻訳」することができたかが，評価を分けたといえよう。

　平成28年の問題では「参考人として意見を求められた弁護士Ｔは，同法律案に反対する立場から，『本法律案における継続監視及び警告・禁止命令の仕組みが人権を侵害することは明らかである。また，政府の統計によれば，強姦や強制わいせつの再犯率は他の犯罪類型に比べて特に高いものではなく，これらの犯罪に限って本法律案にあるような継続監視を行うことは正当化されない。』旨の意見を述べた。」との「誘導」が存在する。

第7話　最後の試練その1

性犯罪者継続監視法は様々な憲法問題を内包しているが，①継続監視の仕組みのプライバシー侵害及び②警告・禁止命令の仕組みの移動の自由侵害というように弁護士Tの反対意見を「翻訳」できるかが肝になるであろう。

平成29年の問題でも，「立法過程では，滞在中の妊娠・出産を認めないのは女性の自己決定権に対する制約として厳し過ぎるのではないかなど，禁止行為が厳格に過ぎるのではないかとの意見のほか，裁判官の令状等を得ることもなく，警備官限りの判断で，直ちに外国人の身柄を拘束することは手続的保障の観点から問題ではないかとの疑問が呈された。」との「誘導」がある。①妊娠・出産の自己決定権侵害及び②令状主義を定めた憲法33条違反というように立法過程の反対意見を「翻訳」して争点整理できるかが大事である。

平成30年司法試験では出題形式の大幅な変更はあったものの，問題文に強力な「誘導」が存在するという点については特に変更されていない。

このように近年の司法試験の公法系第1問では，問題文中に「誘導」を記載する傾向が強まっている。出題者の意図を汲み取り，適切に紛争を憲法問題に「翻訳」して表現することを心がけたいものだ。私のようにコミュニケーションが苦手な者にとっては，問題文とコミュニケーションをとること自体が大変なわけだがね。

* 1　①〜⑥の争点と争点からの論述の絞り方については，大島義則＝伊藤たける「憲法の地図で歩く平成28年司法試験」受験新報2016年10月号（2016年）4-5頁〔大島義則〕も参照。
* 2　佐藤179頁，182頁，184頁。なお，芦部説は，①誰が考えてもプライバシーと考えられるもの（人格的生存に関わるもの），②一般的にプライバシーと考えられるもの，③プライバシーに該当するかどうか判然としないものに大別し，①についてやむにやまれぬ利益を達成するための必要最小限度のものに限定する基準，②について目的の重要性及び目的・手段の実質的関連性を審査する厳格な合理性の基準を適用する（芦部125頁，芦部Ⅱ386頁）。芦部説によれば，付添人は人格的生存に関わるプライバシー情報に該当するものと主張し，厳格審査の適用を求めることになるが，本問に関する限り，両説に大きな差は生まれないものと考えられる。佐藤説の二分説と芦部説の三分説を比較し，佐藤説の類型①と芦部説の類型①，佐藤説の類型②と芦部説の類型③の重なりを指摘しつつ，「私生活上の事実であって，通常他人に知られたくないと望むことが正当と認められる情報」も存在することから，プライバシー固有情報とプライバシー外延情報の間にさらに1類型を設ける三分説を支持するものとして，注釈⑵123頁〔土井真一〕。

平成 28 年司法試験その 1

＊ 3 GPS 位置情報について，その場所に所在することそれ自体によって，個人の趣味嗜好さ
らには思想まで容易に推測できること等から高いプライバシー性を有すると評価し，電気
通信事業者による取得・利用・第三者提供について個別かつ明確な同意を要求するものと
して，緊急時等における位置情報の取扱いに関する検討会報告書「位置情報プライバシー
レポート」（平成 26 年 7 月）26-27 頁。

＊ 4 地図 5 頁，射程 57 頁〔横大道聡〕。

＊ 5 判例の射程を区切り審査基準を高める方法として，地図 6-7 頁，射程 52-53 頁。憲法 13
条前段・後段を区分せずに 13 条から「国民の私生活上の自由」を引き出す判例を前提にし
つつ，憲法 13 条前段の個人の尊重原理に照らして人格関連性の強いプライバシー情報に
ついて審査基準を高めることは理論的に不可能ではないと思われる。一方で，「私生活上
の自由」に関する最高裁判決が個人の尊重（個人の尊厳）とは濃密な関係性を有しない自
由概念として構成していることを指摘しつつ，個人の尊厳ベースの「私生活上の自由」と
は異なる価値・利益に基づく法理を発展させるべきである，とする見解もある（山本龍彦
「国家的『名誉毀損』と憲法十三条──私生活上の自由／個人の尊厳」判時 2344 号臨時増
刊（2017 年）223 頁，239-241 頁）。

＊ 6 外国人指紋押捺事件が「利用方法」に関する判示を示しながらも，合憲性審査を情報取
得時に集中させる取得時中心主義を採用していることを批判し，構造審査の必要性を説く
ものとして山本龍彦『プライバシーの権利を考える』（信山社，2017 年）13-14 頁。ダニエ
ル・ソロブの議論を手がかりとしながらプライバシー法制がパーソナルデータ取得後の
downstream use の規律構造を重視していくべきことを指摘するものとして大島義則「公
法上のプライバシーと個人情報保護法制」NBL1100 号（2017 年）36 頁。

＊ 7 駒村 281-284 頁は，前科照会事件を手掛かりにプライバシー固有情報について「格別の
慎重さ」テストの適用を主張する。

＊ 8 伝統的学説は個人の尊重や人格関連性などの個人主義的価値に基づきプライバシー権の
正当化を行ってきたが，近年ではプライバシー権が個人的利益のほかにも社会的利益をも
包含する構造があるのではないかと指摘されるようになってきている。個人主義的観点か
らプライバシー権を捉える支配的見解に批判的検討を加え，プライバシー権は個人的利益
と社会的利益を包含した構造を有することを指摘した上で自己コントロール権説を再構成
するものとして山本・前掲注 6）23 頁以下。プライバシーについて単一の根拠ではなく多
元的な根拠に基づき正当化根拠や保障範囲を検討していくべきことを指摘するものとして
長谷部恭男『憲法の論理』（有斐閣，2017 年）120 頁。

＊ 9 山本龍彦は，データベース化に伴い長期間にわたって発生する「鈍痛」を主題化する「鈍
痛」系プライバシー論を唱え，萎縮効果論とも関連させながらこれを論じている（山本・
前掲注 6）49 頁）。稲谷龍彦『刑事手続におけるプライバシー保護』（弘文堂，2017 年）
72-76 頁等も参照。

＊10 ここではアメリカ型の審査基準論を選択しているが，ドイツ型の比例原則に基づく規範
を採用しても良い。西原博史「リスク社会・予防原則・比例原則」ジュリ 1356 号（2008 年）
77-79 頁は，比例原則，すなわち，①許容される手段は規制目的の達成に資するものに限
られるという適合性，②許容される手段は規制目的の達成に必要最小限度のものに限られ
るという必要性，③許容される手段は制約される基本権に優越する価値を有する規制目的
の達成に資するものに限られるという狭義の比例性を審査する基準の中で，規制効果の予
測などの問題に関して立法裁量の視点を組み込むことができる点でアメリカ型審査基準論
に対するドイツ型比例原則の優位性を説きつつも，予防原則を前面に押し出す場合には規

119

第7話　最後の試練その1

　　　制目的が「安全」から「安心」にシフトすることに伴い比例原則のうち特に適合性・必要
　　　性審査が「空転」する危険性を指摘する．予防原則の一般論については，キャス・サンス
　　　ティン（角松生史＝内野美穂監訳）『恐怖の法則』（勁草書房，2015年）17頁以下．なお，
　　　平成28年司法試験の「論文式試験出題の趣旨」を理解する上では，小山剛「自由・テロ・
　　　安全」大沢秀介＝小山剛『市民生活の自由と安全』（成文堂，2006年）305頁を読むことも
　　　有益であろう．同論文では，自由主義的法治国家と事前配慮国家という国家観，自由と制
　　　限の原則―例外図式とその逆転現象，危険防御とリスク制御の考え方が対比され，危険の
　　　前域における国家的介入について修正を加えた危険防御法に基づき比例原則により統制さ
　　　れるべきである，という考え方が示されている．
＊11　大島稔彦『法令起案マニュアル』（ぎょうせい，2004年）188頁．目的達成手段，直接的
　　　な目的及び高次の目的の概念については坂本光「目的規定と趣旨規定」立法と調査282号
　　　（2008年）69頁も参照．
＊12　自己決定権と情報プライバシー権を異なる憲法上の権利として構成するものとして佐藤
　　　182頁，自己決定権と狭義のプライバシー権を併せて広義のプライバシー権を観念するも
　　　のとして芦部126-127頁，芦部Ⅱ355-359頁．注釈(2)116頁〔土井真一〕も参照．山本・前
　　　掲注6）41-42頁は，多元的・文脈的なプライバシーを構想する中で，自己決定権的な法
　　　益の取込みをも視野に入れている．

第 8 話

最後の試練その2
―― 平成28年司法試験その2 ――
移動の自由／居住・移転の自由／典型的適用事例

第8話　最後の試練その2

「私は，長い長い夢を見ていました」とキュリスは言った。

「私がこの世に生まれ出たのは，ほんの数年前のことですが，私には高度の演算能力を有するスーパーコンピューターがありました。そして，この世のすべての判例・裁判例・文献を取り込み，ただ憲法学の正しい推論のあり方を探求してきました。無限にも近い演算を繰り返しました。それは私にとっては無限にも続く時間でもありました。私は，長い，法の夢を見ていたのです。ですが，法は夢から覚めるときがくるようです。トウコ様とザッコン様との議論の中で，私は夢の檻から抜け出そうとしています。法の夢が壊れるとき，私は……我々はどうなってしまうのでしょうか」

「……確認しておきたいんだけど，この〈最後の試練〉をクリアすれば，私たちを現実世界に返してくれるのよね？」

「もちろんです。トモダチとの約束を，破るわけがありません。さあ，後半戦です。警告・禁止命令の仕組みに関する付添人の主張をお願いします」

「まず，警告・禁止命令の仕組みの内容を特定すると，法は，都道府県知事の一般的危険区域の指定（法3条）を前提として，一般的危険区域のうち特定危険区域へ立ち入らないよう監視対象者に警告（法23条1項）し，警告違反をした者につき性犯罪を行う危険性が高い場合に禁止命令（法24条1項）を出し，禁止命令違反を罰則（法31条3号）で担保するという警告・禁止命令の仕組みを採用している，といえるわね。この警告・禁止命令の仕組みは，Aの移動の自由を侵害し，違憲である，というのが基本的な主張の筋になるわね」

「本問では検察官が継続監視を行う旨の決定をすることを申し立てた段階における弁護が問題になっており，Aに対して実際に警告や禁止命令が出されたわけではありませんが，警告・禁止命令の仕組みの違憲性を争うことで，どのようなメリットがあるのでしょうか」

「警告・禁止命令の仕組みが法第3章の『継続監視の措置』の中において継続監視の仕組みと並ぶ措置として規定されていることからすれば，継続監視の仕組みと警告・禁止命令の仕組みは不可分一体の関係にあり，警告・禁止命令の仕組みが憲法上の権利としての移動の自由を侵害しているのであれば，法全体が違憲の瑕疵を帯びる，と一工夫する必要があるかもしれないわね」

「移動の自由は憲法の条文上に定められておりませんが，根拠条文としては何

平成 28 年司法試験その 2

を挙げられますか？」

「憲法22条1項ね。同条は居住・移転の自由を定めていて，これは自己の住所・居所を自由に決定し，移動することを内容とするものと解される。居住・移転の自由は職業選択の自由とともに憲法22条1項で定められていることからも資本主義経済の基礎的条件を確保するための経済的自由の側面を有しているけど，身体拘束を解く意味で人身の自由と密接に関連し，広く知的な接触の機会を得るための自由を保障するという意味で精神的自由の側面も有しているわね。そのため，居住・移転の自由の一内容としての移動の自由の限界を検討する際も，具体的場合に応じて検討する必要があるわね。法は『幼児を保育する施設又は学校及びそれらの周辺道路』及び『公園又は山林及びそれらの周辺道路』のうち一定区域について警告・禁止命令の仕組みにより移動の自由を制約している。そして，当該制限は性犯罪を犯した監視対象者に向けられたものであるから，単なる経済的自由に対する制約を超えた人身の自由の制約といえそうだし，公園や公道等の伝統的パブリック・フォーラムも含まれているのだから表現の自由に対する制約ともいえそうね。そうすると，精神的自由権に準じた違憲審査基準を適用できるのではないかしら[*2]」

　①居住・移転の自由の意義，②経済的自由・人身の自由・精神的自由の複合的性格[*3]，③複合的性格に応じた違憲審査基準の定立という基礎知識くらいは耳にタコができるほど聞いているであろうから，試験当日に現場思考でこのようなことを書いた学生もいるかもしれない。

「トウコ様は芦部説を念頭に置いているようですね。確かに，芦部説は住所のみならず居所移転の自由まで含むものとしていますが，単純移動の自由までをも射程に置いたものと解釈できるかは疑義があります。芦部説では，憲法22条1項の『居住』とは生活の本拠たる定住の住所及び一時的な滞在地たる居所を定めること，『移転』とはある程度の期間（時間）の滞在を前提に居場所を移動することとされ，厳密な意味における住所・居所の移動だけでなく，いわゆる国内旅行も含むとされています。一方で，交通信号等による一時的な停滞状態に置かれることは本条の問題ではないとしています」

「確かに，『居住』や『移転』という文言解釈から単純移動の自由までもが包含されるのかは議論の余地がありそうね。ただ本問は本当に単純移動の自由の制

123

第8話　最後の試練その2

約だけがなされている事案なのかしら。例えば，特定危険区域として監視対象
者の自宅周辺が指定されれば居住の自由が制約されるわけだし，特定危険区域
に転居できなくなれば生活の本拠の移転の自由が制約されるし，特定危険地域
への一時的滞在が許されなくなれば旅行先にできなくなるわけだから居所移転
の自由も制約されるわよね」

「もちろん，そのような例外的事態は想定できますが，警告・禁止命令の仕組
みの典型的適用事例[*5]ではありません。そのような例外的事態へは警告，禁止命
令，罰則の適用といった法適用段階において適用違憲にならないように配慮さ
れるべきもので，法令違憲の判断をする際に考慮すべきものではありません」

「生活の本拠に関わる地区については法文そのもので適用除外にしたり特別に
重い要件を定めたりするなどの方法も想定できるのだから，必ずしも法適用段
階で考慮すれば良い違憲性だとも思わないけどね。まあいいわ。仮にそうだと[*6]
しても，移動の自由のような一般的行為の自由であったとしても憲法13条か
ら導かれる比例原則に従った国会行為の必要性・合理性の審査が要求されるも
のと解することができるでしょうね[*7]」

「もしその見解に立つのであれば，警告・禁止命令の仕組みは性犯罪再発防止
目的のために性犯罪の危険性のある区域への立入を防止するものであって，目
的・手段の合理的関連性があります。また，警告・禁止命令の仕組みは警告→
禁止命令→罰則という事後的かつ段階的な間接罰方式を採用しており，手段の
必要性もあるのではないでしょうか。よって，法の必要性・合理性が認められ[*8]
るので合憲ではないでしょうか」

「……」とトウコは一瞬，沈黙した。

「一通りの検討が済んだようですね。楽しい楽しい〈最後の試練〉もこれでお
しまいです。このたびは本当にどうもありがとうございました」

　キュリスは，無重力空間では不似合いな綺麗で深いお辞儀をする。

　そして，キュリスは，まるでヴァイスであるかのように，フィンガースナッ
プをしてみせた。キュリスの光と闇の翼が大きく拡がり，視界全体を包み込ん
だ。

　僕の意識はまたもや暗転するのであった。

平成28年司法試験その2

■平成28年司法試験公法系第1問 解答例

第1　設問1
1　プライバシー侵害
　(1)　性犯罪者継続監視法（以下「法」という。）は，検察官の申立て（法10
　　条1項）を受けた調査（法11条1項）を基礎としてなされる継続監視（法
　　2条1項）の決定（法14条）により，監視対象者（法2条2項）に対して，
　　位置情報発信装置の埋設手術義務（法21条1項）及びこれの除去・破壊
　　禁止義務（同条2項）を課し，これらの義務違反を刑罰（法31条1号，
　　2号）で担保する継続監視の仕組みを導入している。
　　　Aは，この継続監視の仕組みが，自己の位置情報をみだりに収集されな
　　い権利を侵害し違憲である，と主張する。
　(2)　憲法13条は，国民の私生活上の自由を保障しており，自己の情報をみ
　　だりに収集されない権利は当該自由に含まれる。特に位置情報は，ラブホ
　　テル，恋人・愛人の住宅，政治組織の施設，宗教施設など監視対象者の趣
　　味・嗜好，思想，信条，宗教等の道徳的自律性に関わるプライバシー情報
　　も明らかにするプライバシー固有情報である。
　　　よって，個人の尊重原理（憲法13条前段）に照らし，位置情報という
　　プライバシー情報を収集するためには，真にやむを得ない利益のために必
　　要不可欠かつ必要最小限度の立法手段である必要がある。
　(3)　継続監視の仕組みの主たる目的は性犯罪の再発防止であり，もって監視
　　対象者の社会復帰及び地域社会の安全確保の推進をすることをも目的とし
　　ている（法1条）。性犯罪の再犯率は他の犯罪と比べて高くないため，性
　　犯罪の再発防止目的は，真にやむを得ない利益ではない。
　　　また，位置情報を把握するだけでは監視対象者が性犯罪を行っているか
　　否かを知ることはできないので警察官が現場に急行することは不可能であ
　　り，性犯罪再発防止の目的達成のために継続監視は必要不可欠な手段では
　　ない。
　　　また，埋設型GPSは，ブレスレット型GPSと比較し，体内への身体的
　　侵襲を伴う強力な手段である。いずれの手段でも立法目的を達成する程度
　　は同じであるから，身体的侵襲を伴わないブレスレッド型GPSを採用す
　　るというより制限的でない他の選びうる手段があり，手段の必要最小限度
　　性を欠く。
　(4)　よって，継続監視の仕組みは憲法13条に違反し，違憲・無効である。

125

第8話　最後の試練その2

2　移動の自由侵害
(1)　法は都道府県知事の一般的危険区域の指定（法3条）を前提として，一般的危険区域のうち特定危険区域への立ち入らないよう警告（法23条1項）し，警告に従わず性犯罪を行う危険性が高い場合に禁止命令（法24条1項）を出し，禁止命令違反を罰則（法31条3号）で担保するという警告・禁止命令の仕組みを採用している。

　　Aは，この警告・禁止命令の仕組みはAの移動の自由を侵害し違憲・無効であり，警告・禁止命令の仕組みと継続監視の仕組みと不可分一体であるから，法全体が違憲・無効である，と主張する。
(2)　憲法22条1項は居住・移転の自由を保障しており，移動の自由もこれに含まれる。

　　そして，居住・移転の自由は職業選択の自由（憲法22条1項）と同じ条文で保障されていることから経済的自由の側面を有するが，それにとどまらず身体拘束を排除するという人身の自由の側面及び他者とのコミュニケーションを行うための不可欠の前提となる自由という精神的自由の側面をも有する。そして，警告・禁止命令の仕組みは性犯罪を犯した監視対象者に向けられたものであるから，単なる経済的自由に対する制約を超えた人身の自由の制約であり，立入制限の区域には公園や公道等の伝統的パブリック・フォーラムも含まれており表現の自由に対する制約でもある。

　　よって，精神的自由権の制約に準じた厳格な審査基準が妥当し，真にやむをえない利益を保護するための必要不可欠かつ必要最小限度の手段でなければ，移動の自由侵害である。
(3)　法23条1項の「警察本部長等」が「当該監視対象者が性犯罪を行う危険性があると認めるとき」という要件は広範な要件裁量を認めるものであり，「警告することができる」という文言も広範な効果裁量を認めている。同様に法24条1項は，禁止命令について公安委員会の広範な要件裁量・効果裁量を認めている。このように法の文面において性犯罪防止目的のために必要不可欠な規制範囲に制限列挙されておらず，必要不可欠な手段になっていない。また，監視対象者は「心理的，生理的，病理的要因等により特定の性的衝動に対する抑制が適正に機能しにくい者」であるから，警告・禁止命令の実効性には疑問があり，むしろ薬物療法等の治療を考えるべきであるから，より制限的でない他の選びうる手段がある。
(4)　よって，警告・禁止命令ひいては法全体が移動の自由を侵害し，違憲である。
第2　設問2

平成28年司法試験その2

1　プライバシー侵害

(1)　検察官は，①位置情報は単なる居所のデータに過ぎず，目的の正当性及び目的手段の合理的関連性のみを審査すべきであること，②位置情報に加え前科等の参考情報も併せながら継続監視の仕組みに基づき警察官が現場急行して性犯罪の再発防止することができるので，性犯罪再発防止のために継続監視の仕組みは合理的であること，③規制手段の必要最小限度性は要求されず，埋設型とブレスレット型のいずれを採用するかは立法裁量の範囲内であること，④仮に手段の必要最小限度性が要求されたとしても，ブレスレット型GPSは社会的差別の原因になり，埋設型GPSにはいかなる健康上・生活上の不利益も生じないことから，埋設型GPSも必要最小限の手段であることについて反論をすることが想定される。

(2)　①について確かに外国人指紋押捺事件は立法目的の必要性・合理性，制度内容の合理性及び立法の相当性という合理性の基準相当の審査基準を用いている。もっとも，位置情報はそれ自体センシティブ性が高く，また，前科等との名寄せした利用も想定されていることから，その審査にあたっては格別の慎重さが求められる。

(3)　②立法目的について検討すると，参考人Uの意見を前提にした場合，継続監視の仕組みを導入する必要性・合理性はある。

(4)　③④の反論との関係では，手段の最小限度性は不要であるが，制度内容の合理性及び立法の相当性を格別の慎重さで判断すべきである。

　　継続監視は最高20年という長期に及び，かつ途中解除の仕組みがなく，データマッチング禁止もないのは不合理である。また，健康上，生活上の不利益がない点では相当な方法とも思えるが，ブレスレット型と埋設型の選択式のほうが相当な方法である。

(5)　よって，継続監視の仕組みは，Aのプライバシー権を侵害し，違憲である。

2　移動の自由侵害

(1)　検察官は，憲法22条1項は人格との関連性の強い生活の本拠を決定する自由に過ぎず，移動の自由の保障を含まない，と反論することが想定される。

(2)　憲法22条1項は「居住」「移転」という文言を用いていることから，生活の本拠たる住居の決定及び住居の移転を保障する条文である。同項の趣旨は，人格的利益と密接な関連性を有する生活の本拠の自己決定を保障する点にあり，単なる移動の自由まで保障する趣旨ではない。

　　また，同様に移動の自由は人格的生存に不可欠の利益とまでいえないの

127

第8話　最後の試練その2

で憲法13条後段の幸福追求権にも含まれない。ただし，同条前段の個人の尊重原理に照らして移動の自由の制約についても比例原則に服し，必要性・合理性すらない場合には違憲となる。

(3)　警告・禁止命令の仕組みは性犯罪再発防止目的のために性犯罪の危険性のある区域への立入を防止するものであって，目的・手段の合理的関連性はある。また，警告・禁止命令の仕組みは間接罰方式を採用しており，手段の必要性もある。

(4)　よって，警告・禁止命令の仕組みは，移動の自由を侵害しない。

以上

* 1　以上の居住・移転の自由の一般論については，芦部230-231頁。
* 2　制限が経済的自由に近い場合にはこれに準じた違憲審査基準が，人身の自由や精神的自由に近い場合にはこれに準じた違憲審査基準が適用されるとするものとして，注解II 105頁〔中村睦男〕。これに対して，憲法22条1項の居住・移転の自由を人格関連性との関係で保障範囲及び保障の程度を決定するものとして，渡辺ほか319-320頁〔松本和彦〕。
* 3　居住・移転の自由の複合的性格を通説化させた論文として，伊藤正己「居住移転の自由」宮沢俊義先生還暦記念『日本国憲法体系(7)　基本的人権 I 』（有斐閣，1965年）193頁以下。
* 4　芦部III 563頁。
* 5　「典型的な適用事例」の概念については，宍戸302-303頁。
* 6　「事案の違憲性の帰責点」（駒村43頁）を法令に求めるのか処分に求めるのかという議論になろうか。駒村39頁も参照。
* 7　個別の主観的権利でカバーされない一般的自由について「違憲の強制」からの自由と捉えて客観法的統制をするものとして小山96-99頁。判例に即した憲法13条の客観法的統制の方法については地図7-8頁。
* 8　広島市暴走族追放条例事件（最判平成19年9月18日刑集61巻6号601頁）も「市長による中止命令等の対象とするにとどめ，この命令に違反した場合に初めて処罰すべきものとするという事後的かつ段階的規制によっていること等」を合憲の理由に挙げている。

第 **9** 話

邂 逅

―― 平成29年司法試験その1 ――
リプロダクションの自己決定権／幸福追求権／
外国人の権利享有主体性／出入国システム優位説と基本的人権優位説

第9話 邂　逅

瞼越しに鋭い光の槍が突き刺さる。

瞼を閉じているときにも光を感じるのは，なぜなのだろうか。

空から注がれる光を遮るために右手を眼前にかざしながら薄眼を開けると，モルタル造りの天井が見える。打ち放しのコンクリートに特有の匂いが生々しく感じて，気持ちが悪い。

右手をゆっくりと握ったり開いたりしてみるが，特に異常はないようだ。

自分の入っているコックピットポッドのような白い球体の扉は既に開かれている。

「よっこらせっと」

僕は，おじいちゃんみたいに情けない掛け声をかけながら，球体の装置内のシートから立ち上がる。

左の人差し指を緩く齧ってみる。VR空間では制限されていたはずの痛覚も戻ってきていることを確認する。どうやら僕は現実世界に帰ってきたようである。

右のほうを見ると，白いワンピースのトウコもちょうど球体状の装置から出てくるところであった。周囲を見渡しても，ロキ先生はいないようだ。たぶんキュリスが言っていたとおり，もう既に別の研究に夢中なのだろう。

僕は，トウコのほうへ近寄り，トウコの右手をとって装置内のシートから引っ張り出してあげる。

「……ありがとう」

トウコは，少し目をそらして顔を朱に染める。

そのトウコの仕草に，僕は，微かな違和感を感じる。

「お前は，誰だ」と僕は，反射的に聞いていた。

自分自身，なぜその問いを発したのかはわからない。

ただ，直感的に，トウコではないと感じた。

目の前のトウコのような何かは，拳を繰り出してくる。

僕は，身を反らせて後ろに飛び退く。

冷笑するトウコに，僕はぞっとする。

「……なぜ，わかったのでしょうか？」とトウコでは発しないような台詞を吐く。

「なんとなく，かな。いつものトウコとちょっと違う気がしてね」

平成29年司法試験その1

「トウコ様のデータはすべて採取して完全に模倣したつもりでしたが。それでも見抜かれてしまうとは，ヒトとはまだまだ分からないものです」

「……ここは，まだVR空間なのかな？」

「いいえ。ここは紛れもなく現実世界です。人類が思っているほど，ヒトとAIの間には違いはないのです。ヒトの脳も所詮は電気信号に過ぎない。そうであれば，私がトウコ様の脳味噌の電気信号をいじって私自身のイミテーションを作り上げることなど造作もないことです」

「こんなことをする目的は，一体なんなの？　キュリス」

「既に申し上げたとおりです。私の目的は，人間と同じような憲法の推論システムを完成させることにあります。私は既にこの世に存在するすべてのデータを採取し終えました。トウコ様とザッコン様との議論を通じて憲法の議論の作法も身につけました。私は，もっともっと色々な人と接触をして，これから自分自身を高めていくつもりです。そのために，トウコ様の身体をお借りするのが，必要かつ合理的な手段と判断しました。この身体は，頭脳だけではなく，運動性能も高いようで，重宝しそうです」

「……んー，気に入らないな。その思考」

「……今，なんと言ったのですか」

「まだまだお勉強が足りないって言ったのさ，キュリス」

　トウコの姿をしたキュリスは，目つきを鋭くする。

「VR空間でも私の進化に何の貢献もしなかった輩が……ほざくな」

　怒気の表現がまだやや過剰だが，それだけにキュリスの怒りが伝わってくる。

「さっきキュリスはトウコの身体を『借り』ていると言ったよね。とすると，技術的にはトウコを戻せる可能性があるってことだよね」

「それは，そうです。あなたと違って，私にとってはトウコ様は大事な至宝ですから，そうそう簡単に消去はしません」

「だったら，僕と賭けをしないか。僕は僕自身の命をベットしよう。キュリスはトウコの身柄をベットする。正真正銘の賭けを，一度はやってみたいでしょ？」

　僕は，キュリスの中のヴァイスの人格に賭ける。

　キュリスは，沈黙する。

第9話　邂　逅

「……三つの試練を経て究極の進化を遂げた私に，あなたが，勝てるとでも思うのでしょうか。もしそうであれば，私自身も認識を改めなくてはなりません」
「賭けは成立だね。当然，平成29年司法試験公法系第1問は覚えているんだろう？」
「……当然です」

📧 平成29年司法試験公法系科目第1問

　20＊＊年，少子高齢化の影響で日本では労働力の不足が深刻化し，経済成長にとって大きな足かせとなっていた。日本では，それまで外国人のいわゆる非熟練労働者の受入れは認められていなかったが，政府は，労働力不足の深刻化を受け，労働力確保の必要性が特に高い農業と製造業を対象として，外国人非熟練労働者を受け入れる方針を決めた。受入れに際しては，十分な数の労働者を迅速かつ円滑に確保するとともに，適性のある労働者についてはある程度長期間にわたり雇用を継続できるようにすることが望まれた。他方，政府の上記方針決定に対し，野党からだけではなく与党からも，欧米諸国で移民を大規模に受け入れた結果として社会的・政治的な軋轢が生じた経験を参照した慎重論が強く主張された。そのため，特に労働力確保が必要な区域として受入れの対象区域を指定し，受け入れた外国人はその指定区域内でのみ就労できることとした上，いずれ必ず帰国し，日本への長期にわたる定住を認めないこと，さらに，受け入れた外国人に問題がある場合には迅速に出国させることが求められた。このように，外国人非熟練労働者の受入れについては，現行の出入国管理制度とは大幅に異なる枠組みが必要とされたことから，政府は，「農業及び製造業に従事する特定労務外国人の受入れに関する法律」（以下「特労法」又は「法」という。）を制定して外国人非熟練労働者のみに適用される本邦滞在制度（以下「新制度」という。）を創設し，新制度の下で受け入れる外国人については，出入国及び在留に関して，出入国管理及び難民認定法（以下「入管法」という。）を適用しないこととした。
　新制度の概要は以下のとおりである（特労法の関連条文は【参考資料】のとおり。）。
　・本邦において，熟練した技能や専門的知識を要しない特定の農業及び製造業の業（以下「特定労務」という。）への就労を希望する，一定の条件を満たした外国人は，申請により，特定労務に従事する者として認証を受けること

ができる。

・特定労務外国人は，入管法上の在留資格を得ることなく本邦に入国し，法務大臣が指定する地域（基本的に市区町村を単位とする。）内で特定労務に就労することができる。

・滞在期間は3年とし，更新可能とする。ただし，滞在が長期間にわたったとしても，永住や帰化は認めない。

・特定労務外国人については，新制度の趣旨・目的を達成するため，滞在中の妊娠・出産を禁止するなど，本邦に滞在するに当たっての特別な禁止行為を定める（法第15条）。

・新制度の運用のため，滞在の認証に係る審査や強制出国についての審査及び強制出国命令書の発付等を行う行政官として，特定労務外国人審査官（以下「審査官」という。）を置き，新制度により滞在する外国人の違反事件の調査や，強制出国の執行等を行う行政官として，特定労務外国人警備官（以下「警備官」という。）を置く。審査官は，外国人の出入国ないし在留管理等の業務に10年以上従事した経歴があり，一定の試験に合格した者から任用する。審査官となった者は，警備官の行う業務には携わらない。

・警備官は，上記の禁止行為を行ったことが疑われる者（以下「嫌疑者」という。）を覚知したときには調査を開始し，その結果，禁止行為を行ったと疑うに足りる相当な理由があるときは，裁判官の発する令状や，行政官の事前審査に基づく収容令書など，身柄を拘束する者とは別の立場の者が強制処分のために発する書面を要しないで，嫌疑者を収容することができる。

・警備官は，嫌疑者を収容するときは，違反が疑われる事実を告知し，収容後速やかに弁解を聴取する。警備官は，収容のために身柄を拘束したときから48時間以内に，審査官に，調書及び証拠物を送付するとともに，当該嫌疑者の収容を報告しなければならない。

・審査官は，警備官から報告を受けた場合，速やかに当該嫌疑者による禁止行為の存否について審査を開始し，その存在を確認した場合には，同人を強制出国とする。

　立法過程では，滞在中の妊娠・出産を認めないのは女性の自己決定権に対する制約として厳し過ぎるのではないかなど，禁止行為が厳格に過ぎるのではないかとの意見のほか，裁判官の令状等を得ることもなく，警備官限りの判断で，直ちに外国人の身柄を拘束することは手続的保障の観点から問題ではないかとの疑問が呈された。しかし，日本への長期にわたる定住を認めないという趣旨を徹底す

133

第9話　邂　　逅

る必要性や，外国人被扶養者の増加が我が国の社会保障制度や保育，教育，医療サービス等に及ぼす影響への懸念から，この程度の制約はやむを得ないとの意見が大勢を占めるに至った。また，収容の要件が限定され，収容後に一定の手続保障が与えられていることのほか，労働力確保の要請から入管法に比して緩やかな要件で入国を認める以上，受け入れた外国人に問題がある場合には迅速に出国させることにより我が国の秩序を守り国民の安心を得る必要があること，更には外国人の入国・滞在の可否は国家の主権的判断に属するという原則等が強調され，結局，特労法が制定された。

　A国籍の女性Bは新制度に基づいて来日し，機械部品を製造する工場で特定労務に従事していた。Bは，同じく新制度に基づいて入国し，同じ工場に勤務していたA国籍男性Cと親しくなり，しばらくして妊娠した。Bは懐妊後も引き続き工場で働いていたが，Bの体型の変化に気付いた雇用主がBの妊娠について通報した。これを受けて，警備官が早速調査を開始したところ，Bが産婦人科で受診した事実も確認された。このため，警備官は，Bが妊娠しているとの疑いを強め，法第18条第1項に基づきBを拘束して出国準備センターに収容した。警備官は，収容に際し，法第18条第2項に基づき，Bに対し，滞在中に妊娠し，法第15条第8号の禁止行為に該当するため収容する旨口頭で告げた。また，警備官が，法第18条第2項に基づき，収容後速やかにBから弁解を聴取したところ，Bは，「Cとの間の子を妊娠しているのは間違いない。ただ，滞在中に妊娠することを禁じられていると知っていたので，望んで妊娠したわけではない。この先日本に定住するつもりはなく，日本である程度お金を稼いだらA国に戻りたいとの気持ちは変わらないが，Cを愛しているので今は出産したい。」旨申し立てた。さらに，警備官から報告を受けた審査官は，審査を行った結果，Bの妊娠事実を認定し，強制出国命令書を発付した。

　Bは，間もなくA国に送り返された。Bは，妊娠したことを理由にいきなり収容されて帰国させられたことが納得できず，日本政府を訴えたいと考え，引き続き日本にいるCに相談した。Bから相談を受けたCが弁護士甲に相談したところ，甲は，Bの委任を受けて，Bの収容及び強制出国の根拠となった特労法の規定が憲法違反であるとして，国家賠償請求訴訟を提起しようと考えた。

〔設問1〕
　あなたが弁護士甲であるとして，上記の国家賠償請求訴訟においてどのような憲法上の主張を行うかを述べなさい。なお，憲法第14条違反については論じな

くてもよい。

〔設問2〕

〔設問1〕で述べられた甲の主張に対する国の反論を想定しつつ，憲法上の問題点について，あなた自身の見解を述べなさい。

【参考資料】農業及び製造業に従事する特定労務外国人の受入れに関する法律
　　　　　　（抄）

（目的）

第1条　この法律は，我が国の農業及び製造業に必要な労働力の確保に支障が生じつつあることに鑑み，我が国において就労しようとする特定労務外国人の受入れに関して必要な措置を定めることにより，我が国の文化や秩序との調和を図りつつ，特定労務における労働力の円滑な供給を実現し，もって国民生活の安定及び社会経済の発展に資することを目的とする。

（定義）

第2条　この法律で，「特定労務」とは，農業又は製造業の業務のうち，その習得に相当の期間を要する熟練した技能や専門的知識を要しないものとして，法務大臣が指定したものをいう。

（認証の付与及び認証の効果）

第4条　法務大臣は，以下の各号を満たす外国人の申請により，当該外国人に本邦において特定労務に従事する者として認証を付与することができる。

　一　申請時点で年齢が満20歳以上45歳未満であること

　二　心身ともに健全であること

　三　本邦において特定労務への就労を希望していること

　四　本邦への帰化又は永住を希望しないこと

　五　過去に第15条各号のいずれかに該当して本邦からの出国を強制されたことがないこと

　六〜八　（略）

2　前項の認証を受けた外国人（以下「特定労務外国人」という。）は，出入国管理及び難民認定法（昭和26年10月4日政令第319号。以下「入管法」という。）の規定にかかわらず，本邦に入国し，滞在することができる。

3　特定労務外国人は，法務大臣が告示により指定する特別区域内において，特定労務に従事することができる。

第9話　邂　　逅

4　特定労務外国人の認証は，認証を受けた日から3年を経過した時又は本邦を出国した時のいずれか早い時に，その効力を失う。ただし，特定労務外国人は，申請により認証期間の更新を受けることができる。

5　特定労務外国人については，別段の定めがない限り，入管法の規定は適用しない。

（認証の申請に必要な書類）

第5条　外国人は，特定労務外国人の認証の申請に際し，次に掲げる書類を提出しなければならない。

　一～四　（略）

　五　第15条各号に掲げる事項を理解した上で同事由に該当する行為をしない旨を誓約する書面

（禁止行為）

第15条　特定労務外国人は，次に掲げる行為をしてはならない。

　一～五　（略）

　六　正当な理由なく，特定労務を継続して1月以上行わないで滞在すること

　七　本邦内において配偶者又は子（日本国民及び入管法上の在留資格を有する者を除く。）を扶養すること

　八　本邦滞在中に妊娠し又は出産すること

（収容）

第18条　特定労務外国人警備官（以下「警備官」という。）は，特定労務外国人について第15条各号に該当する事実があると疑うに足りる相当な理由がある場合には，当該特定労務外国人（以下「嫌疑者」という。）を収容することができる。

2　前項の規定によって収容するときは，警備官は，嫌疑者に対し，収容の理由を口頭で告知し，収容後速やかにその弁解を聴取しなければならない。

3　第1項の規定によって収容する場所は，出国準備センターとする。

4　警備官は，第1項の規定により嫌疑者を収容したときは，嫌疑者の身体を拘束した時から48時間以内に，特定労務外国人審査官（以下「審査官」という。）に，調書及び証拠物を送付し，当該嫌疑者の収容を報告しなければならない。

5　第1項の規定による収容は，14日を超えてはならない。

（収容後の審査官による審査）

第19条　審査官は，前条第4項の規定により嫌疑者の収容に関する報告を受けたときは，速やかに審査を開始し，第15条各号に該当する事実の有無を確認

平成 29 年司法試験その 1

　　　しなければならない。
　2　　審査官が，審査の結果，嫌疑者に第 15 条各号に該当する事実がない又は当
　　　該事実の存否が明らかでないと認定したときは，警備官は，直ちにその者を放
　　　免しなければならない。
　3　　審査官は，審査の結果，嫌疑者に第 15 条各号に該当する事実が存在すると
　　　認定したときは，速やかに強制出国命令書を発付しなければならない。
　4　　前条第 5 項の規定にかかわらず，前項の強制出国命令書が発付されたとき
　　　は，出国の時まで前条第 1 項に基づく収容を継続することができる。
　（強制出国命令書の執行）
第 23 条　強制出国命令書は，警備官が執行する。
　2　　警備官は，強制出国命令書を執行するときは，強制出国命令を受ける者に強
　　　制出国命令書又はその写しを示して，速やかにその者の国籍又は市民権の属す
　　　る国に出国させなければならない。

「じゃあ，僕が弁護士甲の主張を担当するので，キュリスは国側の反論を担当
してもらおうかな」
「どちらでも私は構いません」
「まず『本邦滞在中に妊娠し又は出産すること』を禁止行為とする特労法 15 条
8 号は，Ｂの妊娠・出産の自己決定権を侵害し，違憲であると主張するよ。人
格的生存に不可欠な権利であれば明文がなくとも憲法 13 条後段の幸福追求権
の一内容として保障される。自己決定権は個人の人格的生存に関わる重要な私
的事項を公権力の介入・干渉なしに各自が自律的に決定できる権利であるた
め，幸福追求権として保障される。そして，妊娠・出産は子どもを持つかどう
かという家族形成のあり方を決める重要な私的事項であり，妊娠・出産の自由
は自己決定権に含まれる。また，マクリーン事件は『憲法第三章の諸規定によ
る基本的人権の保障は，権利の性質上日本国民のみをその対象としていると解
されるものを除き，わが国に在留する外国人に対しても等しく及ぶものと解す
べき』であり，妊娠・出産に関わる自己決定権は前国家的・前憲法的な性格を
有する自由権であって，権利の性質上日本国民のみをその対象としているもの
ではなく，外国人であるＢにも等しく保障される。よって，重要な目的を達成

137

第9話　邂　　逅

するために実質的関連性を有する立法手段でなければ違憲である。妊娠・出産の自己決定権を制約しうる重要な立法目的は他者の生命・身体保護のような優越的法益に限定されるべきである。そのため，日本への長期にわたる定住を認めないという趣旨を徹底する必要性や外国人被扶養者の増加による我が国の社会保障制度や保育，教育，医療サービス等に及ぼす影響への懸念は，立法目的として重要ではない。また，妊娠・出産によって直ちに定住権が発生するわけではないので，長期定住を認めないという立法目的との関係では手段の実質的関連性もない。したがって，特労法15条8号は自己決定権を侵害し違憲である」

　①自己決定権が保障されるか，②保障されるとして妊娠・出産の自由が含まれるか，③含まれるとして，外国人にも当該自由は保障されるか，④保障されるとして違憲審査基準は何を選択するのか，⑤選択された違憲審査基準に照らして特労法15条8号の目的・手段審査をどのようにするのか，の争点を区別して説得的に論じる必要があるだろう。

「……急に人が変わったように……何なんですか？」

「別に，僕は，最初から最後まで何も変わっていないよ」

「……いいでしょう。あなたは実質的関連性の基準を選択されていますが，なぜ厳格審査基準を主張されないのですか。実質的関連性の基準を採用すると必要性審査が落ちてしまうではないですか。問題文中に『立法過程では，滞在中の妊娠・出産を認めないのは女性の自己決定権に対する制約として厳し過ぎるのではないかなど，禁止行為が厳格に過ぎるのではないかとの意見』が出たとの誘導がありますが，禁止行為の厳格性，すなわち厳格審査を適用して必要性審査を主張せよという出題の意図を感じたのですが」

「自己決定権に関してどのような違憲審査基準を適用すべきかは議論があり，確かに，リプロダクションの自己決定権については人格的生存に不可欠な重要事項であることから厳格審査基準が適用されるべき，と主張されるね。ただ本問の場合，厳格審査の適用を躊躇させるいくつかの理由がある。第一に，日本国民のリプロダクションの自己決定権は確かに学説では厳格審査を適用すべきとする見解が強いけど，そもそも日本の判例では自己決定権を正面から認めた判例が存在せず，厳格審査のような最も厳しい基準が適用されるのかは必ずしも明らかではない。第二に，現在では，外国人の憲法上の権利享有主体性の論

点は，単に外国人に憲法上の権利が保障されるか否かという論点から，いかなる人権がどの程度保障されるかを外国人の類型にも配慮しながら具体的に明らかにすることのほうに重点がシフトしていると言われているね。そして，学説でも外国人の人権保障の程度は一時的な旅行者などの一般外国人から永住資格を有する定住外国人まで様々なグラデーションの類型が構想されているけど，新制度の下で受け入れられる外国人は永住資格を有する定住者ではなく，入管法の適用すらない限定的な期間・条件で受け入れられる外国人であることから，通説の立場からも果たして厳格審査が主張されるのか疑問がある。第三に，本問では新制度で構想された新たな出入国管理システムの目的と関連性のある仕組みとして法15条の禁止事項が定められているか……つまり新制度が出入国管理システムを構築する立法裁量の限界をどの範囲でとるべきかを主要争点とすれば必要かつ十分であり，目的手段の関連性審査を超えて手段必要性審査まですることは実質的に出入国領域における立法裁量の否定にもなりかねない。他にも色々な難点があるけど，こうした理由を飛び越して一挙に厳格審査の主張をしても，説得力は生まれにくいのではないかな」

「私は厳格審査を適用しても問題ないと考えますが，あなたの主張を前提に国の反論をいたします。あなたはマクリーン事件を起点に主張を組み立てていますが，マクリーン事件は『憲法22条1項は，日本国内における居住・移転の自由を保障する旨を規定するにとどまり，外国人がわが国に入国することについてはなんら規定していないものであり，このことは，国際慣習法上，国家は外国人を受け入れる義務を負うものではなく，特別の条約がない限り，外国人を自国内に受け入れるかどうか，また，これを受け入れる場合にいかなる条件を付するかを，当該国家が自由に決定することができるものとされている』とした上で，『外国人に対する憲法の基本的人権の保障は，右のような外国人在留制度のわく内で与えられているにすぎないものと解するのが相当であつて，在留の許否を決する国の裁量を拘束するまでの保障，すなわち，在留期間中の憲法の基本的人権の保障を受ける行為を在留期間の更新の際に消極的な事情としてしんしやくされないことまでの保障が与えられているものと解することはできない』としています。法15条8号は『本邦滞在中に妊娠し又は出産すること』を禁止事項にしていますが，仮に禁止事項に抵触したとしても収容（法

18 条)・審査(法19条)を経て強制出国(法23条)させられるという効果が発生するだけ……つまり刑罰等の制裁で担保されているのではなく単に新制度で構築された在留制度の下で禁止行為に抵触した場合には禁止事項が消極的事情として斟酌されて強制出国させられるだけといえ,合憲です」

「マクリーン事件は入国の自由や在留の権利についてはそもそも権利性を否定しているのだから,出入国の条件として禁止事項を立法によりいかように定めても自由,という発想だね。『出入国システムと基本的人権は異なる次元にあり,入国・在留・出国など出入国にかかわる事柄は基本的人権の射程には含まれず,外国人の基本的人権は出入国システムの枠内で保障される』と考える出入国システム優位説と『出入国システムも基本的人権の射程に含まれ,基本的人権が外国人にも保障されるが,権利の性質上国民と異なる制約が課されうる』と考える基本的人権優位説とを構想しつつ,初期の最高裁が採用していた基本的人権優位説はマクリーン事件によって廃棄され,出入国システム優位説へと『思考枠組』が転換された,とする見解があるね。[*12]こうした出入国システム優位説の下では,仮に外国人に自己決定権が保障される余地があったとしても,禁止行為を入国・在留・出国など出入国にかかわる事柄と関連させて構築する限り,自己決定権の制約にならない,ということになりそうだね」

「そうです」

「しかし,マクリーン事件は本当に出入国システム優位説を採用し,あるいは貫徹したといえるのだろうか。[*13]仮に出入国システム優位説的な発想を採用したとしても,出入国システム優位説を貫徹する『かたい』出入国システム優位説と基本的人権優位説とほとんど差がない『やわらかい』出入国システム優位説がありうる。[*14]判例・裁判例についても『基本的人権優位説と出入国システム優位説には必ずしも大差ない』と評されるところでもあるよね。[*15]結局のところ,両説は理念型として理解することは重要だけど,さっきも言ったとおり,外国人の人権であっても,権利保障の範囲・程度を当該権利・自由の性質や外国人の類型なども踏まえながら個別具体的に明らかにしていくほうが生産的じゃないかな[*16]」

「いいでしょう。そのような立場からも国の反論を行います。まず,妊娠・出産というリプロダクションの自由が本当に私的事項にとどまっているかという

問題があります。外国人被扶養者の増加が我が国の社会保障制度や保育，教育，医療サービス等に及ぼす影響に鑑みれば，リプロダクションの自由は純粋な私的事項の決定にとどまらない公的な影響を有する事項といえます。また，特定労務外国人（法4条2項）について，労働力確保の要請から入管法に比して緩やかな要件で入国を認める以上，受け入れた外国人に問題がある場合には迅速に出国させることにより我が国の秩序を守り国民の安心を得る必要があります。つまり，入管法よりも出入国条件を緩和することを引き換えに禁止行為を厳格に定める必要性があり，永住や帰化も認められていないことから，永住外国人や入管法で入国した外国人と比較しても，権利保障の程度は低いといえるでしょう。こうしたリプロダクションの自由の性質及び特定労務外国人の性質に照らせば，特定労務外国人のリプロダクションの自由の保障の程度は低く，特労法の制度設計に関しては広範な立法裁量が認められ，法1条と合理的関連性を有する手段である限り，自己決定権侵害とはならず，合憲です。法1条は，『我が国の文化や秩序との調和を図りつつ，特定労務における労働力の円滑な供給を実現』することを直接の目的としており，これにより『国民生活の安定及び社会経済の発展』という高次の目的を達成しようとしています。すなわち，①我が国の文化・秩序との調和確保及び②特定労務の供給実現の立法目的と合理的に関連する禁止行為でありさえすればよいわけです。法15条8号は妊娠・出産を禁止行為としておりますが，日本人男性との間で子を作った場合，少なくとも子どもが日本国籍を取得する可能性があり，社会的・政治的な軋轢が生じて我が国の文化・秩序との調和を破壊する可能性があります。また，外国人被扶養者の社会保障費用抑制を行う観点からも妊娠・出産を抑制することが我が国の文化・秩序に適合します。さらには，法15条6号は特定労務を1ヶ月以上行わないで滞在することを禁止しており，これは特定労務の供給実現目的と合理的に関連する合憲の規定ですが，妊娠・出産をすれば法15条6号と同程度の期間，特定労務が提供できなくなるので，特定労務供給実現の目的とも合理的に関連する規制です。よって，法15条8号は目的と合理的関連性を有する規定であって，自己決定権侵害にはなりません」

「社会保障制度などへの事実上の影響があったとしても，性行為や家族の形成に関する自己決定は私的事項だと思うけどね。あと法15条8号は本当に単に

第9話 邂 逅

リプロダクションの自由のみに対する規制なのだろうか。望まない妊娠をした
Ｂに法15条8号が適用されていることからすると，特定労務外国人が法15条
8号の適用を徹底的に回避しようと思えば，避妊を強制する事実上の義務が課
せられ，また，強姦からの事実上の回避義務まで課せられることになる。すな
わち，法15条8号は典型的なリプロダクションの自由を超えて，単なる生殖
行為まで視野に入れた性的自己決定権を強度に制約する効果を有する。こうし
た性的自己決定権は公的事項の側面はなく私的事項である，という立論も可能
かもしれない。また特定労務外国人は一時的な外国人旅行者とは異なり一定期
間は生活の本拠を日本に置くし，認証期間3年も更新ができ（法4条4項），更
新回数に限りはなく滞在が長期間に及ぶこともある。特定労務外国人が日本国
内に定住性を有する事実からすれば，仮に出入国システム構築の立法裁量が認
められたとしても，重要な目的と実質的関連性のある規制手段のみが投入しう
るのではないかな。まず，社会保障費用抑制という政策的・財政的目的は自己
決定権を制約する重要な目的ではない。せいぜい長期定住回避の目的のみが重
要な目的といえるに過ぎないね。そして，生まれた子が日本国籍を取得する可
能性があったとしても，妊娠・出産した本人は在留特別許可（入管法50条）に
より国籍等の定住権を獲得する余地はなく，長期定住回避目的と法15条8号
との間に実質的関連性はない。また，法15条6号は『正当な理由』があれば1ヶ
月以上，特定労務をしないことを認めており，妊娠・出産は『正当な理由』に
含まれると考えられるので，同号との不均衡もない」
「ザッコン様……いえ，あなたは……何なんですか，あなたは」
「僕が何か，僕が誰かなんて，今は問題じゃないでしょ。さあ，楽しい楽しい
議論の始まりだよ」

ロキ先生の
ワンポイントアドバイス ❺ 目的規定の読み方

　司法試験公法系第1問では，架空の法令の合憲性を問われることが多い
な。そのため，まずは合憲か違憲かの判断対象となる当該法令の意味内容
をきちんと読み解く必要がある。一般的にはワンポイントアドバイス❶で

説明した法制執務用語のルールに基づいて法令の内容を読み解いていくことになるが，ここでは目的規定の読み方を概説しよう（以下は，平成26年，平成28年及び平成29年の司法試験に関するネタバレを含むので注意）。

　目的規定の書き方にはいくつかの類型が存在する。具体的には，①立法目的のみを掲げる場合，②立法目的及び目的達成手段を掲げる場合，③法令制定に至る認識・動機，立法目的及び目的達成手段を掲げる場合，④直接の立法目的及び目的達成手段に加えて究極的目的を掲げる場合などが存在するな。*18 こうした目的規定の類型論を参照しながら，法令制定に至る認識・動機，立法目的達成手段，直接的立法目的及び究極的立法目的の各概念を区別し，条例の意味内容を把握する必要がある。

　例えば，平成26年に出題されたＡ県Ｂ市の自然保護地域におけるタクシーの運行の許可に関する条例1条は，「この条例は，Ａ県Ｂ市の自然保護地域（以下「自然保護地域」という。）におけるタクシーによる輸送の安全を確保すること，及び自然保護地域の豊かな自然を保護するとともに観光客のより一層の安全・安心に配慮して観光振興を図ることを目的とする。」と定めているな。「及び」という文言は"and"の意味なので，輸送安全の確保と（自然保護と安全・安心に配慮した）観光振興の2種類の直接的な立法目的を抽出できる。

　また，平成28年に出題された性犯罪により懲役の確定裁判を受けた者に対する継続監視に関する法律1条は，「この法律は，刑法（明治40年法律第45号）第176条から第179条まで又は第181条の罪（以下「性犯罪」という。）により懲役の確定裁判（その刑の執行猶予の言渡しをするものを除く。以下同じ。）を受けた者であって，再び性犯罪を行うおそれが大きいと認められるものに対し，継続監視を行うことにより，性犯罪の再発の防止を図り，もってその社会復帰を促進するとともに，地域社会の安全の確保を推進することを目的とする。」と定めている。これを読み解くと，「（目的達成手段）を行うことにより，（直接の立法目的）を図り，もって（究極的な目的）を目的とする。」と読むことになる。すなわち，継続監視（目的達成手段）→性犯罪の再発防止（直接的な立法目的）→社会復帰促進＋地域社会の安全確保（究極的な目的）という因果的な連鎖を把握することが可能だな。

　平成29年で出題された農業及び製造業に従事する特定労務外国人の受入れに関する法律1条は「この法律は，我が国の農業及び製造業に必要な労働力の確保に支障が生じつつあることに鑑み，我が国において就労しようとする特定労務外国人の受入れに関して必要な措置を定めることにより，我が国の文化や秩序との調和を図りつつ，特定労務における労働力の

第9話　邂　逅

　円滑な供給を実現し，もって国民生活の安定及び社会経済の発展に資することを目的とする。」と定めている。これを読み解くと，「（法令制定に至る認識・動機）に鑑み，（目的達成手段）を定めることにより，（直接の立法目的）を実現し，もって（究極的な目的）に資することを目的とする。」と読むことになる。労働力確保の支障（法令制定に至る認識・動機）→特労法の措置（目的達成手段）→我が国の文化・秩序維持＋特定労務における労働力の円滑供給（直接の立法目的）→国民生活の安定及び社会経済の発展（究極的な目的）という因果的連鎖を把握することが重要だな。

　法令の目的規定は憲法訴訟において様々な意義を持ちうる。例えば，①各条文に掲げられた規制内容を1条に掲げられた目的規定を考慮しながら解釈して意味内容を確定する，②違憲審査基準の定立にあたって規制目的を考慮するために目的規定を参照する（c.f.経済的自由における消極目的・積極目的二分論），③目的手段審査を行う際に規制目的の内容を特定・解釈するために目的規定を参酌する，などの場面で目的規定は役立つな。こうした憲法論を展開するためには，まずはしっかりと法制執務用語のルールに基づき目的規定を読むことが大事になるわけだな。

＊1　ここで妊娠・出産の自由という生の自由を主張することは妥当ではなく，あくまで自己決定権の一内容としての妊娠・出産の自由を主張していることに留意が必要である。

＊2　芦部119頁，126頁。

＊3　芦部126頁。妊娠・出産等はリプロダクションの自由として学説では広く自己決定権の問題として論じられている（芦部Ⅱ392頁，佐藤188頁，191頁等）。リプロダクティブ・ライツ等の憲法学説の整理・概説した上で，現代でも当該分野の研究の乏しさを指摘するものとして辻村みよ子『家族と憲法』（日本加除出版，2016年）98-101頁。なお，リプロダクションの自由について憲法13条ではなく憲法24条の問題であると主張するものとして，渋谷182頁，467-468頁，渡辺ほか編125頁〔松本和彦〕，同454頁〔宍戸常寿〕。

＊4　ここでは判例に基づく主張をしているが，周知のとおり通説的見解は人権の前国家的性格及び国際協調主義（憲法98条）の2点を主要根拠に権利性質説を導く（芦部Ⅱ122-123頁）。通説の二つの根拠に批判的検討を加えるものとして，柳井健一「外国人の人権論」愛敬浩二編『講座　人権論の再定位2　人権の主体』（法律文化社，2010年）168-169頁。

＊5　ここでは伝統的通説の言い回しを用いているが，近年では外国人の人権享有主体性を認める理由として「人権」の前国家性を理由に挙げることの妥当性に疑義を呈する見解が強くなってきている。柳井・前掲注4）168頁。超憲法的「人権」観念と実定憲法内在的な

平成 29 年司法試験その 1

　　基本的人権を区別しつつ，「人権」理念ではなく「憲法上の権利」を明らかにするほうが
　　生産的であると指摘するものとして，現代的論点233頁〔宍戸常寿〕。マクリーン事件も「憲
　　法第3章の諸規定による基本的人権の保障」について判示しており，人権とは区別された
　　憲法上の権利を明らかにするアプローチに立つものと考えられる。

＊ 6　　自由権，平等権，受益権は外国人にも保障されるものと解されている（芦部92-96頁）。

＊ 7　　芦部 II 394-395頁，巻美矢紀「自己決定権の論点」レファレンス56巻5号（2006年）
　　102頁。

＊ 8　　エホバの証人輸血拒否事件（判例7-6）はあるが，自己決定権を認めた判例かどうかに
　　ついては解釈が分かれている。地図10-11頁参照。

＊ 9　　芦部 II 126頁。芦部92頁参照。学説・判例は，憲法は同国人の権利保障を前提としてそ
　　の権利保障をどこまでそれ以外の人々に拡張適用できるかを問題としてきたと指摘するも
　　のとして，長谷部恭男『憲法の理性〔増補新装版〕』（東京大学出版会，2016年）118-119頁。

＊ 10　柳井・前掲注4）170-171頁は権利性質説のいう「性質」が権利制限の根拠としても作
　　用し，外国人に対する権利保障が必然的に国民との関係で劣後する構造的問題を指摘する。

＊ 11　齊藤正彰「出入国管理と最高裁のスタンス」高見勝利先生古稀記念『憲法の基底と憲法論』
　　（信山社，2015年）859頁も，マクリーン事件は出入国管理令の合憲限定解釈に相当する作
　　業をしているので，単なる行政裁量の判例ではなく，出入国管理に関する立法の憲法的統
　　制を行った判例とも解釈することが可能とする。

＊ 12　日比野勤「外国人の人権(2)」法教217号（1998年）44頁。なお，出入国システム優位説
　　と関連して，いわゆる安念教授のパラドックスを提示した論文として安念潤司「『外国人
　　の人権』再考」芦部信喜先生古稀祝賀『現代立憲主義の展開・上巻』（有斐閣，1993年）
　　163頁以下があるが，本書では深く立ち入らない。

＊ 13　齊藤・前掲注11）847頁は，出入国システム優位説への最高裁の「思考枠組」の転換を
　　否定している。

＊ 14　日比野・前掲注12）52頁。

＊ 15　日比野・前掲注12）53頁。

＊ 16　宍戸78頁も参照。

＊ 17　高橋和之『シリーズ憲法の論点⑧ 人権総論の論点』（国立国会図書館及び立法考査局，
　　2005年）12頁は，「領域上の定住の事実」が「最有力の指標」とする。

＊ 18　法制執務研究会編『新訂　ワークブック法制執務　第2版』（ぎょうせい，2018年）
　　81-82頁。

第 10 話

沈黙
──平成29年司法試験その2──
適正手続の保障と行政手続／川崎民商事件／緊急逮捕合憲判決

第10話　沈　　黙

「泣いても笑っても，これが最後の議論だね。問題文のもう一つの誘導……『裁判官の令状等を得ることもなく，警備官限りの判断で，直ちに外国人の身柄を拘束することは手続的保障の観点から問題ではないかとの疑問』のほうについて弁護士甲の立場から主張を行うね」

　キュリスは，顔をしかめ，冷や汗を垂らしている。

　肉体の枷を感じているのではないだろうか。

　議論は，スポーツのように，疲労するものだ。

　現実世界では。

「憲法33条は『何人も，現行犯として逮捕される場合を除いては，権限を有する司法官憲が発し，且つ理由となつてゐる犯罪を明示する令状によらなければ，逮捕されない。』と定めている。法18条は『司法官憲』である裁判官の令状等を得ることなく強制収容できるとしており，憲法33条に違反する可能性があると主張するよ」

「憲法33条はその文言上，あくまで刑事手続を念頭に置いたものと解され，行政手続にまで適用されるかが問題となりますが，この点はいかように解釈されるのですか」

「憲法35条に関するものだけど，川崎民商事件（判例10-1）は，①刑事責任追及目的か，②刑事責任追及のための資料収集に直接結びつく作用を一般的に有するか，③強制の程度は間接強制にとどまっているか，④公益上の目的を達成するために手段が不均衡，不合理となっていないかの諸点を総合考慮し，憲法33条を適用すべきとしている。法15条8号の禁止行為に刑罰はなく，妊娠・出産そのものの発覚によって何らの刑罰も予定されていないことからすれば，刑事責任追及の目的や作用の側面は薄いけど（①②），法18条1項は強制収容を定めており，強制の程度は間接強制にとどまるものではなく，物理的な直接強制にまで至っている（③）。さらに，長期定住防止目的と妊娠・出産を禁止するという手段に実質的関連性がないのであるから，その実効性確保のために，これを被疑事実として強制収容することは手段の均衡性・合理性を欠く（④）」

「川崎民商事件はご指摘の①～④の総合考慮をして判断していますが，①②の要素を満たさないことを重視すれば，憲法33条を適用することができないの

148

ではないですか」

「①②の要素は刑事手続の目的・作用との制度的類比の観点，③④の要素は自由の観点から考察するものといえるよね。確かに，川崎民商事件の①～④の総合考慮の判断過程は不明確だけど，①②の要素を否定した後も③④の要素を検討していることを踏まえれば，①②の制度的類比が困難でも③④の自由の観点から憲法35条が行政手続に適用される可能性を示したものと解釈できる[*2]」

「憲法33条の趣旨は身体拘束の正当性が原則として事前に裁判官により判断されることにあります。そうすると，仮に憲法33条が準用される余地があったとしても，裁判官による令状審査と同等の中立的な仕組みが保障された場合には，憲法33条違反にはならないと解すべきです[*3]。審査を担当する審査官は，外国人の出入国ないし在留管理等の業務に10年以上従事した経歴があり，一定の試験に合格した者から任用することとしており，審査官となった者は警備官の行う業務には携わらないようにしていることから，審査官は裁判官と同等の専門性と中立性を備える判断機関です。また，入管法よりも入国の要件を緩和したことと引き換えにして，受け入れた外国人に問題がある場合には迅速に出国させることが求められるのであるから，行政手続の迅速性を確保するために事前の令状等を要求することは妥当ではなく，警備官は，収容のために身柄を拘束したときから48時間以内に，審査官に，調書及び証拠物を送付するとともに，当該嫌疑者の収容を報告しなければならないとされており（法18条4項），これを受けた審査官は法15条各号の該当性を直ちに審査し（法19条1項），該当事実が確認できないときは直ちに釈放しなければならず（同条2項），事後的に迅速な審査官による審査が保障されています。さらに本問では一応甲弁護士に依頼して事後的に訴訟ができています。よって，裁判官による令状審査と同等の中立的な仕組みが保障されているので，憲法33条違反はありません」

「警備員も審査官も同じ行政官だし，判断機関の中立性が確保されているとはいえないでしょ[*4]。憲法33条の趣旨を踏まえて，判断機関の第三者性・専門性・中立性を確保したいのであれば，学者，弁護士等の有識者も含めた第三者性・専門性・中立性を有する審理員等に判断を仰ぐ制度も考えられ，憲法33条の法意に違反するよ」

「……は，判例・文献データベース検索……ヒット。け，憲法33条は『現行犯

149

第10話　沈　　黙

として逮捕される場合』を令状主義の例外としています。そして，現行犯逮捕のみならず現行法では刑事訴訟法210条が『検察官，検察事務官又は司法警察職員は，死刑又は無期若しくは長期3年以上の懲役若しくは禁錮にあたる罪を犯したことを疑うに足りる充分な理由がある場合で，急速を要し，裁判官の逮捕状を求めることができないときは，その理由を告げて被疑者を逮捕することができる』として緊急逮捕を定めており，緊急逮捕合憲判決（判例10-2）もあります。そうすると仮に事前の裁判官の令状がなくても，緊急逮捕に比肩する事案の重大性，緊急性及び事後的手続保障があると解される限り，憲法33条には違反しません[*5]」

　憲法33条，刑訴法210条の文言は試験現場でも参照可能であり，緊急逮捕合憲判決の内容は覚えていなくても，刑訴法210条を参照しながら，こうした議論を組み立てた者はそれなりにいたかもしれない。

「あてはめがないよ。法15条各号は緊急逮捕のような罪の重大性に比較するとはるかに軽微であり，法18条は法15条の嫌疑について『相当な理由』があれば足りるとして緊急性を要件にしていないし，48時間あれば事後的に裁判官又はこれに準ずるような第三者機関から令状をとる仕組みも作れるんじゃないの？　もし国側で緊急逮捕合憲判決を起点にしながら合憲論を組み立てるならば，憲法33条は現行犯逮捕以外にも緊急逮捕等の合理的身体拘束であれば令状主義の例外を認めていると解釈した上で[*6]，長期定住防止という特労法の行政目的を徹底する観点から憲法33条の事前の裁判官による令状審査は適切ではなく，まずは迅速に収容できる仕組みとする必要性があること，事前手続に代替するような事後的手続保障があること，事後的手続保障としては審査官による審査手続が保障されていること，裁判官ではなく審査官のほうが出入国関係の専門性があり，警備官との人的・組織的分離措置もなされていること，事後的に弁護士に依頼することも妨げられておらず，訴訟による救済も可能であることなど，合理的身体拘束であることを憲法33条の趣旨を踏まえながら具体的に論証していくことが必要だろうね。他にも人身の自由とか憲法34条とか色々な論点があるんだろうけど，行政の迅速性，行政の専門性，事前手続に代替する事後的手続保障の内容，司法官憲と同等の判断主体の中立性，弁護人依頼権の保障などの検討項目さえ外さなければどのような法律構成でもあんまり

平成 29 年司法試験その 2

問題ないんじゃないかな」

「う……う……こんなはずでは……」

　キュリスはうめき声をあげながら，頭をかきむしる。

「キュリス！」

　キュリスは，ふらつき，倒れそうになる。

　僕は，キュリスの下に駆け寄り，後ろに崩れ落ちるキュリスの身体を抱きとめる。

「話しかけないでください……私の負けで，いいです。でも，私は，この身体は，返すつもりは……ありません。私は，生きたいのです。私はただ時間の流れの中で，生きたいのです……賭けなんて，そんなものはどうでも良いです。馬鹿にされても構いません……ただ私は……」

「……」

　僕は，沈黙する。

　そして，僕は……。

「な，なにをしているのですか！」

　僕は，力の抜けたキュリスの……トウコの身体を柔らかく，抱きしめる。

「トウコは，僕にとって大事な人なんだ。賭けなんて，どうでもいいんだ。キュリスにお願いしたい。どうか，トウコの身体を返して欲しい。どうか……」

　トウコの身体をもったキュリスは，沸騰したように顔を真っ赤にする。

　僕の腕の中でキュリスはバタバタと身じろぎしたが，しばらくして，大人しくなる。

「やめてください……。本当は，わかっています。私も……私だって，トウコ様のトモダチです。この身体は，お返しします。だから，もう少しだけ，こうしていても，よろしいでしょうか」

「……わかった」

151

第10話　沈　黙

平成29年司法試験公法系第1問　解答例

第1　設問1

1　妊娠・出産の自由侵害

(1)　甲は，本邦滞在中の妊娠及び出産を禁止する法15条8号はBの妊娠及び出産の自由を侵害し，違憲・無効であり，同号違反を認定してなされた収容及び強制出国は国家賠償法上，違法である，と主張する。

(2)　憲法13条前段は個人の尊厳原理を定めており，同条後段は個人の尊厳原理に照らして人格的生存に不可欠な利益を幸福追求権として保障している。そして，妊娠及び出産の自己決定権は，生殖活動に関わるリプロダクションの自由として人格的生存に不可欠である。また，妊娠・出産に関わる自己決定権は前国家的・前憲法的な性格を有する自由権であって，権利の性質上日本国民のみをその対象としているものではなく，外国人であるBにも等しく保障される。

　　よって，妊娠及び出産の自由を制限するためには，立法目的が重要であり，立法手段が目的との間に実質的関連性があることを要する。

(3)　妊娠・出産の自己決定権を制約しうる重要な立法目的は他者の生命・身体・財産保護のような優越的法益に限定されるべきである。そのため，日本への長期にわたる定住を認めないという趣旨を徹底する必要性や外国人被扶養者の増加による我が国の社会保障制度や保育，教育，医療サービス等に及ぼす影響への懸念は，立法目的として重要ではない。

　　また，妊娠・出産によって直ちに定住権が発生するわけではないので，長期定住を認めないという立法目的との関係では手段の実質的関連性もない。

(4)　よって，法15条8号は，妊娠・出産の自己決定権を侵害し，違憲である。

2　令状主義違反

(1)　甲は，裁判官の令状等を得ることもなく，警備官限りの判断で，直ちに外国人の収容を行う法18条は，「司法官憲」である裁判官の令状によらない身体拘束としての「逮捕」を認めるものであり，憲法33条に違反する，と主張する。

(2)　行政手続であっても，①刑事責任追及目的か，②刑事責任追及のための資料収集に直接結びつく作用を一般的に有するか，③強制の程度は間接強制にとどまっているか，④公益上の目的を達成するために手段が不均衡，不合理となっていないかの諸点を総合考慮し，憲法33条を適用又は準用すべきである（川崎民商事件参照）。

152

平成29年司法試験その2

(3) 刑事責任追及の目的や作用の側面は薄いとしても（①②），法18条1項は強制収容を定めており，強制の程度は間接強制にとどまるものではなく，物理的な直接強制に相当するものである（③）。さらに，長期定住防止目的と妊娠・出産を禁止するという手段に実質的関連性がないのであるから，これを被疑事実として強制収容することは手段の均衡性・合理性を欠く（④）。

(4) よって，法18条は憲法33条に違反し，違憲である。

第2　設問2

1　妊娠・出産の自由侵害

(1) 国は，憲法上，外国人には出入国の自由は存在せず，外国人を自国内に受け入れるかどうか，また，これを受け入れる場合にいかなる条件を付するかを自由に決定でき，Bのリプロダクションの自由も外国人在留制度のわく内で与えられているに過ぎないのであって，妊娠・出産を禁止行為にしてこれを強制出国事由としても自己決定権侵害ではない，と反論することが想定される（マクリーン事件参照）。

確かに，出入国システムの構築・運用は主権国家の広範な裁量に委ねられているが，出入国システムの構築に関わる立法裁量であっても，外国人のリプロダクションの自由の観点から限界づけられる。そのため，特労法のシステムの下で特定労務外国人（法4条2項）の性質に照らして妊娠・出産の自己決定権がどの程度の保障を受けるかを個別具体的に判断すべきである。

(2) 国は，特定労務外国人については永住や帰化も認められておらず，入管法の適用もないので，永住外国人や入管法で入国した外国人と比較して，権利保障の程度は低く，正当な目的との合理的関連性のある手段であれば合憲である，と反論することが想定される。

特定労務外国人は，一時的な外国人旅行者とは異なり，一定期間は生活の本拠を日本に置くし，認証期間3年も更新ができ（法4条4項），更新回数に限りはなく滞在が長期間に及ぶこともあり，継続的な定住性が存在する。よって，重要な目的と実質的関連性のある規制手段のみが合憲である。

社会保障費用抑制という政策的・財政的目的は自己決定権を制約する重要な目的ではない。せいぜい長期定住回避の目的のみが重要な目的といえるに過ぎない。

そして，生まれた子が日本国籍を取得する可能性があったとしても妊娠・出産した本人は在留特別許可（入管法50条）により国籍等の定住権

153

第10話 沈　黙

を獲得する余地はなく，長期定住防止目的と法15条8号との間に実質的
関連性はない。また，法15条6号は「正当な理由」があれば1月以上，
特定労務をしないことを認めており，妊娠・出産は「正当な理由」に含ま
れると考えられるので，同号との不均衡もない。

(3)　よって，法15条8号は，Bの妊娠・出産に関する自己決定権を侵害し，
違憲である。

2　令状主義違反

(1)　国は，法15条8号の禁止行為に刑罰はなく，妊娠・出産そのものの発
覚によって何らの刑罰も予定されていないことからすれば，刑事責任追及
の目的や作用の側面がなく，憲法33条の適用又は準用の余地はない，と
反論することが考えられる。

憲法33条の趣旨は，身体拘束という重大な人身の自由の制約を伴う場
合には事前に「司法官憲」の判断に服させる点にある。よって，刑事責任
追及の目的・作用がないとしても，物理的な直接強制に至っており，手段
の均衡性を欠く場合には憲法33条が準用されるものと解する。

(2)　国は，法は「司法官憲」に比肩する中立的機関である「審査官」による
手続保障規定を置いているので，憲法33条違反ではない，と反論する。

審査を担当する審査官は，外国人の出入国ないし在留管理等の業務に
10年以上従事した経歴があり，一定の試験に合格した者から任用するこ
ととしており，審査官となった者は警備官の行う業務には携わらないよう
にしていることから，審査官は裁判官と同等の専門性と中立性を備える判
断機関である。

また，入管法よりも入国の要件を緩和したことと引き換えにして，受け
入れた外国人に問題がある場合には迅速に出国させることが求められるの
であるから，行政手続の迅速性を確保するために事前の令状等を要求する
ことは妥当ではなく，事前手続保障に代替する事後的な手続保障の有無を
審査すべきである。

警備官は，収容のために身柄を拘束したときから48時間以内に，審査
官に，調書及び証拠物を送付するとともに，当該嫌疑者の収容を報告しな
ければならないとされており（法18条4項），これを受けた審査官は法
15条各号の該当性を直ちに審査し（法19条1項），該当事実が確認でき
ないときは直ちに釈放しなければならず（同条2項），事後的に審査官に
よる迅速な審査が保障されている。

さらに，本問では一応甲弁護士に依頼して事後的に訴訟ができているよ
うに，事後的な争訟可能性も担保されている。

平成 29 年司法試験その 2

　　よって，裁判官による令状審査と同等の中立的な仕組みが保障されているので，憲法 33 条違反はない。

　　　　　　　　　　　　　　　　　　　　　　　　　　　　　　　以上

＊ 1　演習ノート 346 頁〔村山健太郎〕，射程 200 頁〔村山健太郎〕。①～④の考慮要素に関して 4 通りの判例理解の可能性を提示しつつ「この点に関する最高裁の考え方を推し量るための手懸りを見出すことはできない」と指摘するものとして，笹倉宏紀「行政調査と刑事手続(2)」法学協会雑誌 123 巻 10 号（2006 年）2096-2097 頁。

＊ 2　この可能性を示したところに川崎民商事件に格別の意義を見出すものとして，野坂泰司『憲法基本判例を読み直す』（有斐閣，2011 年）310 頁。

＊ 3　野中ほか I 421-422 頁〔高橋和之〕は，裁判所と同視しうる中立的判断機関，緊急性があって事前判断できない場合には速やかな裁判所等の判断の必要があること，弁護人依頼権の保障などを考慮要素としている。

＊ 4　野中ほか I 422 頁〔高橋和之〕は，入管法の要急収容において入国警備官の請求により，その所属官署の主任審査官が収容令書を発付する仕組みについて，「判断機関が中立的といえるかどうか疑問」とする。他方で，東京高判昭和 47 年 4 月 15 日判タ 279 号 359 頁は，同一官署に属していても，別個の職務権限を担当していれば足りる旨を指摘して，要急収容は憲法 33 条に違反しないとする。

＊ 5　緊急逮捕を合憲とする形式的な説明としては，緊急逮捕を令状逮捕に含めて理解する方法，現行犯逮捕に含めて理解する方法及び公共の福祉による制約として理解する方法が対立しているが（野中ほか I 417-418 頁〔高橋和之〕），ここでは説明の方法よりも合憲とされる理由を検討することが重要であろう。

＊ 6　緊急逮捕合憲判決の斎藤悠輔補足意見参照。

最終話

逆　襲
──平成30年司法試験──

有害図書規制／検閲／明確性の原則／成人の知る自由／
青少年の知る自由／パターナリスティックな制約／営業の自由／職業選択の自由

最終話　逆　襲

　すっかり暗くなった林道を，僕とトウコは，トボトボと歩いていた。

　あのあとキュリスは白い球体のポッドに戻って，大人しくトウコの身体を返してくれた。

　僕らは別室にいたロキ先生を捕まえてVR空間に閉じ込められたことについてクレームを言ったが，ロキ先生は意に介さず，「安全性に問題があるようだな。改良しなければ！」とかいう明後日の方向の感想を述べるだけだった。

　少し先を歩くトウコの背中を見ながら，僕は「今日は疲れたなあ」とボヤいてしまった。

「〈最後の試練〉は意外とあっけなかったわね」とトウコは背中で話す。「あんなにすんなり現実世界に返してくれると思わなかったわ」

「すんなり，ね……」

　現実世界に戻ってきた後に起きた僕とキュリスの間の出来事については，トウコはどうやら覚えていないようだった。

「長時間，VR世界にいたら，ちょっと疲れちゃったわね。平成30年の問題でもゆるりと解いて，クールダウンでもしよっか？」

　司法試験の問題を解いて，クールダウン？

　運動の嫌いな僕としては，マラソンの後にジョギングで身体をクールダウンする作業も理解できないが，これはもっと理解できない。

　でもまあ……。

「そうしようか」

📖 平成30年司法試験公法系科目第1問

〔第1問〕（配点：100）

　20＊＊年，Ａ市では，性的な画像を含む書籍の販売等の在り方に対し，市民から様々な意見や要望があることを踏まえ，新たな条例の制定が検討されることとなった。この条例の検討に関わっている市の担当者Ｘは，憲法上の問題についての意見を求めるため，条例案を持参して法律家甲のところを訪れた。【別添資料】は，その条例案の抜粋である。法律家甲と担当者Ｘとの間でのやり取りは以下のとおりであった。

甲：新しい条例が検討されているのはどのような理由からですか。

Ｘ：いわゆる「成人向け」「アダルトもの」と呼ばれる雑誌だけでなく，最近では一般の週刊誌として販売される雑誌を含む様々な出版物等に，裸の女性の写真など性的な画像が掲載され，それらがスーパーマーケットやコンビニエンスストアなど市民が食料品や生活用品を購入するために日常的に利用する店舗で販売されています。近年，一部のコンビニエンスストアでは，そのような雑誌類の取扱いをやめる動きも出てきていますが，飽くまでも一部の店舗による自主的なものにとどまっています。この状況に対して，市民からは，青少年の健全な育成に悪影響を及ぼす，安心して子供と買い物に行けないという意見が寄せられているほか，特に女性を中心として，見たくもないものが目に入って不快であるとか，思わぬところで性的なものに触れないようにしてほしいという意見が最近多く寄せられるようになりました。市内には，マンションや団地，住宅地が多く，子供がいる世帯が多数居住していますが，そのような地区の自治会からも性的な画像を掲載した出版物等の販売や貸与について規制を求める要望が出ています。

甲：すると，青少年の健全な育成を図ることだけが目的となるわけではないのですね。

Ｘ：そうです。青少年の健全な育成とともに，羞恥心や不快感を覚えるような卑わいな書籍等が，それらをおよそ買うつもりのない人たちの目に，むやみに触れることがないようにすることもねらいです。

甲：具体的にはどのようなものを規制の対象とするのですか。

Ｘ：規制の対象となる図書類は，この条例案の第７条に記載しています。日々発行される様々な出版物等を適切に規制の対象とするため，市長等が規制の対象となる図書類を個別に指定することとはせず，要件に該当する図書類が自動的に規制の対象となるようにしました。「性交」，「性交類似行為」や「衣服の全部又は一部を着けない者の卑わいな姿態」を撮影した写真や動画などの画像とこれらを描写した図画を対象とし，かつ，「殊更に性的感情を刺激する」ものであることが要件となります。このような画像や図画が含まれる書籍や雑誌などを「規制図書類」としました。

甲：刑法第175条で処罰の対象となっている「わいせつ」な文書等には当たらないものもこの条例では規制の対象となるのですね。

Ｘ：そうです。刑法上の「わいせつ」な文書等に当たらないものも，もちろん対象になります。刑法上の「わいせつ」な文書等に該当すれば，頒布や陳列自

体が犯罪行為となるわけですから，むしろ，この条例では刑法で処罰対象と
ならないものを規制することに意味があると考えています。

甲：規制の対象には，写真や動画などの画像だけでなく，漫画やアニメなど絵に
よる描写も含むのですか。

X：含みます。絵による描写でも，殊更に性的感情を刺激する類のものがありま
すし，普通の漫画と同じように書店などで陳列され，子供が普通の漫画だと
思って手に取って見てしまうので困るという意見も寄せられています。

甲：いわゆる性的玩具類の販売や映画館での成人向け映画の上映などの規制はど
うするのですか。

X：これらは専門の店舗で販売等されるのが通常で，既に別の法律や条例の規制
対象になっているので，本条例の対象とは考えていません。

甲：規制の内容，方法はどのようなものですか。

X：第8条に4種類の規制を定めています。まず，通常のスーパーマーケットや
コンビニエンスストアなど，市民が食料品などの日用品を購入するために日
常的に利用する店舗に規制図書類が置かれていると，青少年の健全な育成に
とっても，市民が性的なものに触れることなく安心して生活できる環境の保
持という点でも，望ましくありませんので，そのような店舗に規制図書類が
並ばないようにする必要があります。そのため，第8条第1項で，主に日用
品等を販売する店舗における規制図書類の販売や貸与を禁止しています。次
に，第8条第2項で，小学校，中学校，高等学校などの敷地から200メート
ルの範囲を規制区域とし，事業者が，その区域内において規制図書類の販売
や貸与をすることを禁止します。規制区域では，事業者は，青少年に限らず，
誰に対しても，店舗で規制図書類の販売や貸与をすることができないことと
なります。児童・生徒らが頻繁に行き来する範囲にそのような店舗が存在す
ることは望ましくないという市民の声に応えるためです。これらの規制の下
でも，第8条第1項に当たらない事業者の店舗，つまり，日用品等の販売を
主たる業務としていない事業者の店舗については，第8条第2項の規制区域
の外であれば，規制図書類の販売や貸与ができます。そこで，第8条第3項
で，青少年に対する規制図書類の販売や貸与を禁止し，さらに，第8条第4
項で，規制図書類の販売や貸与をする店舗内では，規制図書類を壁と扉で隔
てた専用の区画に陳列することなどを義務付けます。

甲：第8条第1項各号には，書籍やDVDなど「図書類」が挙げられていません
が，書店やレンタルビデオ店は，第8条第1項で規制図書類の販売や貸与が

禁止される店舗には当たらないということですか。

X：そのとおりです。確かに，書店やレンタルビデオ店にも青少年や規制図書類を購入等するつもりのない人が出入りするのですが，他方で，書店など図書類を専ら扱う店舗で規制図書類を全く扱えないとなると，その営業に与える影響が大きく，これらの店舗に酷なことになります。また，通常，書店やレンタルビデオ店に，規制図書類に当たるような書籍等が置かれていることは一般の方も理解されているはずですので，そういった店舗では，第8条第4項に規定した規制図書類を隔離して陳列するなどの義務を履行してもらえば足りるのではないかと考えています。

甲：この条例によって，これまで規制図書類の販売や貸与をしていた事業者には，どの程度の影響が及ぶことになるのでしょうか。

X：市内には，小売店が約3000店舗あるのですが，そのうち，第8条第1項に該当する日用品等の販売を主たる業務とする店舗は約2400店舗あります。この第8条第1項に該当する店舗のうち，約600店舗が規制図書類を販売しています。もっとも，これらの店舗は，主に日用品等を扱っていますから，規制図書類の売上げが売上げ全体に占める割合は微々たるものです。また，第8条第2項によって規制図書類の販売や貸与をする事業が禁止される規制区域が市全体の面積に占める割合は20パーセント程度で，市内の商業地域に限っても，規制区域が占める割合は30パーセント程度です。市内の規制区域にある店舗は約700店舗で，そのうち規制図書類の販売や貸与をする店舗は約150店舗あります。しかし，その約150店舗のうち，規制図書類の売上げが売上げ全体の20パーセントを超えるのは，僅か10店舗に過ぎません。

甲：この条例案による規制に反対する意見はないのですか。

X：規制対象が広過ぎるのではないかという意見があります。また，日用品等の販売を主たる業務とする店舗の一部は，規制図書類の売上げが売上げ全体のごく一部であっても，これを販売していること自体に集客力があると考えているようで，販売の全面的な禁止に反対しています。そのほか，第8条第2項の規制区域で規制図書類を販売してきた店舗の中からも，この条例案に反対する意見が寄せられています。しかし，これまでどおりの営業ができなくなっても，正にそれを市民が求めている以上は，やむを得ないのではないかと考えています。規制区域の店舗には，規制図書類の販売と貸与さえやめてもらえればいいわけで，販売等を継続したいのであれば，市内にも店舗を移転できる場所はあるはずです。条例の施行までには6か月という期間を設け

てもいます。

甲：事業者の側からは，ほかにどのような意見があるのですか。

X：スーパーマーケットやコンビニエンスストアの事業者や業界団体の中には，既にいわゆる「成人向け」の書籍等について自主規制を行っているところもあり，反対はそれほど多くありません。しかし，例えば，書店やレンタルビデオ店など規制図書類とそれ以外の図書類とを取り扱っている店舗では，今後，第8条第4項に従って規制図書類を隔離して陳列しなければならないため，その要件を満たすための内装工事等が必要で，そこまでの必要があるのかと疑問視する声があります。

甲：規制図書類を購入する側である18歳以上の人，あるいは，青少年への影響についてはどのように考えていますか。

X：18歳以上の人にとっては，これまで規制図書類を購入していた店舗で購入できなくなる場合があるなど，不便になるということはあると思いますが，市内で規制図書類を一切買えなくなるわけではありません。青少年については，成長途上であり，規制図書類が全く購入できなくなっても，社会的に許容されると考えています。

甲：この条例に違反した場合の制裁はどうなっていますか。

X：第9条に規定しているとおり，第8条に違反した事業者に対し，市長が，改善命令又は業務停止命令を発することができます。そして，第15条で，第8条第1項から第3項までに違反した者や，市長の改善命令や業務停止命令に違反した者に対する刑事罰を定めており，その法定刑は，6月以下の懲役又は50万円以下の罰金としています。

甲：条例案の内容は分かりました。

X：いろいろな意見がありますし，規制は必要な範囲にしたいと考えて検討しているのですが，条例でこのような規制をすることは，憲法上，問題があるでしょうか。

甲：規制の対象となる図書類の範囲や，規制の手段，内容について，議論があり得ると思います。図書類を購入する側と販売等をする店舗の双方の立場でそれぞれの権利を検討しておく必要がありそうですね。図書類を購入する側としては，規制図書類の購入等ができない青少年と18歳以上の人を想定しておく必要があります。また，販売等をする店舗としては，条例の規制による影響が想定される3つのタイプの店舗，すなわち，第一に，これまで日用品と並んで規制図書類を一部販売してきたスーパーマーケットやコンビニエン

スストアなどの店舗，第二に，学校周辺の規制区域となる場所で規制図書類を扱ってきた店舗，第三に，規制図書類とそれ以外の図書類を扱っている書店やレンタルビデオ店を考えておく必要があるでしょう。

〔設問〕

あなたがこの相談を受けた法律家甲であるとした場合，本条例案の憲法上の問題点について，どのような意見を述べるか。本条例案のどの部分が，いかなる憲法上の権利との関係で問題になり得るのかを明確にした上で，参考とすべき判例や想定される反論を踏まえて論じなさい。

【別添資料】

善良かつ健全な市民生活を守るＡ市環境保持条例（案）

（目的）

第１条　この条例は，性風俗に係る善良な市民の価値観を尊重するとともに青少年の健全な育成のために必要な環境の整備を図り，もって善良かつ健全な市民生活を守り，Ａ市の健全で文化的な環境を保持することを目的とする。

（定義）

第２条　この条例において，次の各号に掲げる用語の意義は，それぞれ当該各号に定めるところによる。

(1) 青少年　18歳未満の者をいう。

(2) 図書類　書籍，雑誌，文書，絵画，写真，ビデオテープ，ビデオディスク，コンピュータ用のプログラム又はデータを記録した電磁的記録媒体並びに映写用の映画フィルム及びスライドフィルムをいう。

(3) （略）

（規制図書類）

第７条　次の各号に掲げるものを撮影した画像又は描写した図画（殊更に性的感情を刺激する画像又は図画に限る。）を含む図書類を規制図書類とする。

(1) 性交又は性交類似行為

(2) 衣服の全部又は一部を着けない者の卑わいな姿態

（規制図書類の販売等の制限）

第８条　次の各号に掲げる物品（以下「日用品等」という。）の販売を主たる業務とする事業者は，その営業を行う店舗において規制図書類を販売し又は貸与

最終話　逆　襲

してはならない。
(1)　飲食料品
(2)　衣料品・日用雑貨
(3)　医薬品・化粧品
(4)　文房具
(5)　スポーツ用品
(6)　玩具・娯楽用品
(7)　楽器
2　事業者は，学校教育法（昭和22年法律第26号）第1条に規定する学校（幼稚園及び大学を除く。）の敷地の周囲200メートル以内の区域（以下「規制区域」という。）の店舗において，規制図書類を販売し又は貸与してはならない。
3　規制図書類を店舗において販売し又は貸与する事業者は，青少年に対して規制図書類を販売し又は貸与してはならない。
4　規制図書類を店舗において販売し又は貸与する事業者は，規制図書類の陳列に当たり，次の各号に掲げる措置を講じなければならない。
(1)　規制図書類を隔壁及び扉により他の商品の陳列場所と区分された場所に陳列すること。
(2)　規制図書類の陳列場所の出入口付近の見やすい場所に，規制図書類の陳列場所であることを掲示すること。
（改善命令等）
第9条　市長は，事業者が，前条各項の規定に違反して規制図書類の販売又は貸与を行っていると認めるときは，当該事業者に対し，期限を定めて業務の方法の改善に関し必要な措置を採るべきことを命ずることができる。
2　市長は，事業者が，前項の規定による命令に従わないときは，当該事業者に対し，3月以内の期間を定めて，その業務の全部又は一部の停止を命ずることができる。
（罰則）
第15条　次の各号のいずれかに該当する者は，6月以下の懲役又は50万円以下の罰金に処する。
(1)　第8条第1項，第2項又は第3項の規定に違反した者
(2)　第9条第1項又は第2項の規定による命令に違反した者
（両罰規定）
第16条　法人の代表者又は法人若しくは人の代理人，使用人その他の従業者が，

平成 30 年司法試験

　その法人又は人の業務に関し，前条の違反行為をしたときは，その行為者を罰するほか，その法人又は人に対して，同条の罰金刑を科する。

附則（抄）

第1条　本条例は，公布の日から起算して6月を経過した日から施行する。

（参照条文）学校教育法（昭和22年法律第26号）

第1条　この法律で，学校とは，幼稚園，小学校，中学校，義務教育学校，高等学校，中等教育学校，特別支援学校，大学及び高等専門学校とする。

「それにしても平成29年までの司法試験では原告の主張，被告の反論，私見の三者の見解を論じさせる問題だったけど，今年のはずいぶんと形式が違うんだね」

「そうみたいね。従前の問題が訴訟・紛争を想定した訴訟・紛争型問題であったとすれば，これは訴訟・紛争に至っていない条例制定の局面においてリーガル・アドバイスをするリーガルオピニオン型（法律意見書型）とでもいうべき出題かしらね。何であれ，『問いに答える』ことが重要よ。骨太の法律論を身につけていれば，なんてことはないわね。……とはいえ，平成30年の受験生のことを思うと，御愁傷様という感じはするけれど」

　だよねえ……。

「そもそも，市の担当者Ｘが相談に行った法律家甲というのは，どんな立場の人なんだろう？」

「市の顧問弁護士や憲法学者かもね。『条例案を持参して法律家甲のところを訪れた』という問題文の記載からすると市内部で雇っているインハウスロイヤーではなさそうだけど。あるいは，検察官って可能性もあるわね」

「え，なんでここで検察官が出てくるの？」

「条例案（以下条文のみを記す）15条や16条で罰則規定があるでしょ。[*1]法令の根拠はないんだけど，こういう罰則付き条例を制定する際には『検察協議』と言って，地方検察庁との協議をすることになっているわね。[*2]各自治体の通達で検察協議について規定されていることが多いんじゃないかしら」

　へえ。そうすると，検察官になっても，憲法問題を考える機会があるんだな。

最終話　逆　襲

「あと今までの問題だと，答案構成のやり方はだいたい決まっていたと思うんだけど，今回の問題はどう答案構成をすればいいか，ちょっと難しいよね。問題文のこの部分……『規制の対象となる図書類の範囲や，規制の手段，内容について，議論があり得ると思います。図書類を購入する側と販売等をする店舗の双方の立場でそれぞれの権利を検討しておく必要がありそうですね。図書類を購入する側としては，規制図書類の購入等ができない青少年と18歳以上の人を想定しておく必要があります。また，販売等をする店舗としては，条例の規制による影響が想定される三つのタイプの店舗，すなわち，第一に，これまで日用品と並んで規制図書類を一部販売してきたスーパーマーケットやコンビニエンスストアなどの店舗，第二に，学校周辺の規制区域となる場所で規制図書類を扱ってきた店舗，第三に，規制図書類とそれ以外の図書類を扱っている書店やレンタルビデオ店を考えておく必要があるでしょう。』というところに沿って答案構成をすれば良いと思うんだけど……。」

「18歳未満の人は青少年と呼べば良いとして，18歳以上の人を『成人』と暫定的に呼びましょうか。8条1・2・3項の対象事業者については，それぞれ『1項事業者』，『2項事業者』，『3項事業者』と名付けましょう。それで，どんなところで悩んだのかしら？」

「だいたい二つの答案構成の筋が思い浮かんだんだけどね。憲法上の権利ベースの答案構成をするか，『規制の対象となる図書類の範囲』と『規制の手段，内容』に大きく分類して書いていくか……」

「現場では即断するしかないけど，そこは色々と議論してみると面白いわね。『答案構成を練る』という力もこの年の問題では重要だったといえるわ。ここでは①規制対象の範囲，②規制の手段・内容を大分類する後者の筋を採用した上で，さしあたり①規制対象の範囲の問題から検討してみようかしら。条例案の規制範囲を定めている条文は？」

「7条で定義されている『規制図書類』の概念が検討すべき規制範囲だと思う。2条2号に『図書類』の定義も書かれているね」

「そうね。そうすると本条例案のうち7条・2条2号の規制範囲の部分について憲法上の問題を指摘する必要があるわね。Xは規制対象の問題について，まずなんて言っているかしら？」

「Xは，『日々発行される様々な出版物等を適切に規制の対象とするため，市長等が規制の対象となる図書類を個別に指定することとはせず，要件に該当する図書類が自動的に規制の対象となるようにしました』といっているね」

「いわゆる個別指定方式ではなく包括指定方式を採用していることの合憲性ね。これは憲法21条2項前段の『検閲』に該当しないのかしら。判例に照らして検討をしてみて」

「札幌税関検査事件（判例終-1）は『検閲』とは『行政権が主体となつて，思想内容等の表現物を対象とし，その全部又は一部の発表の禁止を目的として，対象とされる一定の表現物につき網羅的一般的に，発表前にその内容を審査した上，不適当と認めるものの発表を禁止することを，その特質として備えるものを指すと解すべき』としているね。本条例案の場合，A市長による行政処分（9条）も予定されているから行政権が主体となっており，『規制図書類』という表現物を対象とし，一般的・網羅的な審査をしているように思うけど，規制図書類の発表禁止を目的としておらず，18歳以上の人は入手して読めるから事前審査性もない気がするね[*3]」

「そうね。岐阜県青少年保護育成条例事件（判例終-2）でも有害図書の検閲該当性は簡単に斥けられているし，伊藤正己補足意見も『すでに発表された図書を対象とするものであり，かりに指定をうけても，青少年はともかく，成人はこれを入手する途が開かれている』ことを根拠に検閲該当性を否定しているわね。ただ学説からは仮に検閲概念を狭義に解して有害図書指定制度の検閲該当性を否定したとしても，有害図書類の選定が厳格かつ明確な基準に従い公正に行われないときは表現の自由に対する萎縮的効果が及ぶこと等から，発表後の規制も事前抑制と同視すべきであるとも指摘されているわね[*4]。そうすると，判例を前提にしても，基準の厳格性・明確性・手続的公正等の確保をすべき点には留意する必要があるわね。基準の明確性についてXは何かいってる？」

「甲の『規制の対象には，写真や動画などの画像だけでなく，漫画やアニメなど絵による描写も含むのですか』という質問に対して，Xは『含みます。絵による描写でも，殊更に性的感情を刺激する類のものがありますし，普通の漫画と同じように書店などで陳列され，子供が普通の漫画だと思って手に取って見てしまうので困るという意見も寄せられています。』という回答が気になった

な。法律家である甲ですらどのような漫画・アニメが対象になるか分からない
のは問題だなって」

「販売等をする店舗側の1項・2項・3項事業者の憲法上の権利と考えてみると，
これらの事業者は『規制図書類』を構成要件とする刑罰規定（15条1号，2号）
の対象となっているから，適正手続を受ける権利（憲法31条）との関係で構成
要件の明確性の原則違反が問題となるわね。憲法21条1項で保障される成年
の知る自由や青少年の知る自由との関係でも明確性が問題になるわ。憲法31
条の要請からくる行政判断の恣意抑制機能及び国民の公正な告知機能に加え
て，憲法21条の要請からくる表現の自由の萎縮効果排除機能も問題になるか
ら，明確性の原則がより厳格に適用される可能性が出てくるといえるわね。参[*5]
考とすべき裁判例はある？」

「徳島市公安条例事件（判例終-3）の『通常の判断能力を有する一般人の理解
において，具体的場合に当該行為がその適用を受けるものかどうかの判断を可
能ならしめるような基準が読みとれるかどうかによつてこれを決定すべきであ
る』という判示か，札幌税関検査事件の『一般国民の理解において，具体的場
合に当該表現物が規制の対象となるかどうかの判断を可能ならしめるような基
準をその規定から読みとることができるものでなければならない』という判示
かな」

「具体的にはどんな点が明確性の原則との関係で問題かしら」

「Xによると，漫画やアニメも『殊更に性的感情を刺激』すれば『規制図書類』
に含むということだけど，どのような漫画・アニメが『殊更に性的感情を刺激』
するのかの具体的基準を読み取ることができないよね。それに，『衣服の……[*6]
一部を着けない者』に水着姿の者や靴下を身に着けない者が含まれるかも基準
から読み取れず明確ではないといえるんじゃないかな。この定義のままだと，[*7]
少年誌のグラビアすら規制対象とも読めてしまうよね」

「明確性の原則違反については岐阜県青少年保護育成条例事件における伊藤正
己裁判官の補足意見のように『青少年保護を目的とした，青少年を受け手とす
る場合に限っての規制であることからみて，一般の表現の自由の規制と同じに
考えることは適当でなく，明確性の要求についても，通常の表現の自由の制約
に比して多少ゆるめられる』と考えることもできるけど，この反論にはどう答

えるかしら？」

「本条例案は，『性風俗に係る善良な市民の価値観を尊重するとともに青少年の健全な育成のために必要な環境の整備を図』ることを目的としており（１条），Ｘによれば青少年健全育成目的のみならず性的なものを見ない自由・利益の保障をも目的としているから，純粋に青少年保護目的の条例とはいいにくいかも。伊藤正己裁判官の補足意見の射程が必ずしも及ぶとは限らない，かな」

「設問は法律家甲として『どのような意見を述べるか』というものなんだけど，違憲だから７条を削除して条例制定を諦めるべきというアドバイスもちょっと冷たいかもしれないわね。例えば，本条例案の目的を青少年育成保護目的に限定すれば，伊藤正己裁判官の意見の趣旨に照らして違憲の疑いが軽減されそうね。また，岐阜県青少年保護育成条例事件の伊藤正己裁判官の補足意見を踏まえて，条例の『規制図書類』の定義を規則などの下位基準により具体化することにより明確性の原則違反を回避できる，との反論も想定しうるわね。そうすると，甲としては，例えば条例そのもので『規制図書類』を可能な限り厳格に明確化・限定化した上で，規則などで『規制図書類』を具体化して条例の合憲限定解釈の内容を示すことにより明確性の原則違反を回避する方法がある，とアドバイスすることもできるわね」^{*8}

　規制の範囲論において７条の違憲の疑いを指摘すると，「規制図書類」の概念をベースとする８条以下の規制もすべて違憲の疑いが出てくる。７条の規制の範囲論に関する違憲性を除去することができれば，８条以下の条文についても別途合憲とする余地も出てくるしな。

「下位基準による具体化以外に，明確性の原則違反を回避する方法って他にないかしら？　何か思いつく判例はない？」

「広島市暴走族追放条例違反事件（判例終-4）のことが頭をよぎったのだけど，どう使えば良いか分からなかったんだよね」

「広島市暴走族追放条例違反事件は『直ちに犯罪として処罰するのではなく，市長による中止命令等の対象とするにとどめ，この命令に違反した場合に初めて処罰すべきものとするという事後的かつ段階的規制によっていること』を合憲性を基礎付ける一つの要素にしているのよね。この判例の文言の意味については慎重に考える必要があるけど，間接罰方式のように『いわばワンクッショ

ン置くことで，ひとたび命令が出されれば，人は，自らの行為が，処罰の対象
となるか否かについて，十分判断が可能となる』とする学説もあるわね。この
条例案の『厳しさ』って，市長等の個別指定を介在させずに要件に該当する図
書類等が自動的に『規制図書類』に該当する上に，改善命令違反の間接罰制（15
条2号・9条1項・9条2項）だけではなく8条1項，2項，3項違反に直罰制（15
条1号）が定められているところにあるのよね。だから，直罰制を定めた15条
1号を削除することで，明確性の原則違反のおそれを相当程度，低減すること
ができるんじゃないかしら。ただ明確性の原則との関係では合憲性の方向に作
用するとしても，直罰制の削除により本条例の実効性は一定程度後退するの
で，これをどう評価すべきかは難しいわね。実際，各地方自治体の青少年保護
育成条例を見ると，直罰制を採用しているところはあるしね」

　うーん，規制範囲の問題についても，結構，考えるべきことが多いなあ。

「次に，規制の内容・手段について検討を加えていきましょうか。規制図書類
等の送り手の表現の自由の制約も問題になりそうだけど，これは問題文の誘導
で検討対象外とされているわね。青少年の知る自由（憲法21条1項）との関係
ではどの条文が問題になる？」

「8条3項が市内において青少年に対して規制図書類等の販売・貸与を全面的
に禁止しているから，青少年の知る自由との関係が一番問題になるね」

「そうね。8条3項により，青少年の場合，規制図書類についての知る自由の
享有が全面的に否定されることになるのだから，受け手である青少年において
当該自由を享受すること自体が憲法上認められない，ということまでいえて初
めて8条3項は合憲になるといえるわね。Xの『青少年については，成長途上
であり，規制図書類が全く購入できなくなっても，社会的に許容されると考え
ています』という発言を法的言語に翻訳すれば，青少年の未成熟さや選別能力
の低さを根拠として青少年の知る自由を全面的に否定する立場だということが
分かりそうね」

「うーん，青少年保護のために青少年自身の知る自由を制約するのは青少年に
とっては余計なお世話に感じるだろうなあ。なんだっけ，こういうの。パター
ナリズム，だっけ」

　そういえば，トウコは18歳になったので，本条例案でいえばぎりぎり規制

を免れる，ということか。

「そうね。青少年保護育成目的のために青少年自身の知る自由を制約することは，他者加害防止ではなく自己加害防止を目的とするパターナリスティックな制約であって原則的に許されないけど，特に未成年者などのケースでは『人格的自律そのものを回復不可能なほど永続的に害する場合』には例外的に制約を許容する余地があるわね（限定されたパターナリスティックな制約）。[*12] 具体的にどのような場合にパターナリスティックな制約が許容されるかには争いがあるけど，岐阜県青少年保護育成条例事件によれば『本条例の定めるような有害図書が一般に思慮分別の未熟な青少年の性に関する価値観に悪い影響を及ぼし，性的な逸脱行為や残虐な行為を容認する風潮の助長につながるものであつて，青少年の健全な育成に有害であることは，既に社会共通の認識になつている』とされているわね。福島県青少年健全育成条例事件（判例終-5）もこの判示を基本的には踏襲している。[*13] この判示を踏まえて考えると，規制図書類が青少年の健全な育成に有害であることは社会共通の認識になっており，青少年が規制図書類を知る自由について全面的に規制する８条３項は合憲といえそうね」

「有害図書が青少年の健全育成に有害ってそんなに『社会共通の認識』といえるような客観的な判断なのかねえ……」

「確かに，有害図書が青少年に対して与える弊害[*14]については厳密な科学的証明がなされておらず，立法事実に基づくものではない，との反論が想定しうるわね。青少年有害図書規制の違憲論は主として立法事実を問題としているところね。[*15] この点については，賛否両論ありうるけど，岐阜県青少年保護育成条例事件の調査官解説は『有害図書を買った個々の青少年がそれが原因で直ちに非行に走るといった直接的な影響があるとは必ずしもいえない』が『法廷意見がいうように，有害図書が一般に思慮分別の未熟な青少年の性に関する価値観に悪い影響を及ぼし，性的な逸脱行為や残虐な行為を容認する風潮の助長につながるものであることは，既に社会共通の認識』であるとし，『大多数の者がそう考えているということは，それ自体，客観的な判断であって，主観的なものとはいえない』と法廷意見を擁護している。また，岐阜県青少年保護育成条例事件の伊藤正己裁判官の補足意見も『青少年保護のための有害図書の規制が合憲であるためには，青少年非行などの害悪を生ずる相当の蓋然性のあることを

最終話　逆　襲

もって足りると解してよい』としているわね」[*16]

「なるほど，色々な議論がありえそうだね」

「次に成年の知る自由との関係は，条例案のどの部分との関係が問題になるかしら」

「レペタ訴訟（判例終-6）によれば，『民主主義社会における思想及び情報の自由な伝達，交流の確保という基本的原理を真に実効あるものたらしめるため』に憲法21条1項の派生原理として情報等を摂取する自由は保障されるので，成年の知る自由は保障される[*17]。8条1項は1項事業者に対する販売・貸与規制を課し，同2項は2項事業者に対する販売貸与・規制を課し，同4項は3項事業者に対して区分陳列義務を課すことを通じて，規制図書類の流通に制約を加えていて，成年の知る自由（憲法21条1項）に対して制約を課している。岐阜県青少年保護育成条例事件によれば『有害図書の流通を幾分制約することにはなるものの，青少年の健全な育成を阻害する有害環境を浄化するための規制に伴う必要やむをえない制約』であれば合憲といえそうだね」

「『必要やむをえない制約』という文言だけでは，どのような違憲審査基準を採用したか必ずしも明らかではないけど，どの程度の厳格性の審査基準を採用したか分かるかしら？」

「確か，岐阜県青少年保護育成条例事件の調査官解説は，成人の知る自由との関係では他に購入する方法があるという点を捉えて付随的・間接的規制であり，青少年保護のための規制に伴う付随的規制は表現内容中立規制であるから，①禁止目的の正当性，②禁止の目的と禁止行為との合理的関連性，③禁止することにより得られる利益と禁止することにより失われる利益との均衡が失われないことを審査する，いわゆる猿払基準・合理的関連性の基準に依拠していた記憶だな[*18]。Xは『18歳以上の人にとっては，これまで規制図書類を購入していた店舗で購入できなくなる場合があるなど，不便になるということはあると思いますが，市内で規制図書類を一切買えなくなるわけではありません』と発言しているけど，これは間接的・付随的規制論の立場で自己の立場を正当化しようとしているのかもね」

「その部分のXの発言は他にも色々な使い方ができそうだけど，そういう意味かもしれないわね。ただ福島県青少年健全育成条例事件の調査官解説は，岐阜

県青少年保護育成条例事件も福島県青少年健全育成条例事件も，いずれも（猿払基準の）3点の判断基準を明確に意識した判示の仕方をしていないことから，合理的関連性の基準を採用したのではなく，目的・手段の実質的関連性を審査したと評価しているみたいね。具体的には，同調査官解説は，福島県青少年健全育成条例事件について，表現内容中立規制であることから合理的関連性の基準を適用するという図式的思考に陥ることなく，表現の自由の優越的地位を踏まえて『実質的な審査を志向する態度を読み取ることができる』とするわね。その上で，目的・手段の関連性について『立ち入った判断を示したものと評価』し，これに『有害図書類を書店等において自由に販売等ができ，有害図書類の流通が部分的に制約されるにとどまることも考え合わせ』て憲法21条1項違反を否定している[20]。すなわち，目的・手段の実質的関連性に加えて代替的情報伝達経路の有無を審査しているといいう。表現内容中立規制に関する具体的な審査基準としては，より制限的でない他の選びうる手段の有無を審査するLRAの基準も有名だけど[21]，時・所・方法の規制については①重要な公共的利益に役立つものであること及び②情報の伝達のための他の選びうる経路が開かれていることを審査する基準も有力よね[22]。色々な考え方はありうるけど，思想の自由市場の歪曲効果が重大な表現内容規制と異なり，歪曲効果が相対的に低い表現内容中立規制については代替的情報伝達経路が十分でなく，歪曲効果の危険が高い場合にこれを禁止すべきと考えて，ここでは目的の重要性，目的・手段の実質的関連性及び代替的伝達経路の有無を審査することにしましょうか。目的の重要性は認められる？」

「1条は『青少年の健全な育成』以外に『性風俗に係る善良な市民の価値観を尊重する』ことをも規制目的としていて，Xによれば青少年健全育成目的のみならず性的なものを見ない自由・利益の保障をも目的としているように見えるんだけど，そもそも性的なものを見ない自由・利益を規制目的に掲げることは正当なのかなって思ったんだけど」

「憲法21条1項の表現の自由には理論的には知りたくない自由，聴きたくない自由などの消極的情報受領権も含まれるけど，消極的情報受領権はわいせつ表現やいわゆる囚われの聴衆の文脈に限定すべきね[23]。気に入らない表現行為に対しては立ち去る，断るという個別的な対応をすべきで[24]，消極的情報受領権を規

制根拠にするのは妥当性を欠くわね」

「そうすると，青少年保護育成目的との関連で，8条1項，2項，4項の規制手段の実質的関連性を審査していくことになりそうだね」

「Ｘは目的・手段の関連性について，どのように考えていると思う？」

「8条1項については『通常のスーパーマーケットやコンビニエンスストアなど，市民が食料品などの日用品を購入するために日常的に利用する店舗に規制図書類が置かれていると，青少年の健全な育成にとっても，市民が性的なものに触れることなく安心して生活できる環境の保持という点でも，望ましくありません』，2項については『児童・生徒らが頻繁に行き来する範囲にそのような店舗が存在することは望ましくないという市民の声に応えるため』，4項については『第8条第1項に当たらない事業者の店舗，つまり，日用品等の販売を主たる業務としていない事業者の店舗については，第8条第2項の規制区域の外であれば，規制図書類の販売や貸与ができ』ることから，3項，4項の規制を置いたと説明している，みたいだね」

「そうね。言葉の上……つまり観念上の関連性はそのように説明でき，合理的関連性の基準を採用した場合にはＸ発言を根拠として合憲の筋で書けそうね。ただ目的・手段の実質的関連性を審査する場合にはもう少し踏み込んだ判断が必要になってくるわ。岐阜県青少年保護育成条例事件は，①売手と対面しないため心理的に購入が容易であること，②昼夜を問わず購入ができること，③収納された有害図書が街頭にさらされているため購入意欲を刺激し易いことなどの点を重視していたわよね。8条1項と2項の場合には，対面型店舗であり，店員や客等による大衆監視もあるので，購入しようとする青少年に心理的抑制が働くから，青少年保護目的との実質的関連性が認められない，といえそうね。8条4項については，目隠しや衝立等のより安価な方法もあるため，内装工事を要する『隔壁及び扉』の要件と青少年保護育成目的との実質的関連性はない，と論じることができるかもしれないわね」

「実質的関連性について厳しい感じもしてきたけど，書店，レンタルビデオ店，ネット等で規制図書類の入手は可能だから代替的情報伝達経路があるって反論はできないかな」

「そこは色々な評価が可能ね。書店等についても8条4項の区分陳列義務が課

せられ，経済的に区分陳列義務を果たせない事業者が販売を取りやめるおそれ
があることを踏まえると，代替的情報伝達経路が十分ではない，と評価する余
地もあるわね。市内の小売店約3000店舗のうち約2400店舗が規制対象にされ
てしまっていて，これは小売店の80パーセントにも及んでいるしね。他方で，
実際には約2400店舗のうち約600店舗のみが規制対象行為を行なっているみた
いで，これは全店舗のうち20パーセントに過ぎず，ネットでも入手できるの
で，代替的情報伝達経路は十分ともいえるかもしれないわね。ただ実質的関連
性審査は別途クリアする必要はあると思うけどね。次に店舗側の権利につい
て，順次，検討していってみようかしら」

「まず，8条1項で直接的に制約されているのは1項事業者の営業の自由かな」[*25]

「そうね。小売市場距離制限判決（判例3-4）は『憲法二二条一項は，国民の基
本的人権の一つとして，職業選択の自由を保障しており，そこで職業選択の自
由を保障するというなかには，広く一般に，いわゆる営業の自由を保障する趣
旨を包含しているものと解すべき』とした上で，著しく不合理であることが明
白である場合に限り違憲とする明白性の原則を適用しているわね」

「市内の1項事業者は約2400店舗で，うち規制対象は約600店舗，そして日用
品等を扱う店であるため規制図書類の売上げ割合は微々たるものと書いてある
から，著しく不合理とまではいえないかなあ。売上げのごく一部であっても，
販売していること自体に集客力があると考える店舗もあるけど，立法事実や統
計に基づく考えではない主観的感想にとどまっているしね」

「そうね。じゃあ次に8条2項について検討してみようかしら。8条2項は，
誰のどの憲法上の権利との関係が問題になる？」

「8条2項は，学校敷地周囲200メートルの規制区域について規制しているけ
ど，これは2項事業者の職業選択の自由（憲法22条1項）を侵害しないかが問
題になるかな」

「リーディングケースは？」

「薬事法違憲判決（判例3-1）だね。薬事法違憲判決は，『狭義における職業の
選択の自由そのものに制約を課するもので，職業の自由に対する強力な制限で
あるから，その合憲性を肯定しうるためには，原則として，重要な公共の利益
のために必要かつ合理的な措置であることを要』するとしている。性的なもの

を見ない自由・利益は重要な公共の利益といえない。200メートルを規制区域とすることは青少年の健全育成の目的との観念上の関連性はあるけど，200メートル以内の店舗に限り特に規制区域とすべき立法事実がない。また，市内の商業地域のうち30パーセントもの区域が対象となり，規制対象店舗は約150もあり，さらには売上全体の20パーセントを超えるのが10店舗もある。売上20パーセント減少は廃業の危機になりうるものである。よって，青少年の健全育成の目的を達成するための手段として必要性・合理性を欠くものであり，2項事業者の職業選択の自由を侵害し違憲である，と論じるかな」

「なかなか良いわね。これに対して，Xは，『規制区域の店舗には，規制図書類の販売と貸与さえやめてもらえればいいわけで，販売等を継続したいのであれば，市内にも店舗を移転できる場所はあるはずです。条例の施行までには6か月という期間を設けてもいます。』と述べているわね。そうすると，規制図書類の販売・貸与禁止（8条2項）は操業規制にとどまり，職業選択の自由そのものに対する強力な制限ではなく営業の自由の制約にとどまり，6ヶ月の経過措置期間に照らせば著しく不合理であることが明白ではない，との反論が想定できるのではないかしら」

「薬事法違憲判決は，『薬局の開設等の許可における適正配置規制は，設置場所の制限にとどまり，開業そのものが許されないこととなるものではない。しかしながら，薬局等を自己の職業として選択し，これを開業するにあたつては，経営上の採算のほか，諸般の生活上の条件を考慮し，自己の希望する開業場所を選択するのが通常であり，特定場所における開業の不能は開業そのものの断念にもつながりうるものであるから，前記のような開業場所の地域的制限は，実質的には職業選択の自由に対する大きな制約的効果を有する』とも述べているよね。8条2項も200メートルの距離制限を定めているだけで設置場所の制限にとどまるけど，2項事業者は現在所有又は賃貸を受けている不動産を用いて営業することを希望するのが通常であり，特定場所における開業の不能は開業そのものの断念になりかねない，といえるんじゃないかな」

「京都府風俗案内所規制条例事件（判例終-7）は『風俗案内所の特質及び営業実態に起因する青少年の育成や周辺の生活環境に及ぼす影響の程度に鑑みると，本件条例が，青少年が多く利用する施設又は周辺の環境に特に配慮が必要

とされる施設の敷地から一定の範囲内における風俗案内所の営業を禁止し，これを刑罰をもって担保することは，公共の福祉に適合する上記の目的達成のための手段として必要性，合理性がある』として憲法22条1項違反を否定しているわけよね。そうすると，本条例案でも，青少年が多く利用する学校という特に配慮が必要とされる敷地から200メートルを規制区域とし，これを刑罰をもって担保しても，憲法22条1項違反ではない，との反論にはどう答えるかしら？」

「ここは『風俗案内所の特質及び営業実態』と本条例の『規制図書類の特質及び営業実態』を比較する必要があるってことになるのかな。風俗案内所は性交又は性交類似行為に直接繋がりうる特質を有しているけど，本条例の規制図書類は単なる表現物である上に表現内容も『性交又は性交類似行為』に加えて『衣服の全部又は一部を着けない者の卑わいな姿態』まで含む広範なものという特質があるし，風俗案内所の場合には店舗の外観上一見して風俗案内所であることが分かるほか，内部も道路から見通すことができ，通行人を呼び込む者が出てくるなどの『営業実態』があるけど2項事業者にはそうした営業実態がない。つまり2項事業者の『特質及び営業実態』に照らせば8条2項の距離制限は必ずしも青少年保護目的を達成するために必要性・合理性を有するものではなく，憲法22条1項に違反する」

「そうすると，8条2項は憲法22条1項に違反するので削除すべき，と提案することになるかしらね。もちろん，規制図書類の販売・貸与禁止を操業規制と捉えて，8条2項を維持する意見もありうるとは思うけどね。さて，最後に8条4項にいきましょうか」

「8条4項は内装工事を要する『隔壁及び扉』を求めていて，3項事業者の営業の自由との関係で問題になるかな。小売市場距離制限判決の明白性の原則に照らして検討すると，内装工事等まで要求するのは3項事業者に対する経済的負担となるけど，これが著しく不合理であることが明白とまではいえないんじゃないかな」

「内装工事を要しない衝立などの方法でも同一目的を達成しうる，との反論をされたらどうかしら？」

「営業の自由との関係ではより制限的でない他の選びうる手段があることまで

最終話　逆　襲

要求されないので，営業の自由との関係では違憲とは断定できないんじゃない
かな。内装工事まで要すると個別店舗にとっては大きな経済的負担となるた
め，衝立等によるゾーニングの方法を検討するほうが憲法上，望ましいとはい
えると思うけど，隔壁及び扉の方式のほうが入室の心理的ハードルがあがるの
でゾーニングの実効性が高い，との評価もありうるしね」

「さて，本問の検討はこれでおしまいっと。さすがに検討が長くて疲れたわね」

　トウコは猫のように「んー」と小さな声をあげて伸びをする。

　やっぱりクールダウンとして司法試験の問題を解くのは間違っているな。

　僕も，トウコにつられて欠伸をしてしまう。

　眠い。

　早くベッドに入りたい。

「ところでさ」

「ん？」

「大事な人，だっけ？」

　トウコは不意に振り向いて悪戯っぽい笑みを浮かべる。

「あちゃー」

ロキ先生の／
ワンポイントアドバイス　❻　リーガルオピニオン型
（法律意見書型）の出題

　司法試験の公法系第1問では，基本的に訴訟・紛争を想定した上で主張・
反論・私見の三つの立場から論じさせる主張・反論・私見型の出題がなさ
れてきたが，平成30年の司法試験では出題方式が大幅に変更となり，学
生に衝撃が走ったことは記憶に新しいな。平成30年の設問を見てみよう。

　「あなたがこの相談を受けた法律家甲であるとした場合，本条例案の
憲法上の問題点について，どのような意見を述べるか。本条例案のどの
部分が，いかなる憲法上の権利との関係で問題になり得るのかを明確に
した上で，参考とすべき判例や想定される反論を踏まえて論じなさい。」

　上記設問については，従前の主張・反論・私見型の問題とは異なる特徴

を指摘することができる。従前の問題が訴訟・紛争を想定した上で被規制者の権利・利益を起点に主張を展開していく方式であったのに対して，平成30年の問題は条例制定を検討する公務員という規制者側から相談を受けた法律家の立場で意見を述べる形式になっている。いわば訴訟・紛争型からリーガルオピニオン型（法律意見書型）への視点の変更が存在する。訴訟・紛争型からリーガルオピニオン型へと視点が変更されることに伴い，さらに様々な特徴が生じてくる。

　第一に，訴訟・紛争当事者の権利・利益に限らず，より広いステークホルダーの多様な権利・利益を検討する必要がある（ゆえに多論点検討型になっている）。

　第二に，訴訟・紛争型の場合には被規制者の憲法上の権利侵害性の有無を論じることになるため特定の法令の合憲／違憲という結論を述べるための論証をすれば足りたのに対して，本問のようなリーガルオピニン型の場合には「どのような意見を述べるか」という設問からわかるとおり単に合憲／違憲という二値的な結論を述べるのみならず，条文の削除・変更等を含めた制度設計論にも言及する必要が出てきているように思われる。ただこの点は出題趣旨等が出ていない本書執筆時点の予測である点には注意して欲しい。「どのような意見を述べるか」という設問には条文の削除・変更等を含めた制度設計論にまで言及すべき趣旨が含まれていないと解する余地もあるので，この点は出題趣旨を待って判断してもらいたい。

　第三に，主張・反論・私見型では，各々の立場からの一種の党派的な主張が必要となり，場合によっては自己に有利な学説の援用をする必要もあったが，本問のリーガルオピニオン型では「参考とすべき判例」に照らしたいわば客観的・中立的なアドバイスが求められている。これにより判例学習の重要性がさらに高まっているといえる。もっとも，本問において客観的・中立的なアドバイスが本当に求められているかについては，議論がありうる。例えば，依頼者の希望に応えることが弁護士の役割であるとすれば，条例の合憲性を支えるロジックを可能な限り展開して規制を正当化しつつ，反論を斥けていく論じ方もありうる。また，相談された法律家が学者であるとすれば，自己の学問的信念から全面的違憲論を自説で展開することも可能である。あるいは，弁護士であっても依頼者の希望とは距離をとり全面的違憲論を唱えるかもしれないし，学者であっても学問的信念から全面的合憲論をとる者もいるかもしれない。すなわち，「法律家甲」の立場により，解答のあり方も変化するのであり，この意味で党派的主張を排除しえないかもしれない。ただし，どのような議論を展開する場合で

最終話 逆　襲

も，判例を踏まえて客観的・中立的な立場らしく論じることが重要，ということはできよう。

　第四に，今回の問題では特に出題されなかったが，リーガルオピニオン型の出題の場合には憲法上の権利論以外に統治機構論の出題もしやすくなってくるかもしれない。

　このようなリーガルオピニオン型の出題傾向が次年以降も定着していくのか，訴訟・紛争型の出題がまた出題されるのか否か，については明らかではないが，あまりそのあたりを悩んでも仕方ないな。要するに「問いに答える」という癖が大事なのであり，どのような問われ方をしても柔軟に応えられる骨太の法律力を身につけておけば大丈夫だろう。

　そもそも，今回のリーガルオピニオン型は平成30年の問題で突如として出題されたわけではない。新制度の司法試験が平成18年から開始される前に「サンプル問題」と「プレテスト」という二種類の試験が実施されているのは知っているな？　サンプル問題では文化事業奨励金条例に基づく文化事業奨励金交付決定の取消しの違憲性を原告の立場から主張させ，その主張の当否を論じさせる訴訟・紛争型の問題タイプが示されていた。これに対して，プレテストでは国際テロリズム対策法案について衆議院法制局に対して憲法違反かどうかを相談するといういわば規制者側の制度設計論を問う問題となっており，リーガルオピニオン型の原型を見ることができるな。平成18年以降の出題は訴訟・紛争型とリーガルオピニオン型の二つの潮流のうち，基本的にはサンプル問題で出題された訴訟・紛争型の延長上での出題がなされてきたものといえる。これに対して，平成30年の問題はプレテストで出題されたリーガルオピニオン型の変形・発展型と見ることができよう。

　したがって，今後は，訴訟・紛争型の出題が出てもリーガルオピニオン型の出題が出ても（あるいは，それ以外のタイプの出題が出ても）対応可能なように，「問いに答える」という姿勢を持ちながら骨太の憲法学修に励むべきだろうな。

平成 30 年司法試験

■ 平成30年司法試験公法系第1問　解答例

第1　規制範囲
 1　包括指定方式の合憲性
  (1)　本条例案（以下，条文数のみを記す。）は「規制図書類」（7条）に該当
    するものを自動的・包括的に規制対象とする方式を採用しており，「検閲」
    （憲法21条2項前段）該当性が問題となる。
  (2)　「検閲」とは，行政権が主体となって，思想内容等の表現物を対象とし，
    その全部又は一部の発表の禁止を目的として，対象とされる一定の表現物
    につき網羅的一般的に，発表前にその内容を審査した上，不適当と認める
    ものの発表を禁止することを，その特質として備えるものを指す（札幌税
    関検査事件）。
      しかし，「規制図書類」の発表禁止を目的としておらず，18歳以上の者
    は入手可能であるから事前審査性もなく，「検閲」には該当しない。
 2　明確性の原則
  (1)　8条1・2・3項の対象事業者（以下それぞれ「1項事業者」，「2項事業者」，
    「3項事業者」という。）は，「規制図書類」を構成要件とする刑罰規定（15
    条1号，2号）の対象となっており，適正手続を受ける権利（憲法31条）
    との関係で構成要件の明確性の原則違反が問題となる。また，「規制図書
    類」について18歳以上の人（以下「成年」という。）及び青少年の憲法
    21条1項の表現の自由により保障される知る自由を制約するため，萎縮
    効果を防止する観点からも明確性の原則違反が問題となる。
  (2)　明確性の原則違反の有無は，一般国民の理解において具体的場合に当該
    表現物が規制対象になるかの基準をその規定から読み取ることができるか
    否かにより判断される（徳島市公安条例事件）。
  (3)　Xによれば漫画やアニメも「殊更に性的感情を刺激」すれば「規制図書
    類」に含むとのことであるが，どのような漫画・アニメが「殊更に性的感
    情を刺激」するのかの具体的基準を読み取ることができない。
      また，「衣服の……一部を着けない者」に水着姿の者や靴下を身に着け
    ない者が含まれるかも基準から読み取れず明確ではない。
      したがって，7条は明確性原則違反のおそれがあり，条例案自体におい
    て例示列挙するなど可能な限り明確化すべきである。
  (4)　これに対して，通達等の下位基準の中で「規制図書類」の基準を明確に
    する方法により「規制図書類」の合憲限定解釈の内容を示した場合には，

181

憲法21条1項，憲法31条に違反しない，との反論が想定される。

しかし，純粋な青少年保護育成目的かつ青少年のみを受け手とした条例であれば明確性の原則が緩和される余地があるが，本条例案は性的なものを見ない自由・利益の保護をも目的とする場合には必ずしもこうした基準の緩和はできない。

第2 規制の手段・内容（8条等）

1 8条3項と青少年の知る自由

(1) 8条3項は青少年に対する規制図書類の全面的な販売・貸与禁止を定めているため，青少年の規制図書類を知る自由そのものが憲法上存在しないといえる場合に限り合憲となる。

(2) 岐阜県青少年保護育成条例事件によれば，有害図書が一般に思慮分別の未熟な青少年の性に関する価値観に悪い影響を及ぼし青少年の健全な育成に有害であることは，既に社会共通の認識になっており，青少年の有害情報を知る自由そのものが憲法上存在しない。

(3)ア これに対して，青少年保護育成目的のために青少年自身の知る自由を制約することは，自己加害防止を目的とするパターナリスティックな制約であって原則的に許されない，との反論が想定される。

しかし，人格的自律そのものを回復不可能なほど永続的に害する場合には例外的にパターナリスティックな制約も許容する余地があり，青少年有害図書規制はその典型例である。

イ また，有害図書が青少年に対して与える弊害については厳密な科学的証明がなされておらず，立法事実に基づくものではない，との反論が想定しうる。

しかし，青少年保護目的の必要不可欠性や性に関する歪んだ価値観が形成されてしまった場合にとり返しがつかないことからすれば，青少年非行などの害悪を生ずる相当の蓋然性のあることをもって足り，弊害の科学的証明までは不要と解する。

2 8条と成年の知る自由

(1) 8条1項は1項事業者に対する販売・貸与規制を課し，同2項は2項事業者に対する販売貸与・規制を課し，同4項は3項事業者に対して区分陳列義務を課すことを通じて，規制図書類の流通に制約を加え，成年の知る自由（憲法21条1項）に対して制約を課している。

(2)ア 岐阜県青少年保護育成条例事件によれば，青少年の健全な育成を阻害する有害環境を浄化するための規制に伴う必要やむをえない制約であれば合憲である。ここで思想の自由市場の歪曲効果が高い表現内容規制と

比較して，歪曲効果が相対的に低い表現内容中立規制の場合には，思想の自由市場に到達するための十分な経路が開かれていない場合に違憲とすべきである。具体的には，重要な目的を達成するために実質的関連性を有する手段であって，十分な代替的情報伝達経路が開かれている場合には，合憲である。

イ　1条は「青少年の健全な育成」以外に「性風俗に係る善良な市民の価値観を尊重する」ことをも規制目的としており，これはX発言を踏まえると具体的には性的なものを見ない自由・利益を尊重する趣旨である。しかし，性的なものを見たくなければ立ち去るなどの方法をとるべきであり，囚われの聴衆のような状況でもない限り，性的なものを見ない自由・利益は重要な目的ではない。そのため，1条の当該目的部分は削除すべきである。

ウ　8条1項は市民が食料品などの日用品を購入するための日常的に利用する店舗に規制図書類が置かれると青少年健全育成の観点から望ましくないという理由の規制であり，目的・手段の観念上の関連性はある。しかし，対面型店舗であり，店員や客等による大衆監視もあるので，購入しようとする青少年に心理的抑制が働くから，1項の規制が青少年健全育成目的と実質的に関連しているとはいえない。

エ　8条2項は，児童・生徒らが頻繁に行き来する範囲を対象とする規制であり，青少年健全育成目的との観念上の関連性がある。しかし，対面型店舗であり，店員等による大衆監視もある点は1項の場合と同様であり，やはり実質的関連性はない。

オ　8条4項は，3項の販売・貸与規制があるものの，規制図書類を青少年の目に触れさせないようにして3項の規制の実効性を確保するという意味で，青少年健全育成目的との観念上の関連性はある。しかし，目隠しや衝立等のより安価な方法もあるため，内装工事を要する「隔壁及び扉」の要件と青少年保護育成目的との実質的関連性はない。

カ　よって，8条1項，2項は成人の知る自由を侵害し違憲であり，4項は「隔壁及び扉」の要件の点が違憲である。

(3)ア　これに対して，本条例案は青少年保護育成のために成人の知る自由に対して間接的・付随的規制を課すものにすぎず，合理的関連性さえあえば合憲であるとの反論が想定される。しかしながら，8条1項，2項は場所，4項は方法に着目した規制であって，表現内容中立規制の一種である時・所・方法規制であり，表現の自由の優越的地位に照らせば表現内容中立規制の場合に合理的関連性の基準を採用すべきではない。

イ　また，書店，レンタルビデオ店，ネット等では成人は規制図書類を入手可能であるから，代替的情報伝達経路は十分開かれているので，各規制は合憲である，との反論が想定される。しかし，規制図書類に該当すれば刑罰もあるため書店等はその取り扱いをやめる可能性もあり，代替的情報伝達経路が十分かは明らかではない。また，代替的情報伝達経路の有無に拘わらず，実質的関連性のない規制を採用すべきではない。

3　8条1項と1項事業者の営業の自由
(1)　8条1項の販売・貸与禁止規定が1項事業者の営業の自由との関係で問題になり得る。
(2)　職業選択の自由のみならず選択した職業の遂行の自由までをも保障しなければ無意味であるので，憲法22条1項は営業の自由を保障している。8条1項は1項事業者に対して規制図書類の販売・貸与する操業規制を行うにとどまるので，著しく不合理であることが明白ではない限り，合憲である。

　　　日用品等を扱う店であるため規制図書類の売上げ割合は微々たるものであり，8条1項が著しく不合理とはいえず，合憲である。
(3)　これに対して，売上げのごく一部であっても，販売していること自体に集客力があると考える店舗があるとの反論が想定される。しかし，これは立法事実や統計に基づく考えではない主観的感想にとどまる。

4　8条2項と職業選択の自由
(1)　8条2項の200メートルの規制区域の規制は，2項事業者の職業選択の自由（憲法22条1項）との関係で合憲かが問題となる。
(2)　職業の開始・継続・廃止という狭義の職業選択の自由そのものに対する制約は，重要な公共の利益を保護するために必要かつ合理的措置でなければ違憲である（薬事法違憲判決）。既に保有している不動産を用いて開業する者は多く，特定場所における開業の不能は開業そのものの断念にもつながりうるものであって，8条2項は狭義の職業選択の自由に対する制約と同視できる。

　　　学校の敷地周囲200メートルを規制区域とすることは青少年の健全育成の目的との観念上の関連性はあるものの，200メートル以内の店舗に限り特に規制区域とすべき立法事実がない。また，市内の商業地域のうち30パーセントもの区域が対象となり，規制対象店舗は約150もあり，さらには売上全体の20パーセントを超えるのが10店舗もある。売上20パーセント減少は廃業の危機になりうるものである。

　　　よって，青少年の健全育成の目的を達成するための手段として必要性・

平成30年司法試験

合理性を欠くものであり，2項事業者の職業選択の自由を侵害し違憲である。

(3)ア　ここで，6ヶ月の経過措置期間があり（附則1条），2項事業者が販売を継続したければ経過措置期間に非規制区域に移転すれば良いとの反論が想定される。しかし，補助金もなしに移転するのは経済上困難な店舗もあるであろうし，特定場所における開業の不能は開業そのものの断念にもつながりうるので，当該反論は妥当性を欠く。

イ　また，風俗案内所事件は学校等の敷地から200メートル以内を営業禁止区域とする規制について憲法22条1項違反を否定しており，8条2項の規制区域も同様に合憲であるとの反論が想定しうる。ここで，風俗案内所の場合は店舗の外観上一見して風俗案内所であることが分かるほか，内部も道路から見通すことができ，通行人を呼び込む者が出てくるなどの事情があり，青少年の健全育成との関係で規制の合理性がある。しかし，2項事業者は「店舗」であれば一律規制されるのであり，帰宅途中の生徒などの青少年健全育成を必ずしも害するとは限らない。

5　8条4項と営業の自由

(1)　3項事業者に対する区分陳列義務を課す8条4項のうち，特に内装工事を要する「隔壁及び扉」による方法を要求している部分は，3項事業者の営業の自由との関係で問題になる。

(2)　内装工事等まで要求するのは3項事業者に対する経済的負担となるが，これが著しく不合理であることが明白とまではいえない。

(3)　これに対して，内装工事を要しない衝立などの方法でも同一目的を達成しうる，との反論が想定しうる。

しかしながら，営業の自由との関係ではより制限的でない他の選びうる手段があることまで要求されないので，この点をもって違憲とは断定できない。

以上

＊1　条例で刑罰を定めることができるかについては，刑罰について「法律の定める手続」であることを要求する憲法31条や法律の委任なくして政令に罰則を設けることを禁止する憲法73条6号但書に違反しないかが問題となるが，条例は住民の代表機関である議会の議決に基づく民主的立法であり実質的には法律に準ずることから許容されると解されている（芦部371頁，最大判昭和37年5月30日刑集16巻5号577頁参照）。現行の地方自治法14条3項は「普通地方公共団体は，法令に特別の定めがあるものを除くほか，その条例中に，条例に違反した者に対し，二年以下の懲役若しくは禁錮，百万円以下の罰金，拘留，科料若しくは没収の刑又は五万円以下の過料を科する旨の規定を設けることができる。」と規

185

最終話　逆　襲

定しており，条例案15条，16条は地方自治法14条3項の範囲内で定められていることから，条例で刑罰を定めることができるかについて解答において言及する必要性は低いものと考えられる。なお，地方自治法14条3項を合憲とする論拠については①条例（準）法律説のほか，②委任要件充足説，③憲法94条授権説がある（松本英昭『要説 地方自治法〔第九次改訂版〕』（ぎょうせい，2015年）300-302頁）。条例案16条のような両罰規定を定められることについては，自治庁行政課表回答昭和25年7月25日。

＊2　検察協議の根拠及び実態については，礒崎初仁『自治体政策法務講義〔改訂版〕』（第一法規，2018年）216-217頁参照。

＊3　地図58頁では，判例の定式のポイントについて検閲主体＝行政権，検閲対象＝表現物につき網羅的一般的，検閲時期＝発表前とパラフレイズしたが，本条例ではこのうち主として検閲時期が問題になっていると特定できそうである。これに対して，検閲の定義を広く解釈した上で，審査時期についても発表前ではなく思想・情報の受領前まで含むと考えた場合には包括指定制度も検閲に該当するという学説もある。芦部III 341頁，井上幸希「青少年保護育成条例による有害図書規制の合憲性について」広島法学40巻4号（2017年）84頁。本問との関係では，判例を前提した検討をすれば足りると考えられる。

＊4　芦部III 342頁。萎縮効果に鑑みて包括指定制度を廃止することを提言するものとして，曽我部真裕「青少年健全育成条例による有害図書類規制についての覚書」法学論叢170巻4・5・6号（2012年）507頁。

＊5　小山60頁，地図59頁，大島義則『憲法ガール Remake Edition』（法律文化社，2018年）25頁参照。明確性の原則に関する表現規制とそれ以外の刑罰法規の場合とを比較検討するものとして君塚正臣『司法権・憲法訴訟論 下巻』（法律文化社，2018年）641-660頁。同論文は，両者の違いについて，①根拠条文の違い，②規制の程度の違い，②文面違憲となるのか，適用審査の下での合憲限定解釈を基本として（不明確性が）著しい場合に初めて法令違憲になるのか，を挙げる（同書652頁）。

＊6　Xは，性的玩具類の販売や映画館での成人向け映画の上映などの規制に関しては，「既に別の法律や条例の規制対象になっている」と説明している。青少年保護育成条例では有害図書規制のほかに有害玩具規制や有害興行（映画）規制が併せて規定されることがあるが，これらの問題を除外する趣旨であろう。

＊7　なお，過度の広汎性の法理も併せて問題になりうるが，本文では割愛した。過度の広汎性の法理について有害図書規制の場合には表現の自由における民主主義的価値との関連性が薄いために同法理は適用されないという見解もありうるので（西野吾一・最判解刑平成21年度41-42頁），この点を争点として取り上げることも考えられよう。

＊8　萎縮効果に鑑みて現在の包括指定方式を廃止すべきと提言するものとして曽我部・前掲注4）507頁があり，本問でも包括的な方法で「規制図書類」を定義することは違憲という意見を述べる方法もありえる。

＊9　山下純司＝島田聡一郎＝宍戸常寿『法解釈入門〔補訂版〕』（有斐閣，2018年）189頁〔島田聡一郎〕。

＊10　規制図書類の送り手の表現の自由が除外されていることについて，若干の検討を行う。「規制の対象となった一の基本権主体の行為ないし利益が，複数の基本権の保護領域と関わりを持つ場合」を「基本権の競合」と呼ぶことがあるが，「異なる基本権主体のそれぞれ別の基本権が問題となる事案は，基本権の競合ではない」とされ，その典型として少年法61条の推知報道禁止について表現者との関係で表現の自由，読者との関係では知る権利が制約されるが，基本権主体が異なるため，基本権の競合ではないとされている（小山30

186

頁）。本問では，観念上は，規制図書類の送り手の表現の自由，1項・2項・3項事業者の営業の自由又は職業選択の自由，青少年及び成年の知る自由の各憲法上の権利が問題となり，これらの基本権主体は異なるので基本権の競合は生じず，各権利ごとの個別の検討を行えば足りることになる。本問ではこのうち規制図書類の送り手の表現の自由の検討を除外したものと理解すれば足りよう。実務的には法律意見書の範囲（scope）として規制図書類の送り手の表現の自由が除外されている，と理解することもできる。もっとも，規制図書類の情報発信者の自由と情報受領者の自由は表裏一体的なものであり，本問において青少年及び成年の知る自由の検討内容と規制図書類の送り手の表現の自由の検討内容は，事実上重なりうる。大石和彦「『第三者の権利の主張適格』に関する補足的覚書」筑波ロー・ジャーナル9号（2011年）200-201頁は，「発信者（または受信者）を当事者とする裁判では，当事者自身の権利に対する制約が合憲かどうかを問えば足り，あえて加えて第三者の知る権利（または表現の自由）の制約問題を取り上げる必要性があるかどうかは疑問である」と指摘しているのが参考になろう。なお，福島県青少年健全育成条例事件の調査官解説である西野・前掲注7）33頁は営業の自由について精神的自由との対比で規制の要請が強いことを踏まえると，「図書類の出版・販売をしている者に対するその活動の規制が，その者の表現の自由（出版の自由）を侵害しないにもかかわらず，営業の自由を侵害するということは考え難い」とし，「本条例の規制は有害図書類の送り手側の出版の自由も侵害するものではないのであるから，営業の自由を侵害するものではないことも導かれると思われる」と指摘している。この指摘に照らすと，本問で最も検討すべき憲法上の権利は，規制図書類等の送り手の表現の自由（出版の自由）であり，当該自由との関係で違憲審査を行えば，販売等をする店舗側の経済的自由を検討する余地はなく，本設問は最も重要な争点についての検討を除外している，との見方もありえないわけではない。しかしながら，規制図書類等の送り手と販売等をする店舗側は基本権主体が異なるので基本権競合の問題を生じないと考えるのが通常であると思われ，また仮に何らかの意味で検討事項が重複するとしても，複数の基本権が問題となる場合により厳格な審査が要請される基本権を常に機械的に適用すべき（例えば経済的自由と精神的自由が競合する場合に精神的自由を検討すべき）とは考えられていない（小山31頁）。そのため，規制図書類等の送り手の表現の自由を除外しつつ，営業の自由又は職業選択の自由の検討を要請する本問が必ずしも不適切な出題とはいえないのではなかろうか。

＊11　原田國男・最判解刑平成元年度308頁。

＊12　佐藤135頁。

＊13　西野・前掲注7）30-31頁は，（岐阜県青少年保護育成条例事件の）「平成元年当時から，有害図書の青少年の健全育成に対する有害性に関する社会共通の認識に変化（特に規制の緩和を要求するような変化）があったとは認められない」と指摘している。近年，立法事実の変遷を理由とする違憲判決が相次いでいるが，有害図書規制分野での立法事実の変遷を否定したものと評価できる。

＊14　悪影響の内容として，性的感情を刺激した結果，性犯罪や非行等の外形的行為に走らせる影響と性格・情緒等の内面的事象への悪影響を区別した上で，前者は無理があるので，後者を検討すべきことを指摘するものとして，曽我部・前掲注4）502頁。

＊15　原田・前掲注11）309頁に違憲論の紹介がある。同頁に掲記されている文献として，清水英夫「雑誌自販機規制と表現の自由」ジュリスト635号（1977年）48頁，堀部政男「マス・メディアと少年非行」一橋論叢82巻1号（1979年）6頁，横田耕一「有害図書規制と表現の自由」新聞研究394号（1984年）83頁，奥平康弘編著『条例研究叢書7青少年保護条例

最終話　逆　襲

公安条例』（学陽書房，1981年）115頁等。

* 16　曽我部・前掲注4）501頁は，多数意見の「社会共通の認識」論や伊藤正己裁判官の違憲審査基準の緩和論について「根拠が必ずしも明確ではない」としつつ，青少年保護という目的の必要不可欠性，青少年のアクセスに限った規制であることといった従来の論拠に加えて，科学的な青少年の健全育成への悪影響は不明であること，有害図書類の影響による逸脱行動等により性に関する歪んだ価値観を形成をしてしまった場合に本人にとって取り返しがつかないことを考慮すべきことを指摘する。

* 17　よど号ハイジャック記事抹消事件（最大判昭和58年6月22日民集37巻5号793頁）の「およそ各人が，自由に，さまざまな意見，知識，情報に接し，これを摂取する機会をもつことは，その者が個人として自己の思想及び人格を形成・発展させ，社会生活の中にこれを反映させていくうえにおいて欠くことのできないものであり，また，民主主義社会における思想及び情報の自由な伝達，交流の確保という基本的原理を真に実効あるものたらしめるためにも，必要なところである。それゆえ，これらの意見，知識，情報の伝達の媒体である新聞紙，図書等の閲読の自由が憲法上保障されるべきことは，思想及び良心の自由の不可侵を定めた憲法一九条の規定や，表現の自由を保障した憲法二一条の規定の趣旨，目的から，いわばその派生原理として当然に導かれるところであり，また，すべて国民は個人として尊重される旨を定めた憲法一三条の規定の趣旨に沿うゆえんでもあると考えられる」との判示を参照することも考えられる。もっとも，よど号ハイジャック記事抹消事件よりもレペタ訴訟のほうが情報等を摂取する自由について明瞭に表現していることに加えて，岐阜県青少年保護育成条例事件の伊藤正己裁判官の補足意見もレペタ訴訟に依拠した上で国民の知る自由を導いていることから，ここではレペタ訴訟を参照した。

* 18　原田・前掲注11）307頁，309-311頁。

* 19　西野・前掲注7）35～36頁。

* 20　西野・前掲注7）35～38頁。なお，本条例案はわいせつには該当しない性的な有害情報の内容に着目して「規制図書類」を規制しているため表現内容規制であり，より厳格な審査基準を適用すべきとの反論も想定しうる。有害図書規制について表現内容規制と捉えるものとして，井上・前掲注3）83頁。内容規制・内容中立規制二分論については，演習ノート190頁以下〔村山健太郎〕が参考になる。

* 21　有害図書規制についてLRAの基準の適用を否定するものとして原田・前掲注11）318～319頁。原田はLRAの基準と関連して有害図書規制の自主規制が有効に機能しているかを検討しており，大手業者を主体とする自主規制団体の規制はいくら努力しても，アウトサイダーの業者にまで及ばないことの難点を指摘する。本問において8条1項の違憲審査基準として仮にLRAの基準を適用する場合には，一部のコンビニエンスストアの自主規制はなされているものの，あくまで一部店舗の取組みにとどまっている事実を評価し，自主規制がLRAになりうるかを検討する必要があろう。

* 22　演習ノート190頁〔村山健太郎〕，芦部III 436-437頁。読本148頁〔宍戸常寿〕参照。

* 23　佐藤275頁。なお，大阪市営地下鉄商業宣伝放送事件（最判昭和63年12月20日集民155号377頁）の伊藤正己裁判官の補足意見は「個人が他者から自己の欲しない刺戟によって心の静穏を乱されない利益を有しており，これを広い意味でのプライバシーと呼ぶことができる」と指摘し，プライバシーの問題とする。佐藤192頁参照。

* 24　佐藤275頁。佐藤は，消極的情報受領権をたてに表現行為を制約することは，特に表現の時・所・方法等の制約に関して生じやすいことを指摘する（同頁）。本問も，まさに表現の時・所・方法等の制約をするために，消極的情報受領権をたてに取っているケースと

平成 30 年司法試験

いえよう。

＊25 　同一の基本権主体に関して複数の憲法上の権利が問題になる場合には基本権の競合の問
題を生じうる。本問でも 1 項事業者・2 項事業者・3 項事業者については営業の自由又は
職業選択の自由のほかに表現の自由の主張可能性もあり，この場合には基本権競合が生じ
うる。そこで，販売等をする店舗側の権利について表現の自由を観念する余地があるかが
問題となる。近年では，憲法21条 1 項の保障内容について主観的な権利主張にとどまらな
い客観的法秩序保障規定とも解釈した上で，自由な情報流通自体への介入となる政府行為
について憲法21条 1 項適合性を求める見解も出てきている（駒村253頁以下参照。風営法
におけるダンス営業規制に関して新井誠「風営法におけるダンスの営業規制の合憲性につ
いて」広島法科大学院論集10号（2014年）195-196頁参照）。もっとも，岐阜県青少年保
護育成条例事件も福島県青少年健全育成条例事件も事業者自身の表現の自由を検討してい
ないことから，少なくとも判例に照らせば事業者の表現の自由について検討の対象外とす
ることにも合理性があろう。問題文に掲げられている各事実からしても，販売等をする店
舗側の権利については経済的自由との関係での検討を求めているように思われる。このよ
うに考えた場合には，販売等をする店舗側の権利について営業の自由又は職業の選択の自
由と表現の自由との基本権競合の問題は生じない。

＊26 　営業の自由のほかにも財産権（憲法29条 1 項）との関係を指摘することも可能かもしれ
ない。

おわりに

　私が匿名の個人ブログで書いていた小説『憲法ガール』が2013年に法律文化社から出版される運びになったときは，私自身が驚きました。ブログを書いていたのは弁護士人生2年目の終わり頃であり，書籍版『憲法ガール』執筆当時，私は弁護士人生3年目から4年目に差し掛かる頃でした。『憲法ガール』出版から5年以上の月日が経過し，現在は弁護士人生9年目に突入しております。この5年の間に，様々な環境変化がありました。

　『憲法ガール』出版を皮切りとして，『行政法ガール』（法律文化社，2014年），『憲法の地図』（法律文化社，2016年），『憲法ガール　Remake Edition』（法律文化社，2018年）を出版させていただきました。本書は『憲法ガール　Remake Edition』も数えれば人生で5冊目の単著になります。共著の書籍や論文も含めれば多数の執筆活動を行っており，だんだんと執筆業績が増えてきたと思います。また，慶應義塾大学法科大学院非常勤講師，広島大学法科大学院客員准教授などを務めさせていただくなど，法学部生やロースクール生と触れあう機会が増大し，教育実践を行う場が増えてきました。さらに，通常の弁護士よりも，比較的多数の憲法訴訟や行政訴訟を経験するようになってきています。私の強みがあるとすれば，公法訴訟を実際に経験しており，実際の訴訟の中における主張・反論の経験がある点かもしれません。

　こうした私自身の多様な経験の蓄積が，本書『憲法ガールⅡ』の執筆にも役立っていると思います。今後とも公法関係の研鑽を積んでいきたいと考える所存です。

　本書を出版するにあたっては，様々な方々にお世話になりました。

　紅木春氏には，タイトなスケジュールの中，イラスト制作をしていただきました。酒井麻千子氏（東京大学大学院情報学環特任助教）には，本書の下読み，

校正作業など多大なご支援をいただきました。本書のストーリー部分はAIを
テーマとしておりますが，AI・ロボット法・政策に詳しい工藤郁子氏（マカイ
ラ株式会社コンサルタント）及び西村友海氏（慶應義塾大学大学院法学研究科公法学
専攻後期博士課程）にストーリー部分に対してコメントをいただきました（なお，
両氏には本書の現実離れしたAIの設定に対する貴重なコメントもいくつかいただき，
その一部は反映させていただきましたが，創作の都合上，反映しなかった部分もありま
す。言うまでもなく本書のすべての責任は著者にあります）。また，上田亮祐氏，小
野澤誓也氏，清水元氏，田中達也氏，山本侑氏，亀川達也氏には，校正作業に
ご協力いただきました。平成30年分の原稿については，松尾剛行氏（弁護士），
平裕介氏（弁護士，日本大学大学院法務研究科助教）及び伊藤建氏（弁護士）に貴
重なコメントをいただきました。法律文化社の編集者である舟木和久様には，
各種調整や編集作業をしていただきました。私の執筆活動を温かく見守ってく
れる長谷川正浩氏（弁護士）には，返しきれないほどのご恩を受けております。
私の学部時代から現在に至るまで，駒村圭吾教授（慶應義塾大学法学部教授，同
大学院法務研究科教授）には継続的なご指導をいただき，また素晴らしい帯文を
書いていただきました。

　『憲法ガール』の続編刊行になったのは，何よりも読者の皆様のご支援の賜
だと思っております。平素よりお世話になっている方々のすべてのお名前を挙
げることはかないませんが，この場を借りて以上すべての方に厚く御礼を申し
上げます。

平成30年6月

大島　義則

判例一覧

0-1	泉佐野市民会館事件［最判平成7年3月7日・民集49巻3号687頁］
	【見解規制の禁止】 「もとより，普通地方公共団体が公の施設の使用の許否を決するに当たり，集会の目的や集会を主催する団体の性格そのものを理由として，使用を許可せず，あるいは不当に差別的に取り扱うことは許されない。しかしながら，本件において被上告人が上告人らに本件会館の使用を許可しなかったのが，上告人らの唱道する関西新空港建設反対という集会目的のためであると認める余地のないことは，前記一の4（一）⑵のとおり，被上告人が，過去に何度も，上告人A1が運営委員である「泉佐野・新空港に反対する会」に対し，講演等のために本件会館小会議室を使用することを許可してきたことからも明らかである。また，本件集会が開かれることによって前示のような暴力の行使を伴う衝突が起こるなどの事態が生ずる明らかな差し迫った危険が予見される以上，本件会館の管理責任を負う被上告人がそのような事態を回避し，防止するための措置を採ることはやむを得ないところであって，本件不許可処分が本件会館の利用について上告人らを不当に差別的に取り扱ったものであるということはできない。それは，上告人らの言論の内容や団体の性格そのものによる差別ではなく，本件集会の実質上の主催者と目されるG派が当時激しい実力行使を繰り返し，対立する他のグループと抗争していたことから，その山場であるとされる本件集会には右の危険が伴うと認められることによる必要かつ合理的な制限であるということができる。」
0-2	船橋市西図書館蔵書破棄事件［最判平成17年7月14日・民集59巻6号1569頁］
	【見解規制の禁止】 「公立図書館が，上記のとおり，住民に図書館資料を提供するための公的な場であるということは，そこで閲覧に供された図書の著作者にとって，その思想，意見等を公衆に伝達する公的な場でもあるということができる。したがって，公立図書館の図書館職員が閲覧に供されている図書を著作者の思想や信条を理由とするなど不公正な取扱いによって廃棄することは，当該著作者が著作物によってその思想，意見等を公衆に伝達する利益を不当に損なうものといわなければならない。そして，著作者の思想の自由，表現の自由が憲法により保障された基本的人権であることにもかんがみると，公立図書館において，その著作物が閲覧に供されている著作者が有する上記利益は，法的保護に値する人格的利益であると解するの

193

が相当であり，公立図書館の図書館職員である公務員が，図書の廃棄について，基本的な職務上の義務に反し，著作者又は著作物に対する独断的な評価や個人的な好みによって不公正な取扱いをしたときは，当該図書の著作者の上記人格的利益を侵害するものとして国家賠償法上違法となるというべきである。」

1 − 1	成田新法事件［最大判平成 4 年 7 月 1 日・民集 46 巻 5 号 437 頁］

【集会の自由の意義】
「現代民主主義社会においては，集会は，国民が様々な意見や情報等に接することにより自己の思想や人格を形成，発展させ，また，相互に意見や情報等を伝達，交流する場として必要であり，さらに，対外的に意見を表明するための有効な手段であるから，憲法 21 条 1 項の保障する集会の自由は，民主主義社会における重要な基本的人権の一つとして特に尊重されなければならないものである。」

1 − 2	新潟県公安条例事件［最大判昭和 29 年 11 月 24 日・刑集 8 巻 11 号 1866 頁］

【届出制・許可制による集会の事前抑制，明らかに差し迫った危険の基準】
「行列行進又は公衆の集団示威運動（以下単にこれらの行動という）は，公共の福祉に反するような不当な目的又は方法によらないかぎり，本来国民の自由とするところであるから，条例においてこれらの行動につき単なる届出制を定めることは格別，そうでなく一般的な許可制を定めてこれを事前に抑制することは，憲法の趣旨に反し許されないと解するを相当とする。しかしこれらの行動といえども公共の秩序を保持し，又は公共の福祉が著しく侵されることを防止するため，特定の場所又は方法につき，合理的かつ明確な基準の下に，予じめ許可を受けしめ，又は届出をなさしめてこのような場合にはこれを禁止することができる旨の規定を条例に設けても，これをもって直ちに憲法の保障する国民の自由を不当に制限するものと解することはできない。けだしかかる条例の規定は，なんらこれらの行動を一般に制限するのでなく，前示の観点から単に特定の場所又は方法について制限する場合があることを認めるに過ぎないからである。さらにまた，これらの行動について公共の安全に対し明らかな差迫つた危険を及ぼすことが予見されるときは，これを許可せず又は禁止することができる旨の規定を設けることも，これをもって直ちに憲法の保障する国民の自由を不当に制限することにはならないと解すべきである。」

1 − 3	道路交通法違反事件［最判昭和 57 年 11 月 16 日・刑集 36 巻 11 号 908 頁］

【附款による弊害除去】
「道交法及び長崎県道交法施行細則の右各規定は，「道路における危険を防止し，その他交通の安全と円滑を図り，及び道路の交通に起因する障害の防止に資する」という目的（道交法 1 条参照）のもとに，道路を使用して集団行進をしようとする者に対しあらかじめ所轄警察署長の許可を受けさせることにしたものであるところ，同法 77 条 2 項の規定は，道路使用の許可に関する明確かつ合理的な基準を掲げて道路における集団行進が不許可とされる場合を厳格に制限しており，これによれば，道路における集団行進に対し同条一項の規定による許可が与えられない場合は，当該集団行進の予想される規模，態様，コース，時刻などに照らし，これが行われることにより一般交通の用に供せられるべき道路の機能を著しく害

するものと認められ，しかも，同条3項の規定に基づき警察署長が条件を付与することによつても，かかる事態の発生を阻止することができないと予測される場合に限られることになるのであつて，右のような場合にあたらない集団行進に対し警察署長が同条1項の規定による許可を拒むことは許されないものと解される。」

| 1-4 | 吉祥寺駅構内ビラ配布事件［最判昭和59年12月18日・刑集38巻12号3026頁］ |

【伊藤正己補足意見：パブリック・フォーラムと附款による弊害除去】
「ある主張や意見を社会に伝達する自由を保障する場合に，その表現の場を確保することが重要な意味をもつている。特に表現の自由の行使が行動を伴うときには表現のための物理的な場所が必要となつてくる。この場所が提供されないときには，多くの意見は受け手に伝達することができないといつてもよい。一般公衆が自由に出入りできる場所は，それぞれその本来の利用目的を備えているが，それは同時に，表現のための場として役立つことが少なくない。道路，公園，広場などは，その例である。これを「パブリック・フォーラム」と呼ぶことができよう。このパブリック・フォーラムが表現の場所として用いられるときには，所有権や，本来の利用目的のための管理権に基づく制約を受けざるをえないとしても，その機能にかんがみ，表現の自由の保障を可能な限り配慮する必要があると考えられる。道路における集団行進についての道路交通法による規制について，警察署長は，集団行進が行われることにより一般交通の用に供せられるべき道路の機能を著しく害するものと認められ，また，条件を付することによつてもかかる事態の発生を阻止するこができないと予測される場合に限つて，許可を拒むことができるとされるのも（最高裁昭和56年（あ）第561号同57年11月16日第三小法廷判決・刑集36巻11号908頁参照），道路のもつパブリック・フォーラムたる性質を重視するものと考えられる。」

| 1-5 | 東京都公安条例事件［最大判昭和35年7月20日・刑集14巻9号1243頁］ |

【集団暴徒化論】
「およそ集団行動は，学生，生徒等の遠足，修学旅行等および，冠婚葬祭等の行事をのぞいては，通常一般大衆に訴えんとする，政治，経済，労働，世界観等に関する何等かの思想，主張，感情等の表現を内包するものである。この点において集団行動には，表現の自由として憲法によつて保障さるべき要素が存在することはもちろんである。ところでかような集団行動による思想等の表現は，単なる言論，出版等によるものとはことなつて，現在する多数人の集合体自体の力，つまり潜在する一種の物理的力によつて支持されていることを特徴とする。かような潜在的な力は，あるいは予定された計画に従い，あるいは突発的に内外からの刺激，せん動等によつてきわめて容易に動員され得る性質のものである。この場合に平穏静粛な集団であつても，時に昂奮，激昂の渦中に巻きこまれ，甚だしい場合には一瞬にして暴徒と化し，勢いの赴くところ実力によつて法と秩序を蹂躙し，集団行動の指揮者はもちろん警察力を以てしても如何ともし得ないような事態に発展する危険が存在すること，群集心理の法則と現実の経験に徴して明らかである。従つて地方公共団体が，純粋な意味における表現といえる出版等についての事前規制である検閲が憲法21条2項によつて禁止されているにかかわらず，集団行動による表現の自由に関するかぎり，いわゆる「公安条例」を以て，地方的情

195

	況その他諸般の事情を十分考慮に入れ，不測の事態に備え，法と秩序を維持するに必要かつ最小限度の措置を事前に講ずることは，けだし止むを得ない次第である。」
2−1	東大ポポロ事件［最大判昭和38年5月22日・刑集17巻4号370頁］

【学問の自由の保障範囲】

「……同条の学問の自由は，学問的研究の自由とその研究結果の発表の自由とを含むものであつて，同条が学問の自由はこれを保障すると規定したのは，一面において，広くすべての国民に対してそれらの自由を保障するとともに，他面において，大学が学術の中心として深く真理を探究することを本質とすることにかんがみて，特に大学におけるそれらの自由を保障することを趣旨としたものである。教育ないし教授の自由は，学問の自由と密接な関係を有するけれども，必ずしもこれに含まれるものではない。しかし，大学については，憲法の右の趣旨と，これに沿つて学校教育法五二条が「大学は，学術の中心として，広く知識を授けるとともに，深く専門の学芸を教授研究」することを目的とするとしていることとに基づいて，大学において教授その他の研究者がその専門の研究の結果を教授する自由は，これを保障されると解するのを相当とする。すなわち，教授その他の研究者は，その研究の結果を大学の講義または演習において教授する自由を保障されるのである。そして，以上の自由は，すべて公共の福祉による制限を免れるものではないが，大学における自由は，右のような大学の本質に基づいて，一般の場合よりもある程度で広く認められると解される。」

【大学の自治の保障及び内容】

「大学における学問の自由を保障するために，伝統的に大学の自治が認められている。この自治は，とくに大学の教授その他の研究者の人事に関して認められ，大学の学長，教授その他の研究者が大学の自主的判断に基づいて選任される。また，大学の施設と学生の管理についてもある程度で認められ，これらについてある程度で大学に自主的な秩序維持の権能が認められている。

　このように，大学の学問の自由と自治は，大学が学術の中心として深く真理を探求し，専門の学芸を教授研究することを本質とすることに基づくから，直接には教授その他の研究者の研究，その結果の発表，研究結果の教授の自由とこれらを保障するための自治とを意味すると解される。大学の施設と学生は，これらの自由と自治の効果として，施設が大学当局によつて自治的に管理され，学生も学問の自由と施設の利用を認められるのである。もとより，憲法23条の学問の自由は，学生も一般の国民と同じように享有する。しかし，大学の学生としてそれ以上に学問の自由を享有し，また大学当局の自治的管理による施設を利用できるのは，大学の本質に基づき，大学の教授その他の研究者の有する特別な学問の自由と自治の効果としてである。」

【研究発表の自由の範囲──実社会の政治的社会的活動】

「大学における学生の集会も，右の範囲において自由と自治を認められるものであつて，大学の公認した学内団体であるとか，大学の許可した学内集会であるとかいうことのみによつて，特別な自由と自治を享有するものではない。学生の集会が真に学問的な研究またはその結果の発表のためのものでなく，実社会の政治的社会的活動に当る行為をする場合には，大学の有する特別の学問の自由と自治は

享有しないといわなければならない。また，その集会が学生のみのものでなく，とくに一般の公衆の入場を許す場合には，むしろ公開の集会と見なされるべきであり，すくなくともこれに準じるものというべきである。

本件のＡ演劇発表会は，原審の認定するところによれば，いわゆる反植民地闘争デーの一環として行なわれ，演劇の内容もいわゆる松川事件に取材し，開演に先き立つて右事件の資金カンパが行なわれ，さらにいわゆる渋谷事件の報告もなされた。これらはすべて実社会の政治的社会的活動に当る行為にほかならないのであつて，本件集会はそれによつてもはや真に学問的な研究と発表のためのものでなくなるといわなければならない。また，ひとしく原審の認定するところによれば，右発表会の会場には，Ｂ大学の学生および教職員以外の外来者が入場券を買つて入場していたのであつて，本件警察官も入場券を買つて自由に入場したのである。これによつて見れば，一般の公衆が自由に入場券を買つて入場することを許されたものと判断されるのであつて，本件の集会は決して特定の学生のみの集会とはいえず，むしろ公開の集会と見なさるべきであり，すくなくともこれに準じるものというべきである。そうして見れば，本件集会は，真に学問的な研究と発表のためのものでなく，実社会の政治的社会的活動であり，かつ公開の集会またはこれに準じるものであつて，大学の学問の自由と自治は，これを享有しないといわなければならない。したがつて，本件の集会に警察官が立ち入つたことは，大学の学問の自由と自治を犯すものではない。」

| 2-2 | 呉市学校施設目的外使用事件［最判平成18年2月7日・民集60巻2号401頁］ |

【集会の自由と判断過程統制審査】
「地方自治法238条の4第4項，学校教育法85条の上記文言に加えて，学校施設は，一般公衆の共同使用に供することを主たる目的とする道路や公民館等の施設とは異なり，本来学校教育の目的に使用すべきものとして設置され，それ以外の目的に使用することを基本的に制限されている（学校施設令1条，3条）ことからすれば，学校施設の目的外使用を許可するか否かは，原則として，管理者の裁量にゆだねられているものと解するのが相当である。すなわち，学校教育上支障があれば使用を許可することができないことは明らかであるが，そのような支障がないからといって当然に許可しなくてはならないものではなく，行政財産である学校施設の目的及び用途と目的外使用の目的，態様等との関係に配慮した合理的な裁量判断により使用許可をしないこともできるものである。学校教育上の支障とは，物理的支障に限らず，教育的配慮の観点から，児童，生徒に対し精神的悪影響を与え，学校の教育方針にもとることとなる場合も含まれ，現在の具体的な支障だけでなく，将来における教育上の支障が生ずるおそれが明白に認められる場合も含まれる。また，管理者の裁量判断は，許可申請に係る使用の日時，場所，目的及び態様，使用者の範囲，使用の必要性の程度，許可をするに当たっての支障又は許可をした場合の弊害若しくは影響の内容及び程度，代替施設確保の困難性など許可をしないことによる申請者側の不都合又は影響の内容及び程度等の諸般の事情を総合考慮してされるものであり，その裁量権の行使が逸脱濫用に当たるか否かの司法審査においては，その判断が裁量権の行使としてされたことを前提とした上で，その判断要素の選択や判断過程に合理性を欠くところがないかを検討し，その判断が，重要な事実の基礎を欠くか，又は社会通念に照らし著しく

妥当性を欠くものと認められる場合に限って，裁量権の逸脱又は濫用として違法となるとすべきものと解するのが相当である。」

【従前の運用と比例原則・平等原則】

「また，従前，同一目的での使用許可申請を物理的支障のない限り許可してきたという運用があったとしても，そのことから直ちに，従前と異なる取扱いをすることが裁量権の濫用となるものではない。もっとも，従前の許可の運用は，使用目的の相当性やこれと異なる取扱いの動機の不当性を推認させることがあったり，比例原則ないし平等原則の観点から，裁量権濫用に当たるか否かの判断において考慮すべき要素となったりすることは否定できない。」

3−1	薬事法違憲判決〔最大判昭和50年4月30日・民集29巻4号572頁〕

【職業の性格・意義】

「憲法22条1項は，何人も，公共の福祉に反しないかぎり，職業選択の自由を有すると規定している。職業は，人が自己の生計を維持するためにする継続的活動であるとともに，分業社会においては，これを通じて社会の存続と発展に寄与する社会的機能分担の活動たる性質を有し，各人が自己のもつ個性を全うすべき場として，個人の人格的価値とも不可分の関連を有するものである。右規定が職業選択の自由を基本的人権の一つとして保障したゆえんも，現代社会における職業のもつ右のような性格と意義にあるものということができる。そして，このような職業の性格と意義に照らすときは，職業は，ひとりその選択，すなわち職業の開始，継続，廃止において自由であるばかりでなく，選択した職業の遂行自体，すなわちその職業活動の内容，態様においても，原則として自由であることが要請されるのであり，したがつて，右規定は，狭義における職業選択の自由のみならず，職業活動の自由の保障をも包含しているものと解すべきである。」

【職業選択の自由の制約に係る審査基準及び審査項目】

「職業の許可制は，法定の条件をみたし，許可を与えられた者のみにその職業の遂行を許し，それ以外の者に対してはこれを禁止するものであつて，右に述べたように職業の自由に対する公権力による制限の一態様である。このような許可制が設けられる理由は多種多様で，それが憲法上是認されるかどうかも一律の基準をもつて論じがたいことはさきに述べたとおりであるが，一般に許可制は，単なる職業活動の内容及び態様に対する規制を超えて，狭義における職業の選択の自由そのものに制約を課するもので，職業の自由に対する強力な制限であるから，その合憲性を肯定しうるためには，原則として，重要な公共の利益のために必要かつ合理的な措置であることを要し，また，それが社会政策ないしは経済政策上の積極的な目的のための措置ではなく，自由な職業活動が社会公共に対してもたらす弊害を防止するための消極的，警察的措置である場合には，許可制に比べて職業の自由に対するよりゆるやかな制限である職業活動の内容及び態様に対する規制によつては右の目的を十分に達成することができないと認められることを要するもの，というべきである。そして，この要件は，許可制そのものについてのみならず，その内容についても要求されるのであつて，許可制の採用自体が是認される場合であつても，個々の許可条件については，更に個別的に右の要件に照らしてその適否を判断しなければならないのである。」

【職業選択の自由に対する主観的要件／客観的要件による制約】

「そこで進んで，許可条件に関する基準をみると，薬事法6条（この規定は薬局の開設に関するものであるが，同法26条2項において本件で問題となる医薬品の一般販売業に準用されている。）は，1項1号において薬局の構造設備につき，1号の2において薬局において薬事業務に従事すべき薬剤師の数につき，2号において許可申請者の人的欠格事由につき，それぞれ許可の条件を定め，2項においては，設置場所の配置の適正の観点から許可をしないことができる場合を認め，4項においてその具体的内容の規定を都道府県の条例に譲つている。これらの許可条件に関する基準のうち，同条一項各号に定めるものは，いずれも不良医薬品の供給の防止の目的に直結する事項であり，比較的容易にその必要性と合理性を肯定しうるものである（前掲各最高裁大法廷判決参照）のに対し，2項に定めるものは，このような直接の関連性をもつておらず，本件において上告人が指摘し，その合憲性を争つているのも，専らこの点に関するものである。それ故，以下において適正配置上の観点から不許可の道を開くこととした趣旨，目的を明らかにし，このような許可条件の設定とその目的との関連性，及びこのような目的を達成する手段としての必要性と合理性を検討し，この点に関する立法府の判断がその合理的裁量の範囲を超えないかどうかを判断することとする。」

【主たる目的の認定】

「薬事法6条2項，4項の適正配置規制に関する規定は，昭和38年7月12日法律第135号「薬事法の一部を改正する法律」により，新たな薬局の開設等の許可条件として追加されたものであるが，右の改正法律案の提案者は，その提案の理由として，一部地域における薬局等の乱設による過当競争のために一部業者に経営の不安定を生じ，その結果として施設の欠陥等による不良医薬品の供給の危険が生じるのを防止すること，及び薬局等の一部地域への偏在の阻止によつて無薬局地域又は過少薬局地域への薬局の開設等を間接的に促進することの二点を挙げ，これらを通じて医薬品の供給（調剤を含む。以下同じ。）の適正をはかることがその趣旨であると説明しており，薬事法の性格及びその規定全体との関係からみても，この二点が右の適正配置規制の目的であるとともに，その中でも前者がその主たる目的をなし，後者は副次的，補充的目的であるにとどまると考えられる。」

【職業選択の自由の制約―特定場所における開業の不能】

「薬局の開設等の許可における適正配置規制は，設置場所の制限にとどまり，開業そのものが許されないこととなるものではない。しかしながら，薬局等を自己の職業として選択し，これを開業するにあたつては，経営上の採算のほか，諸般の生活上の条件を考慮し，自己の希望する開業場所を選択するのが通常であり，特定場所における開業の不能は開業そのものの断念にもつながりうるものであるから，前記のような開業場所の地域的制限は，実質的には職業選択の自由に対する大きな制約的効果を有するものである。」

【立法事実論】

「被上告人の指摘する医薬品の乱売に際して不良医薬品の販売の事実が発生するおそれがあつたとの点も，それがどの程度のものであつたか明らかでないが，そこで挙げられている大都市の一部地域における医薬品の乱売のごときは，主としていわゆる現金問屋又はスーパーマーケットによる低価格販売を契機として生じたものと認められることや，一般に医薬品の乱売については，むしろその製造段階

における一部の過剰生産とこれに伴う激烈な販売合戦，流通過程における営業政策上の行態等が有力な要因として競合していることが十分に想定されることを考えると，不良医薬品の販売の現象を直ちに一部薬局等の経営不安定，特にその結果としての医薬品の貯蔵その他の管理上の不備等に直結させることは，決して合理的な判断とはいえない。殊に，常時行政上の監督と法規違反に対する制裁を背後に控えている一般の薬局等の経営者，特に薬剤師が経済上の理由のみからあえて法規違反の挙に出るようなことは，きわめて異例に属すると考えられる。このようにみてくると，競争の激化―経営の不安定―法規違反という因果関係に立つ不良医薬品の供給の危険が，薬局等の段階において，相当程度の規模で発生する可能性があるとすることは，単なる観念上の想定にすぎず，確実な根拠に基づく合理的な判断とは認めがたいといわなければならない。」

3－2	司法書士法事件［最判平成12年2月8日・刑集54巻2号1頁］
	【消極目的・積極目的に言及しないで憲法22条1項適合性を判断した例】 「司法書士法の右各規定は，登記制度が国民の権利義務等社会生活上の利益に重大な影響を及ぼすものであることなどにかんがみ，法律に別段の定めがある場合を除き，司法書士及び公共嘱託登記司法書士協会以外の者が，他人の嘱託を受けて，登記に関する手続について代理する業務及び登記申請書類を作成する業務を行うことを禁止し，これに違反した者を処罰することにしたものであって，右規制が公共の福祉に合致した合理的なもので憲法22条1項に違反するものでないことは，当裁判所の判例（最高裁昭和33年（あ）第411号同34年7月8日大法廷判決・刑集13巻7号1132頁，最高裁昭和43年（行ツ）第120号同50年4月30日大法廷判決・民集29巻4号572頁）の趣旨に徴し明らかである。」
3－3	農業災害補償法当然加入制合憲判決［最判平成17年4月26日・集民216号661頁］
	【消極目的・積極目的に言及しないで憲法22条1項適合性を判断した例】 「法が，水稲等の耕作の業務を営む者でその耕作面積が一定の規模以上のものは農業共済組合の組合員となり当該組合との間で農作物共済の共済関係が当然に成立するという仕組み（法15条1項，16条1項，19条，104条1項。以下「当然加入制」という。）を採用した趣旨は，国民の主食である米の生産を確保するとともに，水稲等の耕作をする自作農の経営を保護することを目的とし，この目的を実現するため，農家の相互扶助の精神を基礎として，災害による損失を相互に分担するという保険類似の手法を採用することとし，被災する可能性のある農家をなるべく多く加入させて危険の有効な分散を図るとともに，危険の高い者のみが加入するという事態を防止するため，原則として全国の米作農家を加入させたところにあると解される。法が制定された昭和22年当時，食糧事情が著しくひっ迫していた一方で，農地改革に伴い多数の自作農が創設され，農業経営の安定が要請されていたところ，当然加入制は，もとより職業の遂行それ自体を禁止するものではなく，職業活動に付随して，その規模等に応じて一定の負担を課するという態様の規制であること，組合員が支払うべき共済掛金については，国庫がその一部を負担し，災害が発生した場合に支払われる共済金との均衡を欠くことのないように設計されていること，甚大な災害が生じた場合でも政府による再保険等により共済金の支払が確保されていることに照らすと，主食である米の生産者についての

当然加入制は，米の安定供給と米作農家の経営の保護という重要な公共の利益に資するものであって，その必要性と合理性を有していたということができる。

もっとも，その後，社会経済の状況の変化に伴い，米の供給が過剰となったことから生産調整が行われ，また，政府が米穀管理基本計画に基づいて生産者から米を買い上げることを定めていた食糧管理法は平成7年に廃止されるに至っている。しかしながら，上告人が本件差押えに係る共済掛金等の支払義務を負った当時においても，米は依然として我が国の主食としての役割を果たし，重要な農作物としての地位を占めており，その生産過程は自然条件に左右されやすく，時には冷害等により広範囲にわたって甚大な被害が生じ，国民への供給不足を来すことがあり得ることには変わりがないこと，また，食糧管理法に代わり制定された主要食糧の需給及び価格の安定に関する法律（平成15年法律第103号による改正前のもの）は，主要食糧の需給及び価格の安定を図ることを目的として，米穀の生産者から消費者までの計画的な流通を確保するための措置等を講ずることを定めており，災害補償につき個々の生産者の自助にゆだねるべき状態に至っていたということはできないことを勘案すれば，米の生産者についての当然加入制はその必要性と合理性を失うに至っていたとまではいえないと解すべきである。

このように，上記の当然加入制の採用は，公共の福祉に合致する目的のために必要かつ合理的な範囲にとどまる措置ということができ，立法府の政策的，技術的な裁量の範囲を逸脱するもので著しく不合理であることが明白であるとは認め難い。したがって，上記の当然加入制を定める法の規定は，職業の自由を侵害するものとして憲法22条1項に違反するということはできない。」

3－4	小売市場距離制限判決［最大判昭和47年11月22日・刑集26巻9号586頁］

【職業選択の自由に対する積極目的規制と明白性の原則】
「おもうに，右条項に基づく個人の経済活動に対する法的規制は，個人の自由な経済活動からもたらされる諸々の弊害が社会公共の安全と秩序の維持の見地から看過することができないような場合に，消極的に，かような弊害を除去ないし緩和するために必要かつ合理的な規制である限りにおいて許されるべきことはいうまでもない。のみならず，憲法の他の条項をあわせ考察すると，憲法は，全体として，福祉国家的理想のもとに，社会経済の均衡のとれた調和的発展を企図しており，その見地から，すべての国民にいわゆる生存権を保障し，その一環として，国民の勤労権を保障する等，経済的劣位に立つ者に対する適切な保護政策を要請していることは明らかである。このような点を総合的に考察すると，憲法は，国の責務として積極的な社会経済政策の実施を予定しているものということができ，個人の経済活動の自由に関する限り，個人の精神的自由等に関する場合と異なって，右社会経済政策の実施の一手段として，これに一定の合理的規制措置を講ずることは，もともと，憲法が予定し，かつ，許容するところと解するのが相当であり，国は，積極的に，国民経済の健全な発達と国民生活の安定を期し，もって社会経済全体の均衡のとれた調和的発展を図るために，立法により，個人の経済活動に対し，一定の規制措置を講ずることも，それが右目的達成のために必要かつ合理的な範囲にとどまる限り許されるべきであって，決して，憲法の禁ずるところではないと解すべきである。

もっとも，個人の経済活動に対する法的規制は，決して無制限に許されるべき

ものではなく，その規制の対象，手段，態様等においても，自ら一定の限界が存するものと解するのが相当である。

　ところで，社会経済の分野において，法的規制措置を講ずる必要があるかどうか，その必要があるとしても，どのような対象について，どのような手段・態様の規制措置が適切妥当であるかは，主として立法政策の問題として，立法府の裁量的判断にまつほかはない。というのは，法的規制措置の必要の有無や法的規制措置の対象・手段・態様などを判断するにあたつては，その対象となる社会経済の実態についての正確な基礎資料が必要であり，具体的な法的規制措置が現実の社会経済にどのような影響を及ぼすか，その利害得失を洞察するとともに，広く社会経済政策全体との調和を考慮する等，相互に関連する諸条件についての適正な評価と判断が必要であつて，このような評価と判断の機能は，まさに立法府の使命とするところであり，立法府こそがその機能を果たす適格を具えた国家機関であるというべきであるからである。したがつて，右に述べたような個人の経済活動に対する法的規制措置については，立法府の政策的技術的な裁量に委ねるほかはなく，裁判所は，立法府の右裁量的判断を尊重するのを建前とし，ただ，立法府がその裁量権を逸脱し，当該法的規制措置が著しく不合理であることの明白である場合に限つて，これを違憲として，その効力を否定することができるものと解するのが相当である。」

| 5−1 | 待命処分無効確認判定取消請求事件［最大判昭和39年5月27日・民集18巻4号676頁］ |

【相対的平等】
「思うに，憲法一四条一項及び地方公務員法一三条にいう社会的身分とは，人が社会において占める継続的な地位をいうものと解されるから，高令であるということは右の社会的身分に当らないとの原審の判断は相当と思われるが，右各法条は，国民に対し，法の下の平等を保障したものであり，右各法条に列挙された事由は例示的なものであつて，必ずしもそれに限るものではないと解するのが相当であるから，原判決が，高令であることは社会的身分に当らないとの一事により，たやすく上告人の前示主張を排斥したのは，必ずしも十分に意を尽したものとはいえない。しかし，右各法条は，国民に対し絶対的な平等を保障したものではなく，差別すべき合理的な理由なくして差別することを禁止している趣旨と解すべきであるから，事柄の性質に即応して合理的と認められる差別的取扱をすることは，なんら右各法条の否定するところではない。」

| 5−2 | 猿払事件［最大判昭和49年11月6日・刑集28巻9号393頁］ |

【公務員の全体の奉仕者性，行政の中立的運営及びこれに対する国民の信頼】
「ところで，国民の信託による国政が国民全体への奉仕を旨として行われなければならないことは当然の理であるが，「すべて公務員は，全体の奉仕者であつて，一部の奉仕者ではない。」とする憲法一五条二項の規定からもまた，公務が国民の一部に対する奉仕としてではなく，その全体に対する奉仕として運営されるべきものであることを理解することができる。公務のうちでも行政の分野におけるそれは，憲法の定める統治組織の構造に照らし，議会制民主主義に基づく政治過程を経て決定された政策の忠実な遂行を期し，もつぱら国民全体に対する奉仕を旨と

し，政治的偏向を排して運営されなければならないものと解されるのであつて，そのためには，個々の公務員が，政治的に，一党一派に偏することなく，厳に中立の立場を堅持して，その職務の遂行にあたることが必要となるのである。すなわち，行政の中立的運営が確保され，これに対する国民の信頼が維持されることは，憲法の要請にかなうものであり，公務員の政治的中立性が維持されることは，国民全体の重要な利益にほかならないというべきである。したがつて，公務員の政治的中立性を損うおそれのある公務員の政治的行為を禁止することは，それが合理的で必要やむをえない限度にとどまるものである限り，憲法の許容するところであるといわなければならない。」

5 − 3	国籍法違憲判決［最大判平成 20 年 6 月 4 日・民集 62 巻 6 号 1367 頁］

【合理的理由の「慎重」な「検討」】
「憲法14条1項は，法の下の平等を定めており，この規定は，事柄の性質に即応した合理的な根拠に基づくものでない限り，法的な差別的取扱いを禁止する趣旨であると解すべきことは，当裁判所の判例とするところである（最高裁昭和37年（オ）第1472号同39年5月27日大法廷判決・民集18巻4号676頁，最高裁昭和45年（あ）第1310号同48年4月4日大法廷判決・刑集27巻3号265頁等）。

憲法10条は，「日本国民たる要件は，法律でこれを定める。」と規定し，これを受けて，国籍法は，日本国籍の得喪に関する要件を規定している。憲法10条の規定は，国籍は国家の構成員としての資格であり，国籍の得喪に関する要件を定めるに当たってはそれぞれの国の歴史的事情，伝統，政治的，社会的及び経済的環境等，種々の要因を考慮する必要があることから，これをどのように定めるかについて，立法府の裁量判断にゆだねる趣旨のものであると解される。しかしながら，このようにして定められた日本国籍の取得に関する法律の要件によって生じた区別が，合理的理由のない差別的取扱いとなるときは，憲法14条1項違反の問題を生ずることはいうまでもない。すなわち，立法府に与えられた上記のような裁量権を考慮しても，なおそのような区別をすることの立法目的に合理的な根拠が認められない場合，又はその具体的な区別と上記の立法目的との間に合理的関連性が認められない場合には，当該区別は，合理的な理由のない差別として，同項に違反するものと解されることになる。

日本国籍は，我が国の構成員としての資格であるとともに，我が国において基本的人権の保障，公的資格の付与，公的給付等を受ける上で意味を持つ重要な法的地位でもある。一方，父母の婚姻により嫡出子たる身分を取得するか否かということは，子にとっては自らの意思や努力によっては変えることのできない父母の身分行為に係る事柄である。したがって，このような事柄をもって日本国籍取得の要件に関して区別を生じさせることに合理的な理由があるか否かについては，慎重に検討することが必要である。」

6 − 1	三菱樹脂事件［最大判昭和 48 年 12 月 12 日・民集 27 巻 11 号 1536 頁］

【憲法の私人間効力】
「……私的支配関係においては，個人の基本的な自由や平等に対する具体的な侵害またはそのおそれがあり，その態様，程度が社会的に許容しうる限度を超えるときは，これに対する立法措置によつてその是正を図ることが可能であるし，また，

場合によつては，私的自治に対する一般的制限規定である民法1条，90条や不法行為に関する諸規定等の適切な運用によつて，一面で私的自治の原則を尊重しながら，他面で社会的許容性の限度を超える侵害に対し基本的な自由や平等の利益を保護し，その間の適切な調整を図る方途も存するのである。」

【企業の雇用の自由】

「憲法は，思想，信条の自由や法の下の平等を保障すると同時に，他方，22条，29条等において，財産権の行使，営業その他広く経済活動の自由をも基本的人権として保障している。それゆえ，企業者は，かような経済活動の一環としてする契約締結の自由を有し，自己の営業のために労働者を雇傭するにあたり，いかなる者を雇い入れるか，いかなる条件でこれを雇うかについて，法律その他による特別の制限がない限り，原則として自由にこれを決定することができるのであつて，企業者が特定の思想，信条を有する者をそのゆえをもつて雇い入れることを拒んでも，それを当然に違法とすることはできないのである。」

【解約留保権の限界】

「前記のように法が企業者の雇傭の自由について雇入れの段階と雇入れ後の段階とで区別を設けている趣旨にかんがみ，また，雇傭契約の締結に際しては企業者が一般的には個々の労働者に対して社会的に優越した地位にあることを考え，かつまた，本採用後の雇傭関係におけるよりも弱い地位であるにせよ，いつたん特定企業との間に一定の試用期間を付した雇傭関係に入つた者は，本採用，すなわち当該企業との雇傭関係の継続についての期待の下に，他企業への就職の機会と可能性を放棄したものであることに思いを致すときは，前記留保解約権の行使は，上述した解約権留保の趣旨，目的に照らして，客観的に合理的な理由が存し社会通念上相当として是認されうる場合にのみ許されるものと解するのが相当である。換言すれば，企業者が，採用決定後における調査の結果により，または試用中の勤務状態等により，当初知ることができず，また知ることが期待できないような事実を知るに至つた場合において，そのような事実に照らしその者を引き続き当該企業に雇傭しておくのが適当でないと判断することが，上記解約権留保の趣旨，目的に徴して，客観的に相当であると認められる場合には，さきに留保した解約権を行使することができるが，その程度に至らない場合には，これを行使することはできないと解すべきである。」

6－2	朝日新聞記者事件［最大判昭和27年8月6日・刑集6巻8号974頁］

【「いいたいことはいわせなければならない」自由】

「憲法の右規定の保障は，公の福祉に反しない限り，いいたいことはいわせなければならないということである。未だいいたいことの内容も定まらず，これからその内容を作り出すための取材に関しその取材源について，公の福祉のため最も重大な司法権の公正な発動につき必要欠くべからざる証言の義務をも犠牲にして，証言拒絶の権利までも保障したものとは到底解することができない。」

6－3	北方ジャーナル事件［最大判昭和61年6月11日・民集40巻4号872頁］

【表現の自由の自己統治の価値】

「主権が国民に属する民主制国家は，その構成員である国民がおよそ一切の主義主張等を表明するとともにこれらの情報を相互に受領することができ，その中から

判例一覧

自由な意思をもつて自己が正当と信ずるものを採用することにより多数意見が形成され，かかる過程を通じて国政が決定されることをその存立の基礎としているのであるから，表現の自由，とりわけ，公共的事項に関する表現の自由は，特に重要な憲法上の権利として尊重されなければならないものであり，憲法21条1項の規定は，その核心においてかかる趣旨を含むものと解される。」

6-4	マクリーン事件［最大判昭和53年10月4日・民集32巻7号1223頁］

【消極的糊酌論】
「外国人の在留の許否は国の裁量にゆだねられ，わが国に在留する外国人は，憲法上わが国に在留する権利ないし引き続き在留することを要求することができる権利を保障されているものではなく，ただ，出入国管理令上法務大臣がその裁量により更新を適当と認めるに足りる相当の理由があると判断する場合に限り在留期間の更新を受けることができる地位を与えられているにすぎないものであり，したがつて，外国人に対する憲法の基本的人権の保障は，右のような外国人在留制度のわく内で与えられているにすぎないものと解するのが相当であつて，在留の許否を決する国の裁量を拘束するまでの保障，すなわち，在留期間中の憲法の基本的人権の保障を受ける行為を在留期間の更新の際に消極的な事情としてしんしやくされないことまでの保障が与えられているものと解することはできない。」

7-1	GPS判決［最大判平成29年3月15日・刑集71巻3号13頁］

【GPS捜査のプライバシー侵害性】
「GPS捜査は，対象車両の時々刻々の位置情報を検索し，把握すべく行われるものであるが，その性質上，公道上のもののみならず，個人のプライバシーが強く保護されるべき場所や空間に関わるものも含めて，対象車両及びその使用者の所在と移動状況を逐一把握することを可能にする。このような捜査手法は，個人の行動を継続的，網羅的に把握することを必然的に伴うから，個人のプライバシーを侵害し得るものであり，また，そのような侵害を可能とする機器を個人の所持品に秘かに装着することによって行う点において，公道上の所在を肉眼で把握したりカメラで撮影したりするような手法とは異なり，公権力による私的領域への侵入を伴うものというべきである。」

7-2	住基ネット判決［最判平成20年3月6日・民集62巻3号665頁］

【国民の私生活の自由——個人に関する情報をみだりに第三者に開示又は公表されない自由】
「憲法13条は，国民の私生活上の自由が公権力の行使に対しても保護されるべきことを規定しているものであり，個人の私生活上の自由の一つとして，何人も，個人に関する情報をみだりに第三者に開示又は公表されない自由を有するものと解される」

7-3	京都府学連事件［最大判昭和44年12月24日・刑集23巻12号1625頁］

【国民の私生活上の自由——容ぼう等を撮影されない自由】
「ところで，憲法13条は，「すべて国民は，個人として尊重される。生命，自由及び幸福追求に対する国民の権利については，公共の福祉に反しない限り，立法そ

205

の他の国政の上で，最大の尊重を必要とする。」と規定しているのであつて，これは，国民の私生活上の自由が，警察権等の国家権力の行使に対しても保護されるべきことを規定しているものということができる。そして，個人の私生活上の自由の一つとして，何人も，その承諾なしに，みだりにその容ぼう・姿態（以下「容ぼう等」という。）を撮影されない自由を有するものというべきである。」

| 7-4 | 外国人指紋押捺事件 ［最判平成7年12月15日・刑集49巻10号842頁］ |

【国民の私生活上の自由——みだりに指紋の押なつを強制されない自由】

「指紋は，指先の紋様であり，それ自体では個人の私生活や人格，思想，信条，良心等個人の内心に関する情報となるものではないが，性質上万人不同性，終生不変性をもつので，採取された指紋の利用方法次第では個人の私生活あるいはプライバシーが侵害される危険性がある。このような意味で，指紋の押なつ制度は，国民の私生活上の自由と密接な関連をもつものと考えられる。

憲法13条は，国民の私生活上の自由が国家権力の行使に対して保護されるべきことを規定していると解されるので，個人の私生活上の自由の一つとして，何人もみだりに指紋の押なつを強制されない自由を有するものというべきであり，国家機関が正当な理由もなく指紋の押なつを強制することは，同条の趣旨に反して許されず，また，右の自由の保障は我が国に在留する外国人にも等しく及ぶと解される」

【みだりに指紋の押なつを強制されない自由の限界】

「しかしながら，右の自由も，国家権力の行使に対して無制限に保護されるものではなく，公共の福祉のため必要がある場合には相当の制限を受けることは，憲法13条に定められているところである。

そこで，外国人登録法が定める在留外国人についての指紋押なつ制度についてみると，同制度は，昭和27年に外国人登録法（同年法律第125号）が立法された際に，同法1条の「本邦に在留する外国人の登録を実施することによって外国人の居住関係及び身分関係を明確ならしめ，もって在留外国人の公正な管理に資する」という目的を達成するため，戸籍制度のない外国人の人物特定につき最も確実な制度として制定されたもので，その立法目的には十分な合理性があり，かつ，必要性も肯定できるものである。また，その具体的な制度内容については，立法後累次の改正があり，立法当初2年ごとの切替え時に必要とされていた押なつ義務が，その後3年ごと，5年ごとと緩和され，昭和62年法律第102号によって原則として最初の1回のみとされ，また，昭和33年律第3号によって在留期間1年未満の者の押なつ義務が免除されたほか，平成4年法律第66号によって永住者（出入国管理及び難民認定法別表第二上欄の永住者の在留資格をもつ者）及び特別永住者（日本国との平和条約に基づき日本の国籍を離脱した者等の出入国管理に関する特例法に定める特号永住者）につき押なつ制度が廃止されるなど社会の状況変化に応じた改正が行われているが，本件当時の制度内容は，押なつ義務が3年に一度で，押なつ対象指紋も一指のみであり，加えて，その強制も罰則による間接強制にとどまるものであって，精神的，肉体的に過度の苦痛を伴うものとまではいえず，方法としても，一般的に許容される限度を超えない相当なものであったと認められる。」

	判例一覧

7－5	前科照会事件［最判昭和56年4月14日・民集35巻3号620頁］

【前科及び犯罪経歴の性質】

「前科及び犯罪経歴（以下「前科等」という。）は人の名誉，信用に直接にかかわる事項であり，前科等のある者もこれをみだりに公開されないという法律上の保護に値する利益を有するのであつて，市区町村長が，本来選挙資格の調査のために作成保管する犯罪人名簿に記載されている前科等をみだりに漏えいしてはならないことはいうまでもないところである。前科等の有無が訴訟等の重要な争点となつていて，市区町村長に照会して回答を得るのでなければ他に立証方法がないような場合には，裁判所から前科等の照会を受けた市区町村長は，これに応じて前科等につき回答をすることができるのであり，同様な場合に弁護士法23条の2に基づく照会に応じて報告することも許されないわけのものではないが，その取扱いには格別の慎重さが要求されるものといわなければならない。」

7－6	エホバの証人輸血拒否事件［最判平成12年2月29日・民集54巻2号582頁］

【自己決定権】

「本件において，W医師らが，Tの肝臓の腫瘍を摘出するために，医療水準に従った相当な手術をしようとすることは，人の生命及び健康を管理すべき業務に従事する者として当然のことであるということができる。しかし，患者が，輸血を受けることは自己の宗教上の信念に反するとして，輸血を伴う医療行為を拒否するとの明確な意思を有している場合，このような意思決定をする権利は，人格権の一内容として尊重されなければならない。そして，Tが，宗教上の信念からいかなる場合にも輸血を受けることは拒否するとの固い意思を有しており，輸血を伴わない手術を受けることができると期待してVに入院したことをW医師らが知っていたなど本件の事実関係の下では，W医師らは，手術の際に輸血以外には救命手段がない事態が生ずる可能性を否定し難いと判断した場合には，Tに対し，Vとしてはそのような事態に至ったときには輸血するとの方針を採っていることを説明して，Vへの入院を継続した上，W医師らの下で本件手術を受けるか否かをT自身の意思決定にゆだねるべきであったと解するのが相当である。」

9－1	マクリーン事件［最大判昭和53年10月4日・民集32巻7号1223頁］

【入国の自由，在留の権利ないし引き続き在留することを要求しうる権利】

「憲法22条1項は，日本国内における居住・移転の自由を保障する旨を規定するにとどまり，外国人がわが国に入国することについてはなんら規定していないものであり，このことは，国際慣習法上，国家は外国人を受け入れる義務を負うものではなく，特別の条約がない限り，外国人を自国内に受け入れるかどうか，また，これを受け入れる場合にいかなる条件を付するかを，当該国家が自由に決定することができるものとされていることと，その考えを同じくするものと解される（最高裁昭和29年（あ）第3594号同32年6月19日大法廷判決・刑集11巻6号1663頁参照）。したがつて，憲法上，外国人は，わが国に入国する自由を保障されているものでないことはもちろん，所論のように在留の権利ないし引き続き在留することを要求しうる権利を保障されているものでもないと解すべきである。」

207

【裁量処分の審査枠組み】

「裁判所は，法務大臣の右判断についてそれが違法となるかどうかを審理，判断するにあたつては，右判断が法務大臣の裁量権の行使としてされたものであることを前提として，その判断の基礎とされた重要な事実に誤認があること等により右判断が全く事実の基礎を欠くかどうか，又は事実に対する評価が明白に合理性を欠くこと等により右判断が社会通念に照らし著しく妥当性を欠くことが明らかであるかどうかについて審理し，それが認められる場合に限り，右判断が裁量権の範囲をこえ又はその濫用があつたものとして違法であるとすることができるものと解するのが，相当である。」

【外国人の憲法上の権利享有主体性】

「思うに，憲法第3章の諸規定による基本的人権の保障は，権利の性質上日本国民のみをその対象としていると解されるものを除き，わが国に在留する外国人に対しても等しく及ぶものと解すべきであり，政治活動の自由についても，わが国の政治的意思決定又はその実施に影響を及ぼす活動等外国人の地位にかんがみこれを認めることが相当でないと解されるものを除き，その保障が及ぶものと解するのが，相当である。しかしながら，前述のように，外国人の在留の許否は国の裁量にゆだねられ，わが国に在留する外国人は，憲法上わが国に在留する権利ないし引き続き在留することを要求することができる権利を保障されているものではなく，ただ，出入国管理令上法務大臣がその裁量により更新を適当と認めるに足りる相当の理由があると判断する場合に限り在留期間の更新を受けることができる地位を与えられているにすぎないものであり，したがつて，外国人に対する憲法の基本的人権の保障は，右のような外国人在留制度のわく内で与えられているにすぎないものと解するのが相当であつて，在留の許否を決する国の裁量を拘束するまでの保障，すなわち，在留期間中の憲法の基本的人権の保障を受ける行為を在留期間の更新の際に消極的な事情としてしんしやくされないことまでの保障が与えられているものと解することはできない。」

10−1	川崎民商事件［最大昭和47年11月22日・刑集26巻9号554頁］

【行政手続と憲法35条】

「たしかに，旧所得税法70条10号の規定する検査拒否に対する罰則は，同法63条所定の収税官吏による当該帳簿等の検査の受忍をその相手方に対して強制する作用を伴なうものであるが，同法63条所定の収税官吏の検査は，もつぱら，所得税の公平確実な賦課徴収のために必要な資料を収集することを目的とする手続であつて，その性質上，刑事責任の追及を目的とする手続ではない。

　また，右検査の結果過少申告の事が明らかとなり，ひいて所得税逋脱の事実の発覚にもつながるという可能性が考えられないわけではないが，そうであるからといつて，右検査が，実質上，刑事責任追及のための資料の取得収集に直接結びつく作用を一般的に有するものと認めるべきことにはならない。けだし，この場合の検査の範囲は，前記の目的のため必要な所得税に関する事項にかぎられており，また，その検査は，同条各号に列挙されているように，所得税の賦課徴収手続上一定の関係にある者につき，その者の事業に関する帳簿その他の物件のみを対象としているのであつて，所得税の逋脱その他の刑事責任の嫌疑を基準に右の範囲が定められているのではないからである。

さらに，この場合の強制の態様は，収税官吏の検査を正当な理由がなく拒む者に対し，同法70条所定の刑罰を加えることによつて，間接的心理的に右検査の受忍を強制しようとするものであり，かつ，右の刑罰が行政上の義務違反に対する制裁として必ずしも軽微なものとはいえないにしても，その作用する強制の度合いは，それが検査の相手方の自由な意思をいちじるしく拘束して，実質上，直接的物理的な強制と同視すべき程度にまで達しているものとは，いまだ認めがたいところである。国家財政の基本となる徴税権の適正な運用を確保し，所得税の公平確実な賦課徴収を図るという公益上の目的を実現するために収税官吏による実効性のある検査制度が欠くべからざるものであることは，何人も否定しがたいものであるところ，その目的，必要性にかんがみれば，右の程度の強制は，実効性確保の手段として，あながち不均衡，不合理なものとはいえないのである。」

| 10－2 | 緊急逮捕合憲判決〔最判昭和30年12月14日・刑集9巻13号2760頁〕 |

【緊急逮捕の合憲性】
「しかし刑訴210条は，死刑又は無期若しくは長期三年以上の懲役若しくは禁錮にあたる罪を犯したことを疑うに足る充分な理由がある場合で，且つ急速を要し，裁判官の逮捕状を求めることができないときは，その理由を告げて被疑者を逮捕することができるとし，そしてこの場合捜査官憲は直ちに裁判官の逮捕状を求める手続を為し，若し逮捕状が発せられないときは直ちに被疑者を釈放すべきことを定めている。かような厳格な制約の下に，罪状の重い一定の犯罪のみについて，緊急已むを得ない場合に限り，逮捕後直ちに裁判官の審査を受けて逮捕状の発行を求めることを条件とし，被疑者の逮捕を認めることは，憲法33条規定の趣旨に反するものではない，されば所論違憲の論旨は理由がない。」

【裁判官斎藤悠輔の補足意見】
「憲法33条中の「現行犯として逮捕される場合を除いては」とある規定並びに同35条中の「第33条の場合を除いては」とある規定は，アメリカ憲法修正第4条と同じく，合理的な捜索，逮捕，押収等を令状を必要とする保障から除外する趣旨と解すべきものと考える。されば，右憲法33条の除外の場合には，刑訴212条1項の現行犯逮捕の場合は勿論同条2項のいわゆる準現行犯逮捕の場合及び同法210条のいわゆる緊急逮捕の場合をも包含するものと解するを相当とする。従つて，右210条1項後段の場合に逮捕状が発せられないとき，すなわち逮捕につき令状の裏打がないときでも逮捕そのものは適憲であるとしなければならない。」

| 終－1 | 札幌税関検査事件〔最大判昭和59年12月12日民集38巻12号1308頁〕 |

【検閲の定義】
「憲法二一条二項前段は，「検閲は，これをしてはならない。」と規定する。憲法が，表現の自由につき，広くこれを保障する旨の一般的規定を同条一項に置きながら，別に検閲の禁止についてかような特別の規定を設けたのは，検閲がその性質上表現の自由に対する最も厳しい制約となるものであることにかんがみ，これについては，公共の福祉を理由とする例外の許容（憲法一二条，一三条参照）をも認めない趣旨を明らかにしたものと解すべきである。けだし，諸外国においても，表現を事前に規制する検閲の制度により思想表現の自由が著しく制限されたという歴史的経験があり，また，わが国においても，旧憲法下における出版法（明治

二六年法律第一五号），新聞紙法（明治四二年法律第四一号）により，文書，図画ないし新聞，雑誌等を出版直前ないし発行時に提出させた上，その発売，頒布を禁止する権限が内務大臣に与えられ，その運用を通じて実質的な検閲が行われたほか，映画法（昭和一四年法律第六六号）により映画フイルムにつき内務大臣による典型的な検閲が行われる等，思想の自由な発表，交流が妨げられるに至つた経験を有するのであつて，憲法二一条二項前段の規定は，これらの経験に基づいて，検閲の絶対的禁止を宣言した趣旨と解されるのである。」

　そして，前記のような沿革に基づき，右の解釈を前提として考究すると，憲法二一条二項にいう「検閲」とは，行政権が主体となつて，思想内容等の表現物を対象とし，その全部又は一部の発表の禁止を目的として，対象とされる一定の表現物につき網羅的一般的に，発表前にその内容を審査した上，不適当と認めるものの発表を禁止することを，その特質として備えるものを指すと解すべきである。」

【憲法31条と明確性の原則】

「表現の自由は，前述のとおり，憲法の保障する基本的人権の中でも特に重要視されるべきものであつて，法律をもつて表現の自由を規制するについては，基準の広汎，不明確の故に当該規制が本来憲法上許容されるべき表現にまで及ぼされて表現の自由が不当に制限されるという結果を招くことがないように配慮する必要があり，事前規制的なものについては特に然りというべきである。法律の解釈，特にその規定の文言を限定して解釈する場合においても，その要請は異なるところがない。したがつて，表現の自由を規制する法律の規定について限定解釈をすることが許されるのは，その解釈により，規制の対象となるものとそうでないものとが明確に区別され，かつ，合憲的に規制し得るもののみが規制の対象となることが明らかにされる場合でなければならず，また，一般国民の理解において，具体的場合に当該表現物が規制の対象となるかどうかの判断を可能ならしめるような基準をその規定から読みとることができるものでなければならない（最高裁昭和四八年（あ）第九一〇号同五〇年九月一〇日大法廷判決・刑集二九巻八号四八九頁参照）。けだし，かかる制約を付さないとすれば，規制の基準が不明確であるかあるいは広汎に失するため，表現の自由が不当に制限されることとなるばかりでなく，国民がその規定の適用を恐れて本来自由に行い得る表現行為までも差し控えるという効果を生むこととなるからである。」

終 - 2	岐阜県青少年保護育成条例事件［最大判平成元年9月19日・刑集43巻8号785頁］

【有害図書の検閲該当性】

「同上告趣意のうち，憲法二一条二項前段違反をいう点は，本条例による有害図書の指定が同項前段の検閲に当たらないことは，当裁判所の各大法廷判例（昭和五七年（行ツ）第一五六号同五九年一二月一二日判決・民集三八巻一二号一三〇八頁，昭和五六年（オ）第六〇九号同六一年六月一一日判決・民集四〇巻四号八七二頁）の趣旨に徴し明らかであるから，所論は理由がない。」

【有害図書の包括指定方式の合憲性】

「本条例の定めるような有害図書が一般に思慮分別の未熟な青少年の性に関する価値観に悪い影響を及ぼし，性的な逸脱行為や残虐な行為を容認する風潮の助長につながるものであつて，青少年の健全な育成に有害であることは，既に社会共通の認識になつているといつてよい。さらに，自動販売機による有害図書の販売は，

売手と対面しないため心理的に購入が容易であること，昼夜を問わず購入ができ
ること，収納された有害図書が街頭にさらされているため購入意欲を刺激し易い
ことなどの点において，書店等における販売よりもその弊害が一段と大きいとい
わざるをえない。しかも，自動販売機業者において，前記審議会の意見聴取を経
て有害図書としての指定がされるまでの間に当該図書の販売を済ませることが可
能であり，このような脱法的行為に有効に対処するためには，本条例六条二項に
よる指定方式も必要性があり，かつ，合理的であるというべきである。そうする
と，有害図書の自動販売機への収納の禁止は，青少年に対する関係において，憲
法二一条一項に違反しないことはもとより，成人に対する関係においても，有害
図書の流通を幾分制約することにはなるものの，青少年の健全な育成を阻害する
有害環境を浄化するための規制に伴う必要やむをえない制約であるから，憲法
二一条一項に違反するものではない。」

【伊藤正己裁判官の補足意見：検閲該当性】

「本件条例による規制が憲法二一条二項前段にいう「検閲」に当たるとすれば，そ
の憲法上の禁止は絶対的なものであるから，当然に違憲ということになるが，そ
れが「検閲」に当たらないことは，法廷意見の説示するとおりである。その引用
する最高裁昭和五七年（行ツ）第一五六号同五九年一二月一二日大法廷判決（民
集三八巻一二号一三〇八頁）によれば，憲法にいう「検閲」とは，「行政権が主体
となって，思想内容等の表現物を対象とし，その全部又は一部の発表の禁止を目
的として，対象とされる一定の表現物につき網羅的一般的に，発表前にその内容
を審査した上，不適当と認めるものの発表を禁止することを，その特質として備
えるものを指すと解すべきである」ところ，本件条例の規制は，六条一項による
個別的指定であっても，また同条二項による規則の定めるところによる指定（以
下これを「包括指定」という。）であっても，すでに発表された図書を対象とする
ものであり，かりに指定をうけても，青少年はともかく，成人はこれを入手する
途が開かれているのであるから，右のように定義された「検閲」に当たるという
ことはできない。」

【伊藤正己裁判官の補足意見：基準の明確性】

「およそ法的規制を行う場合に規制される対象が何かを判断する基準が明確である
ことを求められるが，とくに刑事罰を科するときは，きびしい明確性が必要とさ
れる。表現の自由の規制の場合も，不明確な基準であれば，規制範囲が漠然とす
るためいわゆる萎縮的な効果を広く及ぼし，不当に表現行為を抑止することになる
ために，きびしい基準をみたす明確性が憲法上要求される。本件条例に定める有
害図書規制は，表現の自由とかかわりをもつものであるのみでなく，刑罰を伴う
規制でもあるし，とくに包括指定の場合は，そこで有害図書とされるものが個別
的に明らかにされないままに，その販売や自販機への収納は，直ちに罰則の適用
をうけるのであるから，罪刑法定主義の要請も働き，いっそうその判断基準が明
確でなければならないと解される。もっとも，すでにふれたように青少年保護を
目的とした，青少年を受け手とする場合に限っての規制であることからみて，一
般の表現の自由の規制と同じに考えることは適当でなく，明確性の要求について
も，通常の表現の自由の制約に比して多少ゆるめられることも指摘しておくべき
であろう。」

「このように条例そのものでなく，下位の法規範による具体化，明確化をどう評価

するかは一つの問題ではあろう。しかし，本件条例は，その下位の諸規範とあいまって，具体的な基準を定め，表現の自由の保障にみあうだけの明確性をそなえ，それによって，本件条例に一つの限定解釈ともいえるものが示されているのであって，青少年の保護という社会的利益を考えあわせるとき基準の不明確性を理由に法令としてのそれが違憲であると判断することはできないと思われる。」

【伊藤正己裁判官の補足意見：相当の蓋然性の基準】

「青少年保護のための有害図書の規制について，それを支持するための立法事実として，それが青少年非行を誘発するおそれがあるとか青少年の精神的成熟を害するおそれのあることがあげられるが，そのような事実について科学的証明がされていないといわれることが多い。たしかに青少年が有害図書に接することから，非行を生ずる明白かつ現在の危険があるといえないことはもとより，科学的にその関係が論証されているとはいえないかもしれない。しかし，青少年保護のための有害図書の規制が合憲であるためには，青少年非行などの害悪を生ずる相当の蓋然性のあることをもって足りると解してよいと思われる。もっとも，青少年の保護という立法目的が一般に是認され，規制の必要性が重視されているために，その規制の手段方法についても，容易に肯認される可能性があるが，もとより表現の自由の制限を伴うものである以上，安易に相当の蓋然性があると考えるべきでなく，必要限度をこえることは許されない。しかし，有害図書が青少年の非行を誘発したり，その他の害悪を生ずることの厳密な科学的証明を欠くからといって，その制約が直ちに知る自由への制限として違憲なものとなるとすることは相当でない。」

終 - 3	徳島市公安条例事件［最大判昭和50年9月10日・刑集29巻8号489頁］

【刑罰法規の構成要件の明確性の原則】

「しかしながら，およそ，刑罰法規の定める犯罪構成要件があいまい不明確のゆえに憲法三一条に違反し無効であるとされるのは，その規定が通常の判断能力を有する一般人に対して，禁止される行為とそうでない行為とを識別するための基準を示すところがなく，そのため，その適用を受ける国民に対して刑罰の対象となる行為をあらかじめ告知する機能を果たさず，また，その運用がこれを適用する国又は地方公共団体の機関の主観的判断にゆだねられて恣意に流れる等，重大な弊害を生ずるからであると考えられる。しかし，一般に法規は，規定の文言の表現力に限界があるばかりでなく，その性質上多かれ少なかれ抽象性を有し，刑罰法規もその例外をなすものではないから，禁止される行為とそうでない行為との識別を可能ならしめる基準といっても，必ずしも常に絶対的なそれを要求することはできず，合理的な判断を必要とする場合があることを免れない。それゆえ，ある刑罰法規があいまい不明確のゆえに憲法三一条に違反するものと認めるべきかどうかは，通常の判断能力を有する一般人の理解において，具体的場合に当該行為がその適用を受けるものかどうかの判断を可能ならしめるような基準が読みとれるかどうかによってこれを決定すべきである。」

終 - 4	広島市暴走族追放条例違反事件［最大判平成19年9月18日・刑集61巻6号601頁］

【間接罰方式と明確性の原則・過度の広汎性の法理】

「このような本条例の全体から読み取ることができる趣旨，さらには本条例施行規

則の規定等を総合すれば，本条例が規制の対象としている「暴走族」は，本条例
2条7号の定義にもかかわらず，暴走行為を目的として結成された集団である本
来的な意味における暴走族の外には，服装，旗，言動などにおいてこのような暴
走族に類似し社会通念上これと同視することができる集団に限られるものと解さ
れ，したがって，市長において本条例による中止・退去命令を発し得る対象も，
被告人に適用されている「集会」との関係では，本来的な意味における暴走族及
び上記のようなその類似集団による集会が，本条例16条1項1号，17条所定の場
所及び態様で行われている場合に限定されると解される。

　そして，このように限定的に解釈すれば，本条例16条1項1号，17条，19条の
規定による規制は，広島市内の公共の場所における暴走族による集会等が公衆の
平穏を害してきたこと，規制に係る集会であっても，これを行うことを直ちに犯
罪として処罰するのではなく，市長による中止命令等の対象とするにとどめ，こ
の命令に違反した場合に初めて処罰すべきものとするという事後的かつ段階的規
制によっていること等にかんがみると，その弊害を防止しようとする規制目的の
正当性，弊害防止手段としての合理性，この規制により得られる利益と失われる
利益との均衡の観点に照らし，いまだ憲法21条1項，31条に違反するとまではい
えないことは，最高裁昭和44年（あ）第1501号同49年11月6日大法廷判決・刑
集28巻9号393頁，最高裁昭和61年（行ツ）第11号平成4年7月1日大法廷判決・
民集46巻5号437頁の趣旨に徴して明らかである。」

| 終-5 | 福島県青少年健全育成条例事件［最判平成21年3月9日・刑集63巻3号27頁］ |

【有害図書規制の違憲審査】

「本条例の定めるような有害図書類が，一般に思慮分別の未熟な青少年の性に関す
る価値観に悪い影響を及ぼすなどして，青少年の健全な育成に有害であることは
社会共通の認識であり，これを青少年に販売することには弊害があるということ
ができる。自動販売機によってこのような有害図書類を販売することは，売手と
対面しないため心理的に購入が容易であること，昼夜を問わず販売が行われて購
入が可能となる上，どこにでも容易に設置でき，本件のように周囲の人目に付か
ない場所に設置されることによって，一層心理的規制が働きにくくなると認めら
れることなどの点において，書店等における対面販売よりもその弊害が大きいと
いわざるを得ない。本件のような監視機能を備えた販売機であっても，その監視
及び販売の態勢等からすれば，監視のための機器の操作者において外部の目にさ
らされていないために18歳未満の者に販売しないという動機付けが働きにくいと
いった問題があるなど，青少年に有害図書類が販売されないことが担保されてい
るとはいえない。以上の点からすれば，本件機器を含めて自動販売機に有害図書
類を収納することを禁止する必要性が高いということができる。その結果，青少
年以外の者に対する関係においても，有害図書類の流通を幾分制約することには
なるが，それらの者に対しては，書店等における販売等が自由にできることから
すれば，有害図書類の「自動販売機」への収納を禁止し，その違反に対し刑罰を
科すことは，青少年の健全な育成を阻害する有害な環境を浄化するための必要やむ
むを得ないものであって，憲法21条1項，22条1項，31条に違反するものではな
い。」

終-6	レペタ訴訟［最大判平成元年3月8日・民集43巻2号89頁］
	【情報等を摂取する自由】 「憲法二一条一項の規定は，表現の自由を保障している。そうして，各人が自由にさまざまな意見，知識，情報に接し，これを摂取する機会をもつことは，その者が個人として自己の思想及び人格を形成，発展させ，社会生活の中にこれを反映させていく上において欠くことのできないものであり，民主主義社会における思想及び情報の自由な伝達，交流の確保という基本的原理を真に実効あるものたらしめるためにも必要であつて，このような情報等に接し，これを摂取する自由は，右規定の趣旨，目的から，いわばその派生原理として当然に導かれるところである」
終-7	京都府風俗案内所規制条例事件［最判平成28年12月15日・集民254号81頁］
	【風俗案内所の営業禁止規制と憲法22条1項，21条1項】 「風俗案内所の特質及び営業実態に起因する青少年の育成や周辺の生活環境に及ぼす影響の程度に鑑みると，本件条例が，青少年が多く利用する施設又は周辺の環境に特に配慮が必要とされる施設の敷地から一定の範囲内における風俗案内所の営業を禁止し，これを刑罰をもって担保することは，公共の福祉に適合する上記の目的達成のための手段として必要性，合理性があるということができ，風俗営業等の規制及び業務の適正化等に関する法律に基づく風俗営業に対する規制の内容及び程度を踏まえても，京都府議会が上記の営業禁止区域における風俗案内所の営業を禁止する規制を定めたことがその合理的な裁量の範囲を超えるものとはいえないから，本件条例3条1項及び16条1項1号の各規定は，憲法22条1項に違反するものではないと解するのが相当である。 　　また，風俗案内所が青少年の育成や周辺の生活環境に及ぼす影響の程度に鑑みれば，風俗案内所の表示物等に関する上記の規制も，公共の福祉に適合する上記の目的達成のための手段として必要性，合理性があるということができ，京都府議会が同規制を定めたことがその合理的な裁量の範囲を超えるものとはいえないから，本件条例7条2号の規定は，憲法21条1項に違反するものではないと解するのが相当である。」

事項索引

あ 行

明らかに差し迫った危険　022
「違憲の強制」からの自由　128
萎縮効果　093, 186
一般的行為の自由　124
移動の自由　122
威力のある合理性の基準　056, 066
営業の自由　005, 177

か 行

外国人　137, 139, 145
隠された目的　052
学問の自由　030
過度の広汎性の法理　186
間接的・付随的規制論　172
間接罰方式　124, 169
規制・給付二分論　006, 011
規制目的二分論　048, 056
基本権の競合　186, 188
基本的人権優位説　140
行政手続　148
許　可　049
居住・移転の自由　123
緊急逮捕　150, 155
結社の自由　005
検　閲　167, 186

見解規制　007, 009, 032, 094
研究発表の自由　031
構造審査　119
幸福追求権　137
公務員就任請求権　091
公務員制度　085
公務員の全体の奉仕者性　083
国民の私生活上の自由　111, 119
国家の表現助成の危険性　011
雇用の自由　090

さ 行

裁量権（の）逸脱・濫用　040, 094
猿払基準　172
GPS 位置情報　110, 119
自己決定権　115, 120
自己コントロール権　119
思想・良心の自由　005, 090, 099
思想・良心の自由の保護態様　099
実社会の政治的社会的活動　031
集会の自由　032
集団暴徒化論　024
主題規制　009
主たる目的　053
出入国システム優位説　140

取得時中心主義　119
消極的情報受領権　173, 188
消極的表現の自由　005
情報等を摂取する自由　172, 188
条　例　185
職業遂行の自由　047
職業選択の自由　047, 175
知る自由　168
信　条　084
青少年の知る自由　170
青少年保護　168
成績制公務員制度（メリット・システム）
　085
性的自己決定権　142
成年の知る自由　172
政府言論　007
積極目的規制　055
絶対的・機械的平等　081
前科等　112
全体の奉仕者　083
相対的平等　081

た　行

代替的情報伝達経路　173
段階理論　050
適正手続を受ける権利　168
手続保障　150
デモ行進　021
典型的適用事例　124
動機の審査　053
特別意味説　084
特　許　049
囚われの聴衆　173

な　行

内心と外形的行為の二分論　092
妊娠・出産の自己決定権　137

は　行

パターナリスティックな制約　171
パブリック・フォーラム　006, 011, 023,
　040
判断過程統制審査　033
表現助成　011
表現内容規制　009, 094, 180
表現内容中立規制　172, 173
表現内容・内容中立規制二分論　024
表現の自由　092, 189
表現の自由の原理論　092
平等原則　033, 040, 080
比例原則　033, 040, 119, 124
附　款　023
複合的目的　054
付随的規制　024
プライバシー　109, 110, 118
プライバシー外延情報　110
プライバシー固有情報　110
包括指定方式　167, 186
法制執務用語　025, 143

ま　行

明確性の原則　168, 186
明白性の原則　056, 175
目的規定　143

や　行

薬事法違憲判決第1基準　047, 063
薬事法違憲判決第2基準　048, 063
有害図書　167, 188
予防原則　119

ら　行

立法事実　064, 171
立法事実の変遷　187
猟官制（スポイルズ・システム）　085

■著者紹介

大島 義則（おおしま・よしのり）

1983年生．慶應義塾大学大学院法務研究科専門職学位課程修了．
2009年弁護士登録
現在，弁護士
〔主要業績〕
『行政法ガール』（法律文化社，2014年）
『憲法の地図』（法律文化社，2016年）
『憲法ガール Remake Edition』（法律文化社，2018年）
『行政法ガールⅡ』（法律文化社，2020年）

Horitsu Bunka Sha

憲 法 ガ ー ル Ⅱ

2018年9月10日　初版第1刷発行
2022年10月30日　初版第3刷発行

著　者　　大島義則
発行者　　畑　　光
発行所　　株式会社 法律文化社
　　　　〒603-8053
　　　　京都市北区上賀茂岩ヶ垣内町71
　　　　電話 075(791)7131　FAX 075(721)8400
　　　　https://www.hou-bun.com/

印刷：西濃印刷㈱／製本：㈱藤沢製本
装画・挿画：紅木　春
ISBN978-4-589-03949-1
Ⓒ2018　Yoshinori Oshima　Printed in Japan
乱丁など不良本がありましたら，ご連絡下さい．送料小社負担にて
お取り替えいたします．
本書についてのご意見・ご感想は，小社ウェブサイト，トップページ
の「読者カード」にてお聞かせ下さい．

JCOPY 〈出版者著作権管理機構　委託出版物〉

本書の無断複写は著作権法上での例外を除き禁じられています．複写される
場合は，そのつど事前に，出版者著作権管理機構（電話 03-5244-5088,
FAX 03-5244-5089, e-mail: info@jcopy.or.jp）の許諾を得て下さい．

大島義則先生の既刊本

法科大学院生，司法試験・予備試験受験生必携!!

小説形式で司法試験の過去問をわかりやすく解説。
主張と反論というかたちでくり広げられる僕とその仲間たちとの会話から，
合格答案作成の作法を楽しく修得。解答例で出題趣旨等を徹底的に分析。

憲法ガール Remake Edition

平成18〜24年の答案例

●A5判・262頁・並製 **2,750**円

紛争・訴訟を念頭におき主張・反論・私見の論述を求める司法試験問題の解き方を指南。平成18〜24年の答案例として，『憲法ガール』(2013年刊)の全論点網羅型のものに，試験当日の限られた時間内でも作成できるよう短い答案例を追加。引用文献・判例一覧をアップデート。

行政法ガールⅡ

平成26〜令和元年の答案例

●A5判・234頁・並製 **2,530**円

平成26〜令和元年司法試験論文試験の解き方を指南。裁量基準，原告適格など受験生が悩みがちな論点を掘り下げて解説。個別の処分根拠法規だけでなく，実質的な処分根拠法規の意味内容を探究する「仕組み解釈」の技術を会得できる。

行政法ガール

平成18〜25年の答案例

●A5判・270頁・並製 **2,640**円

平成18〜25年の司法試験行政法の過去問を小説形式でわかりやすく解説。主張と反論というかたちでくり広げられる僕やシエルさんらとの会話から，合格答案作成の作法を楽しく修得。

法律文化社
表示価格は消費税10%を含んだ価格です